SCHOOL OF ORIENTAL AND AFRICAN STUDIES
UNIVERSITY OF LONDON

MODERN
PERSIAN READER

MODERN PERSIAN READER

AMIR ABBAS HAIDARI
Lecturer in Persian
School of Oriental and African Studies
University of London

SCHOOL OF ORIENTAL AND AFRICAN STUDIES
UNIVERSITY OF LONDON
MALET STREET, LONDON WC1E 7HP
1975

Transferred to Digital Printing 2004

© Amir Abbas Haidari 1975

ISBN: 0 7286 0006 4

CONTENTS

	PAGE
Preface	vii
Introduction	1
Transcription	14
Notes	17

PREFACE

During some years of teaching Persian to students at the School of Oriental and African Studies in the University of London I have experienced difficulty in providing suitable reading material for them. The present work, primarily designed to meet the need of students of the Persian language at the School, is an attempt to overcome this difficulty. The pieces chosen for inclusion represent a cross-section of modern Persian prose. They cover a variety of subjects and it is my hope that they will hold the interest of the student. A vocabulary and some brief notes on idiomatic expressions and historical and literary matters have been included in the work. The former is not intended to be used as a substitute for a dictionary; and only the meanings of the words in the sense in which they occur in the text have been given.

In compiling and preparing this reader I am especially indebted to Professor A. K. S. Lambton, under whose guidance and constant help this work was completed. Such faults as are to be found in it are, however, mine. I should like also to express my thanks to my colleague, Dr. T. O. Gandjei, for his valuable suggestions, and to the Publications Committee of the School of Oriental and African Studies for a subvention towards the cost of publication.

A. A. HAIDARI

INTRODUCTION

The early nineteenth century is regarded by some modern critics as the beginning of a literary era. Already towards the end of the eighteenth century, various influences, including contact with the West, were beginning to change the old forms of literary composition. It is noteworthy that the founder of the Qājār dynasty, Āqā Mohammad Khān (reg. A.D. 1787–1797), took the lead in encouraging a new style of writing. It had been customary to use, in all written communications to government officials, a very flowery style. Being of a practical and forceful nature, Āqā Mohammad Khān ' insisted that the substance of his command should be given in plain language '.[1] This was a good and promising start, but Āqā Mohammad Khān did not live long enough to establish this practice in official writings. His successor, Fath 'Ali Shāh (reg. 1797–1834), did not share his dislike of an elaborate and complicated literary style. He had a genuine appreciation of literature, in particular, poetry, and was himself a poet of average talent. This fact in a country where so much depended on the person of the sovereign was clearly of importance. His court attracted the best poets and prose-writers of the day.

It was during the long reign of Fath 'Ali Shāh that a literary movement began to take form. Some Persian writers tend to over-emphasize the importance of this movement by presenting it as a great turning point in Persian literature. They even claim that it brought about a revival of the Persian language. It is true that the Persian language had by this time become heavy and inflexible, but it was far from being dead, and the new movement, in fact, amounted to little more than the adoption of a more simple and straightforward style. The ideal of the initiators and supporters of this new movement was the simple style of the early classical period, and under their influence the somewhat bombastic writing which had become current in the later middle ages gave way to a more natural and simple style. Further, it must be pointed out that there is no sharp dividing line between the Persian prose of the eighteenth and the early nineteenth century, as some critics maintain. Indeed, some of the early nineteenth-century writers can, at times, be as heavy and complicated as any of their predecessors, but by and large there is a noticeable change in the style of the writers of this period.

[1] Sir John Malcolm, *The History of Persia*, London 1815, ii, 307–8.

Certain features differentiate the style of the early nineteenth century from that of both the preceding and the succeeding periods. It reflects the spirit of a new age, but it has not yet clearly taken shape. Under the influence of the technological and administrative changes taking place, there was a need for the achievement of greater precision in writing and the use of a more direct style. The leading writers of the period, while remaining strongly attached to Persia's cultural tradition, thus found themselves faced with new challenges and new values. Their efforts to meet and accept these often resulted in a certain unevenness of style; at times they write with clarity but at others their style is heavy and turgid; and sometimes they introduce colloquial words and expressions where their use is not appropriate.

The prevailing prose style of the early Qājār period came to be known as *nasr-e divāni*.[2] This was the style of the court circle; and it was used, broadly speaking, in all the official writings of the age. Compared to the style of the thirteenth and fourteenth centuries, the period of the Ilkhāns, it is simple, but compared with the prose of the second half of the nineteenth it is artificial and ponderous. There is in the prose works of the early nineteenth century writers such as Qā'em Maqām (1779–1835) and his contemporaries, Garrusi (1781–1839), Neshāt (1760–1829), and Sāheb Divān (d. 1837), not only a commonly shared convention of writing but also a community of taste and ideas, so much so that it is not unusual to come across almost identical passages in their works, while in their correspondence with each other one can find many examples of an indulgence in verbal conceits and literary quotations, each endeavouring to outdo the other. Nevertheless, in spite of a general similarity in style and content, they each preserve their own individuality as writers.

The early nineteenth century is also notable for the fact that translations of European books began to be made at that time. The Persians of this period, however, had not the experience or facility to distinguish and appreciate what was best in European literature. The urgent need of the government was for military and technical manuals, and it was books of this type which were first chosen for translation. Some interest was also shown in geographical works, cartography and history. A translation of the New Testament into Persian made by the Rev. Henry Martyn was also well received in some circles.

In some of the principal cities of Persia literary societies

---

[2] Dr. Rezāzādeh Shafaq, *Tārikh-e Adabiyyāt-e Irān*, Tehrān 1942, 387.

(*anjomanhā-ye adabī*) began to be formed. These societies were actively supported by eminent men of letters and played an important part in the new literary movement which began under Fatḥ 'Alī Shāh. They gradually became the meeting place of poets, literary men, and even mystics. The literary societies of Esfahān, Shīrāz and Zanjān, which were formed respectively by Neshāṭ, Vesāl, and Sāheb Dīvān, are among the first of these societies. They probably had no definite programme and no rules for membership or the conduct of business. They seem to have been merely gatherings of literary enthusiasts, mainly poets, who met and recited their verses. It is unlikely that they were concerned with literary criticism, since this was virtually non-existent in Persia at the time, but they may well have provided a favourable atmosphere for the encouragement of young writers of promise, and have fostered or created an interest in prose writing.

Qā'em Maqām and Garrūsī both played a part of great importance in the development of literature in the early nineteenth century. Neshāṭ and his circle, in fact, regarded Qā'em Maqām as their examplar. A warm atmosphere of friendship seems to have prevailed between him and Garrūsī; and they were united by a common interest in the promotion of the art of writing and the bond of patriotism. Qā'em Maqām's writings are considered, with some justification, as the best prose works of the nineteenth century. He was an able and astute politician and a somewhat controversial figure. He reached the peak of his political career and power in the reign of Moḥammad Shāh (reg. 1834–1848), in whose accession to the throne he played an active part. His success, however, was short-lived; the new ruler dismissed him in 1835 and had him strangled shortly afterwards.

As a writer Qā'em Maqām has been idealized in Persia as the father of modern Persian prose. His well-known collection, the *Munsha'āt*, first lithographed in Tabrīz in 1863, reissued in 1877 and subsequently printed on several occasions, represents a new approach to the art of letter writing. 'Abdollāh Mostōufī considers him to be ' the reviver of Persian prose ' and the writer ' who laid the foundation of the construction of prose of our age '.[3] Mostōufī is not, by any means, the only writer to hold a high opinion of Qā'em Maqām; other admirers have made similar statements; Mojtabā Mīnovī states that ' perhaps from the time of Sa'dī up to the present no one

---

[3] 'Abdollāh Mostōufī, *Tārīkh-e Ejtemā'ī va Edārī-ye Īrān dar Doūre-ye Qājār*, Tehrān 1951, i, 60–61.

can be found to equal Qā'em Maqām in eloquence or in his mastery of various literary styles'.[4]

A careful study of Qā'em Maqām's prose works suggests that the high praise lavished upon him is somewhat exaggerated. Some of his works contain passages of great eloquence and it would seem that he owes his reputation to these, but the high quality is not sustained throughout his works (which, in any case, are not numerous). Nevertheless, his claim to be regarded as the pioneer of modern prose is indisputable. He is best known as the initiator of a special style of writing. Ebrāhim Safā'i asserts that he 'caused the abstruse style and mannerisms typical of the time of the Mongols, Safavids and Nāder Shāh to disappear for all time'.[5] To maintain, as do some of Qā'em Maqām's admirers, that his letters are the most eloquent of all prose, is open to doubt, but of the novelty of his style there is no question. As E. G. Browne (who mentions Qā'em Maqām under poets) states, 'But though he wrote poetry ... he is more celebrated as a prose writer, his numerous published letters being regarded by his countrymen as models of good style'.[6] Qā'em Maqām's style is difficult to define. He makes a generous use of rhetoric and, at times, his prose is not only ornamental but, indeed, over-ornamental. He often writes rhyming prose, and at times indulges in punning. Yet, his writing seldom entirely loses its lucidity. He is at his best in his descriptive writings; on the other hand the official and semi-official documents which he wrote are overloaded with rhetoric and are often ponderous, not to say verbose.

After Qā'em Maqām, Neshāt is the most important figure among the pioneers of the literary movement in the early nineteenth century. In the opinion of some critics he surpassed Qā'em Maqām in his literary versatility. As stated above, he founded one of the first literary societies in his home town, Esfahān. Like Qā'em Maqām he belonged to the court circle. After some years' service he was entrusted with the supervision of the chancery (*divān-e rasā'el*) with the title of Mo'tamed od-Doūla. In 1810 Neshāt went to Paris with a mission sent by Fath 'Ali Shāh to the court of Napoleon. In contradistinction to Qā'em Maqām, Neshāt was primarily a poet. Some of his *ghazals* in particular are of great literary merit. His complete works were issued in a good lithograph edition, entitled *Ganjineh* in 1864 on the order of Nāser od-Din Shāh.

Garrusi may have lacked the literary versatility of both Neshāt and Qā'em Maqām, but as a writer of prose, he is not in any way

---

[4] Mojtabā Minovi, *Yaghmā*, vol. VII, no. 10, 44–5.
[5] *Nehzat-e Adabi-ye Irān dar asr-e Qājār*, Tehrān 1955, 51.
[6] *A Literary History of Persia*, London 1930, iv, 311–12.

inferior to either. Qā'em Maqām held him in great esteem and it is alleged that sometimes when Qā'em Maqām had no time to answer his letters because of pressure of work he would send them to Garrusi for him to answer them.[7] Garrusi also joined the court; he was eventually given the title Fāzel Khān, and was appointed chief herald (*jārchibāshi*) and also made one of the private secretaries to the shāh. In addition to letters, literary essays and some pieces of satire, Garrusi completed, on Fath 'Ali Shāh's order, the *Anjoman-e khāqān*, the biographical dictionary begun by Ahmad Mirzā Qājār. Garrusi's style in his letters and short pieces resembles the style of Qā'em Maqām, but is somewhat less refined.

The literary movement created by the combined endeavour and activities of this small group of writers, all of whom belonged to the court circle and were men of influence, served a double purpose: on the one hand, it paved the way for the rise of modern fiction and other new literary forms, and on the other, led to a new appreciation of the classical style of writing. It may fairly be regarded as a bridge between the classical and modern period.

In the second half of the nineteenth century prose literature underwent a transformation in style and subject matter: political tracts and works drawing attention to the social and political ills of Persia began to be written, and eventually newspapers. The first newspaper to be published was an official gazette entitled *Ruznāmeh-ye vaqāye'-e ettefāqiyyeh* (Diary of Events), founded in 1848 by Mirzā Taqi Khān Amir Nezām [8] on the command of Nāsir od-Din. This was not, however, followed immediately by the publication of other newspapers and it was not till towards the end of the century that a vigorous and lively press developed, and even then the first newspapers were published, not in Persia, but among Persian communities living abroad. The most famous of them was *Qānun*. This was founded in 1890 in London by Malkam Khān, after his dismissal from the office of Persian envoy at the Court of St. James's as a result of his critical views of the policy of the Persian government.

Although *Qānun* had a relatively short life—it ceased publication in 1893—through it Malkam Khān exercised great influence over public opinion, and his direct and simple literary style was appreciated by his readers. He is one of the most striking figures in the Persian awakening. He was a great advocate of European civilization and the rule of law, and strongly condemned the malpractices of despotic government. He thought deeply and intelligently about

---

[7] Safā'i, op. cit., 59.
[8] See E. G. Browne, *The Press and Poetry of Modern Persia*, Cambridge 1914, 10.

the problems of his time and made various constructive suggestions for the establishment of the rule of law. Thus, his writings served a double purpose. As E. G. Browne states: ' Politically they were one of the chief supports of the promoters of the Revolution and the renovation of Persia, and the founders of the movement of the *Risorgimento*; while from the literary point of view they were the sole originator of a peculiar style at once easy and agreeable.' [9] Malkam's writing is distinguished by lucidity and a directness of style combined with a distinctive grace and freshness, and it starts a new trend in Persian prose. He himself was highly critical of bombastic prose whether of earlier writers or of his contemporaries. In one of his essays he states that complicated prose was a waste of time.

In addition to Malkam, other prominent writers of the period were Mirzā Yusof Khān Mostashār od-Doūlch, Mirzā Āqā Khān Kermāni and Shaykh Ahmad Ruhi. Yusof Khān, as well as contributing to the newspaper *Akhtar*, printed in Istanbul, wrote a number of pamphlets, of which one, entitled *Yek Kalameh*, is especially well known. In his writings Yusof Khān advocated civic reforms and the rule of law; and also the building of railways in Persia as a means of opening up the country and facilitating contact with Europe. Kermāni and Ruhi were the co-editors of the newspaper *Akhtar*. The former, through his best known book *Haftād o do mellat*, and the latter, through his translations of French and English works, made a major contribution to the advancement of modern Persian prose. These two writers, who opposed the despotism of Nāser od-Din Shāh and, later, of Mohammad 'Ali Shāh, were exiled and on their return to Persia in 1896 were put to death in Tabriz. The works of these writers and others such as Dehkhodā (1870–1956), whose satirical essays were printed in the newspaper *Sur-e Esrāfil*, were of importance in the development of the movement for constitutional reform and in the struggles to defend the constitution after it was granted in 1906.

Other significant books written towards the end of the nineteenth century are the *Masālek al-Mohsenin* by Tālebof (d. 1909) and the *Siāhat-nāmeh-ye Ebrāhim Beg* by Hājji Mirzā Zein ol-'Ābedin. Although these two books are in the form of travelogues, they were written with a political purpose. The *Siāhat-nāmeh* captured the mood of the time and voiced the people's dissatisfaction with the existing political situation in a down-to-earth style. It achieved wide popularity. The translations which were made of European

---

[9] Ibid., 19.

works in this period included Hājji Mohammad Tāher Mirzā's translations of some of the stories of Alexander Dumas and, above all, Mirzā Habib's famous translation of *Hājji Bābā*. They were well received by the reading public. In these various fields, creative writing, translation and journalism, a tendency towards a new style in prose described as *sādeh-nevisi* (plain or simple writing) is apparent. Almost all the well-known writers of this period viewed simplicity of style as of the highest merit. This emphasis on the adoption of ' plain writing ', however, had drawbacks. In some cases, it resulted in an over-simplification of the ideas and concepts borrowed from Western sources. Nevertheless, one cannot fail to admire the courage and initiative of the exponent of new ideas, such as Malkam Khān and others, who sought eagerly to enlighten the public in the most effective way at their disposal.

The constitution of 1906, granted by Mozaffar od-Din Shāh, was followed after his death in 1907 by two years of unrest and counter-revolution. The short-lived reign of his successor Mohammad 'Ali Shāh, which is known as the lesser despotism, ended in his abdication in 1909. The popular hope that all would be well after the despotism had been overthrown and the constitution re-established was not fulfilled. On the contrary, owing to external influences, the decade following the fall of Mohammad 'Ali Shāh was one of the unhappiest in the history of Persia. Foreign intervention continued and during the world war of 1914–1918 Russian, Turkish, German and British troops were active in the country. A group of nationalists who supported the Central Powers emigrated to Berlin and founded there the newspaper *Kāveh*, which was the standard bearer of a new literary movement, characterized by nationalist and modernist tendencies. It was published from 1919 to 1921. The editor of the paper was Taqizādeh, who had played an important part in the constitutional revolution and throughout his long life was a prominent figure in the political and literary world of Persia, and its contributors were a small group of Persian patriots and scholars. Among them was Mohammad Qazvini, who later with Jamālzādeh, who was to become famous as a short story writer, moved to Paris. It was through the efforts of this group, in particular Mohammad Qazvini, that western methods of scholarship spread, and many classical texts were edited. The first short story of Jamālzādeh appeared in *Kāveh* in 1921. It was entitled ' Persian is [as sweet as] sugar '. On the one hand it attacked in an amusing way the use of pompous language and Europeanized Persian diction, and on the other enthusiastically supported the Persian spoken by the common man. This lively and witty short story, full of telling idioms and

expressions, was later included with five other short stories by Jamālzādeh in the collection known by the title *Yeki bud yeki nabud* (Once upon a time). The book was a great success, and opened a new phase in Persian prose.

Jamālzādeh (b. 1895) is indeed rightly regarded by Persian writers as the founder of contemporary prose. It was he who laid the foundation of a new genre of story-telling rich in local colour and vivid idioms. More than forty years ago in the introduction to *Yeki bud yeki nabud* he recommended writers to write short stories and novels in popular idiom in order to encourage the public to read more and to acquire a better understanding of their own environment.[10] Most of his stories are social or political satire. The portraits he draws are convincing, but in his later works, at times, he tends to play with words and to introduce idiomatic passages for their own sake. Jamālzādeh is a prolific writer of short stories and novels and also a regular contributor to literary periodicals. Some critics regard *Yeki bud yeki nabud* as his best work. For the last forty years or so he has lived in Europe and it is perhaps because of this that his later works do not have the same quality of spontaneity as his earlier works. But in spite of this he is still considered as one of the leading contemporary authors.

Another writer of outstanding importance is Sādeq Hedāyat (1903-1951), who also founded a new school of writing. He is generally regarded by the educated public as the leading author of the period since the Second World War and his followers consider him to be unrivalled. One may hesitate to accept this judgement unreservedly, but it cannot be denied that Hedāyat has exercised great influence not only over other writers but also over the attitude of mind of the present generation. Although he began to write during the reign of Rezā Shāh and had already written some important works before his abdication, his main works were written after this event. *Buf-e kur* (The blind owl), by common consent his masterpiece, was written when the dictatorship was still at its height, it was not until 1941, after the abdication of Rezā Shāh, that it was printed in Tehrān. The first edition was published in Bombay whither Hedāyat went in 1937. *Buf-e kur*, unlike Hedāyat's earlier works, which dealt with social evils, is a self-analysis. It is written in the first person singular and is the portrait of a man in black despair who, closing his eyes to reality, takes refuge in a nightmarish dream only to find that there is no escape from self. Although the world of *Buf-e kur* is morbid and dreary, the book

[10] S. M. A. Jamālzādeh, *Yeki bud yeki nabud*, Tehrān, fourth ed., Introduction.

contains descriptive passages of striking originality, and even poetical beauty. Hedāyat was a versatile writer. In addition to short stories, which form the main body of his work, he wrote essays on a great variety of subjects ranging from vegetarianism, 'Omar Khayyām, and folklore, to travel and history. One of his last books, published in 1945, is called *Hājji Āqā*. It is a short novel, the portrait of a self-made merchant. Partly because of its reference to the contemporary political scene, it appealed to a larger public than his earlier works. It had, however, a mixed reception. By some it was acclaimed as Hedāyat's best work but others judged it to be his worst. It lacks both the depth and the pessimistic undertone of his earlier fictional writings, but it is nevertheless a faithful picture of a typical Persian merchant, whose characteristics it depicts with humour and accuracy. Jamālzādeh, as stated above, introduced current idioms into his writings; Hedāyat went one step further and made the introduction of slang into literature fashionable. His readers, however, were predominantly the intellectuals and the educated classes and not those people whose language he so painstakingly collected.

Among the followers of Hedāyat, Sādeq Chubak (b. 1916) comes closest to him. Chubak is also basically a short story writer and uses slang as much as, or more than, Hedāyat. This is not to say that Chubak is merely an imitator of Hedāyat. He has great originality and his prose is often more eloquent and his choice of words more apt than that of Hedāyat. In other words, Chubak is the better craftsman of the two. In contrast to Hedāyat, Chubak is not a prolific writer. Since his first book *Kheîmeh-shab-bāzi* (The puppet show), which appeared in 1945, he has only published four other books. Few though his works are, he is counted as one of the best short story writers in Persia today.

Another well-established writer, who also belongs to the post-war period, is Jalāl-e Āl-e Ahmad. He first became known as a writer in 1945 with the publication of *Did o bāzdid* (The exchange of visits). This is a collection of twelve short stories, directed mainly against superstition and religious hypocrisy and showing a wide sympathy for the oppressed. This was followed by four other collections of short stories, of which *Az ranji ke mibarim* (The suffering which we bear) published in 1947 is the best known. Āl-e Ahmad has also written two novels, one of which, *Modir-e madrese* (The headmaster), is a realistic portrait. Āl-e Ahmad, like Hedāyat, is a versatile writer. He is interested in folklore, dialects and rural customs, on which subjects he has written three books, the first of which, *Ourāzān*, was published in 1953. In his later writings Āl-e Ahmad

devoted his energies to a defence of traditionalism against the increasing encroachment of the west; and his *Gharb zadegi* (The disease of westernization, lit. Being struck by the west), is a somewhat exaggerated essay in polemics. In common with other modern writers, Āl-e Ahmad uses colloquialisms and his prose approximates to the spoken language. In precision and economy of words he rivals Chubak.

Bozorg 'Alavi (b. 1907), is another leading contemporary writer. He published his first book *Chamadān* (Portmanteau) in 1934. He was educated in Germany and on returning to Persia he joined an outlawed Marxist group. In 1937 'Alavi, with 52 other persons, was arrested, and remained in prison until the Allied invasion of Persia in August 1941. After his release from prison 'Alavi became one of the founders of the Tudeh Party. After the war he left for Europe and is now a visiting professor at Humboldt University in East Germany. Apart from *Chamadān*, 'Alavi's major published works consist of two collections of short stories: *Varaq-pārehā-ye zendān* (Scraps of paper from prison), printed in 1941, and *Nāmehā* (Letters), printed in 1952. He also wrote a moving account of his prison experiences entitled *Panjāh o seh nafar* (Fifty-three men), printed in 1942. His best known work is a novel bearing the title *Cheshmhāyash* (Her eyes), printed in 1952. With the single exception of *Chamadān*, 'Alavi's leftist political views are reflected in all his works.[11] He has a genuine sympathy for the underdog and the oppressed and writes with conviction. He is a good storyteller. Two of his short stories, *Sarbāz-e sorbi* (The lead soldier) and *Gileh-mard* (The man from Gilān), both written with understanding and insight, maintain throughout an element of suspense and tension and are among the best and most polished short stories of contemporary Persian writers.

Mohammad Hejāzi (d. 1974) is a writer of a very different stamp from 'Alavi. Though his popularity has waned somewhat recently, he is a writer of considerable skill and influence. The reason for the decline in his popularity may be attributed to the fact that he is basically a romantic and moralistic writer and that the Persian reading public of today prefers realism. Moreover, in Hejāzi's writings the emphasis is on style rather than content and this is perhaps another reason for the decline in his influence. Hejāzi appeared on the literary scene at the beginning of the 'twenties and soon became one of the most popular novelists and essayists during the reign of Rezā Shāh. Contrary to other writers, Hejāzi both

---

[11] H. Kāmshād, *Modern Persian Prose Literature*, Cambridge 1966, 114.

during the reign of Rezā Shāh and after occupied several high governmental positions, including the directorship of the state radio and propaganda department. Between 1927 and 1931 Hejāzi published three novels and almost twenty years later another two. His fame as a novelist rests mainly on his third novel, *Zibā* (The beautiful one), printed in 1931. This book is regarded as one of the best works of modern Persian literature. Among his short stories *Bābā Kuhi* is the most famous and perhaps the most widely read. As an essayist Hejāzi has been acclaimed by H. L. Graves Law as the Steele or Addison of modern Persia.[12] Whether this comparison is justified or not, the fact remains that as an essay writer Hejāzi has few rivals among his contemporaries. He is a prolific essayist and published several collections of essays among which *Ā'ineh* (The mirror), first published in 1936 and reprinted for the sixth time with additional essays in 1951, is the best known. Hejāzi, particularly in his essays, writes in a literary style. His similes are sometimes far-fetched and he tends to indulge in sentimentality and sometimes in archaisms and an undue virtuosity; nevertheless, his style is melodious and lyrical and on the whole straightforward and lucid.

'Ali Dashti, like Hejāzi, is another public figure who is also a celebrated writer. In his style and choice of words he resembles Hejāzi. He avoids colloquial language, makes heavy use of Arabic words and also deliberately uses some French words, which give to his writings a touch of affectation. Dashti began his career as a journalist, founding the newspaper *Shafaq-e sorkh* in 1921. He was thrown into prison because of his radical views; and his first book *Ayyām-e Mahbas* (Prison days), printed in 1921, is an account of his reflections during imprisonment. This is the work of an angry and restless young rebel and its form that of the newspaper article rather than the literary essay. In his later books such as *Sāyeh* (Shadow), printed in 1946, Dashti speaks in a milder and more sober tone. In the last few years Dashti has turned his attention to literary criticism and has written books on five of the classical poets, namely Sa'di, Rumi, Hāfez, Khāqāni and Khayyām. Although these books are not, as the author points out, works of profound scholarship, they represent, as personal appreciations of great masters of the past, a new departure in the literary field.

Apart from the seven major writers discussed above, who have made their mark on contemporary Persian literature, there are a number of minor writers whose names merit mention, such as

---

[12] Quoted by H. Kāmshād, op. cit., 82.

Moshfeq Kāzemi, Jehāngir Jalili, San'atizādeh Kermāni, Beh Āzin, Taqi Modarresi, Abbās Khalili and Mohammad Ma'sud. The last two, in particular, exercised influence both through their newspapers and their books. The topics commonly treated by these writers are the ills of society, the depravity of the towns, and unhappy and irregular unions, etc. Some of them, notably San'atizādeh, are prolific; but with the exception of Modarresi and Beh Āzin, few of them have written works of real literary merit.

Among the younger and rising writers, 'Ali Mohammad Afghāni stands out. His first book *Shouhar-e Āhu Khānom* (Mrs. Āhu's husband), published in 1961, places him in the forefront of fiction writers. This bulky volume of some 900 pages took the critics and reading public alike by surprise. It was hailed by reviewers as the greatest fiction ever written in Persian and its author was likened to the great writers of fiction such as Tolstoy and Dostoevsky. Whether or not this praise is exaggerated, it is a very important book. Its theme is an old one: it concerns the predicament of Persian women, and the evils of concubinage. The story is set in the provincial city of Kermānshāh in the last decade of Rezā Shāh's reign. The book is written in the literary language and is also rich in idioms and popular maxims. Although it contains several passages of beauty, its style is on the whole uneven and at times prolix, while the dialogues are often somewhat stilted.

In the field of research and scholarship since the pioneering works of the late Mirzā Mohammad Qazvini, much work has been done. Literary periodicals such as *Yādegār* (founded by the late 'Abbās Eqbāl), *Sokhan* and *Yaghmā* have exercised a marked influence in university circles and beyond. Foruzānfar, Homāi, Mo'in, Safā and, above all, Minovi are men of great scholarship and in their books and articles they have made valuable contributions to the advancement of learning. Among younger scholars and essayists Eslāmi Nodushan, Yusofi, Mohaghghegh and Zarrinkub also deserve mention.

To sum up, modern Persian prose since the early nineteenth century has gone through three phases. The first was characterized by a new appreciation of the classical style of writing on the one hand and a tendency towards modernity on the other; it formed a bridge between the classical and the modern period, and is exemplified by the writings of Qā'em Maqām. The second phase began in the late nineteenth century when Persian prose was transformed by the adoption of 'plain writing' as shown in the works of Malkam Khān. The third phase began in the third decade of the twentieth century and is marked by the introduction of

idiomatic and colloquial Persian and also of slang into Persian prose, under the influence of the writings of Jamālzādeh and later Hedāyat. Thus, in the course of some hundred and fifty years Persian prose has been enriched by the works of a group of talented and gifted writers, who, while grounded in the traditions of the past, have introduced new features, fashioned and polished the language, and given to it a distinctive character, until it has finally reached its present maturity.

A. A. HAIDARI

TRANSCRIPTION

The transcription used in the vocabulary and notes, which is intended to serve as a guide to pronunciation, is that used in Professor A. K. S. Lambton's *Persian Grammar* (Cambridge, 1953). I must, however, plead to some inconsistency in that in the Introduction and Notes I have used the more traditional forms *ch, kh, sh, gh,* and *eh* (where this represents the 'silent' *h* preceded by the vowel *e*) for *c, x, ʃ, ɣ,* and *e* in the transcription of proper names and the titles of books and periodicals. In similar cases I have represented the letter *ain* in the transcription even when it occurs in an initial position, and I have also used *ā* and *a* in preference to ɑ and ᴀ throughout.

ا	*alef,* or *alef hamze* as it is properly known, represents at the beginning of a word a glottal plosive and may be vowelled *e, a* or *o*. In a medial or final position it represents the vowel *ā*. The vowel *ā* in an initial position is written آ and known as *alef madde. Alef* is also written before the vowels ى *i* and و *u* at the beginning of a word
ب	*b*
پ	*p*
ت	*t*
ث	*s*
ج	*j* (= *j* in the English word John)
چ	*c* (= *ch* in the English word church)
ح	*h*
خ	*x* (approximating to *ch* in the Scottish word loch)
د	*d*
ذ	*z*
ر	*r*
ز	*z*
ژ	*ʒ* (= *j* in the French word jour)
س	*s*
ش	*ʃ* (= *sh* in the English word show)
ص	*s*
ض	*z*
ط	*t*
ظ	*z*
ع	ʻ *ain* is a glottal plosive. It corresponds to the check in the voice substituted for t in Cockney and other

TRANSCRIPTION

غ	γ	γein is a voiced or voiceless uvulur plosive formed by the back of the tongue coming into contact with the rearmost part of the soft palate. γein and qāf are not differentiated by most speakers and tend to be voiceless uvular plosives unless between or followed by back vowels
ف	f	
ق	q	See above, γein, for the pronunciation of qāf
ك	k	k and g (see immediately below) are palatal if followed by a front vowel, i.e. i, e or a or the diphthong eî, or in a final position. In other contexts k and g are velar as in English. The palatal k and g are made by the front of the tongue, excluding the tip, coming against the hard palate
گ	g	See immediately above
ل	l	(As in the English word light)
	m	
ن	n	n followed by b in the same word is normally pronounced m and will be so represented in the transcription
و	v	After an initial x in some Persian words this letter is not pronounced and in such cases will not be represented in the transcription
	u	
	ôu	
ه	h	In a final position in certain words h represents a verbal, adjectival or nominal suffix and is not pronounced and will not be represented in the transcription. In such cases it is preceded by the vowel e. The final h in نه na 'no' and بله bale 'yes' is not pronounced
ى	y	In certain contexts ى represents the ezāfe and is pronounced ye
	i	
	eî	

dialects in such words as bottle, water, etc. In an initial position when it is followed immediately by a vowel it is omitted from the transcription

Fathe...., kasre...., and zamme.... are represented in the transcription by a, e and o.

Vowels:

- *i* approximating to the vowel in the English word 'beat'
- *e* approximating to the vowel in the English word 'bed'
- *a* intermediate between the vowels in the English words 'bed' and 'bad'
- *ā* approximating to the vowel in the English word 'barred'
- *o* rather more rounded than the vowel in the English word 'book'
- *u* approximating to the vowel in the English word 'booed'

NOTES

I. Social Justice

Hosēin 'Ali Rāshed, one of the ablest and most popular preachers of contemporary Persia, was born in Khorāsān in 1902. He was educated in Mashhad in the traditional religious sciences and first achieved fame as a preacher in Esfahān in 1934. He had, however, hardly been a year in Esfahān when, following one of his sermons, in which it was thought there was an implied criticism of the government of Rezā Shāh, he was arrested and little was heard of him until after Rezā Shāh's abdication in 1941. About three months later an article of his entitled 'Let us take refuge in religion' appeared in the Tehrān evening paper *Ettelā'āt*. In this Rāshed suggested that religious talks should be given by Radio Tehrān. The proposal received support from the public and two months later he was invited to broadcast once a week on religious topics. From the very start, listeners expressed their appreciation and he continued to broadcast for nearly four years. He delivered in all 159 talks, which have been published in five volumes. Rāshed in his radio talks completely breaks away from the so-called *ākhundi* style which, overloaded with bombastic and obscure Arabic terms, was commonly used by writers and speakers on religious topics. His style is simple and lucid, and at the same time eloquent and forceful. He uses the Persian language of today and his works are of real literary value.

p. 5, l. 9 'Ali was the cousin and the son-in-law of the prophet Mohammad. The Sunnis regard him as the fourth caliph, but the Shi'ah consider him to be the successor of Mohammad and the first of the Shi'i *imāms*. He was assassinated in A.D. 661.

l. 10 عليه السلام *alēih es-salām*, an Arabic formula meaning 'upon him be peace' usually used after the names of the prophets and the Shi'i *imāms*.

II. Yahyā

For the life and works of Chubak see *Introduction*.

p. 6, l. 9 از خودش خوشش میامد *az xodaſ xoſaſ miāmad*, he was pleased with himself.

l. 13 ترس ورش داشت *tars varaſ dāſt*, he was overcome by fear.

l. 14 ازش *azaf*, variant form for از او *az u*, from him.

p. 7, l. 7 شد باز نیشش *nifaf bāz fod*, he grinned (lit. his teeth were bared).

III. The Barmecides

Professor 'Abd ol-Hoseîn Zarrinkub, a well-known historian and man of letters, holds the chair of Persian Literature in the University of Tehrān. His works include *Do qarn sokut*, a history of Persia in the two centuries immediately after the Arab Conquest, *Mirās-e sufiye*, an evaluation of the works of Moslem mystics, and *Bā kārvān-e holle*, a collection of essays on Persian poets, classical and modern.

The Barmecides were a famous Persian family of vazirs. Khāled, his son Yahyā, and Yahyā's sons Fazl and Ja'far, achieved great prominence at the court of the 'Abbasid caliph, Hārun or-Rashid. The Barmecides after having reached the height of their power fell from favour and were overthrown by Hārun or-Rashid.

p. 8, l. 13. The Omayyad Caliphs, the first of whom was Mo'āwiyah, ruled from A.D. 661 to A.D. 750. Their capital was Damascus. They were succeeded by the 'Abbasids, who ruled from Baghdad from A.D. 750 to A.D. 1258.

l. 16 *Abo'l-'Abbās Saffāh*, was the founder of the 'Abbasid dynasty. He ruled from A.D. 750 to A.D. 754.

l. 17 *Abu Ja'far Mansur*, the brother of Abo'l-'Abbās succeeded him as caliph. He died in A.D. 775.

l. 20 Hārun or-Rashid, the splendour of whose court in Baghdad is proverbial, was the most famous of the 'Abbasid Caliphs. He ruled from A.D. 786 to A.D. 809 and was succeeded by his son Ma'mun, whose mother was a Persian.

p. 10, l. 18 *Ibn Khaldun* (A.D. 1332–1406), spent most of his life in North Africa. He was one of the profoundest thinkers of the Islamic Middle Ages. His most famous work is the *Prolegomena* to his universal history.

IV. Companions

p. 12, l. 1 در گرگ و میش *dar gorg o mif*, just before nightfall or dawn, i.e. when it is barely light enough to distinguish the wolf from the sheep.

V. A great philosopher

For the life and works of Hejāzi see *Introduction*.

p. 14, ll. 11–12 دست از پا درازتر *dast az pā darāztar*, tired; unsuccess-

ful, disappointed. The expression is used, for example, of someone who has returned home unrepentant after sowing his wild oats.

VI. *The emergence of Persian prose*

Dr. Gholām Hosein Sadiqi was born in Tehrān and educated there and at the Sorbonne. Upon his return to Persia, he was appointed lecturer in sociology and philosophy in the University of Tehrān. He later became Minister of Posts and Telegraph in December 1951 and in the following July was appointed Minister of the Interior. He is now a professor in the University of Tehrān and head of the Faculty of Sociology. *Les movements religieus Iraniens au IIe et au IIIe siècle de l'Héjire* is his best known work.

p. 19, l. 5 In Sasanian times the *dehqāns* were the heads of villages. They held land by hereditary right and were the representatives of the government. Their principal function was to collect taxes. They largely continued to be responsible for local administration after the Islamic conquest. By the eleventh century A.D. the term had become debased and was also used to mean a peasant proprietor or peasant. Its present-day meaning is peasant.

l. 17 *Boyutāt* (pl. of *boyut*, which is, in turn, the plural of *beit*, ('house') was used in Safavid times to designate the royal workshops and various departments of the royal household. In modern times *boyutāt* is the name of the office which deals with royal buildings and premises.

p. 20, l. 6 The Taherids (A.D. 820–879) were a semi-independent dynasty, founded by Tāher (hence their name), to whom the caliph Ma'mun, upon his departure from Marv to Baghdad, gave the management of the eastern provinces. Tāher only lived to hold this appointment for two years (A.D. 820–822). He was succeeded by his son. The Taherids recognized the nominal authority of the caliph.

The Saffarid dynasty was founded by the son of a coppersmith (*saffār*) named Ya'qub. He drove the Taherids out of Sistān and Khorāsān and extended his power over practically the whole of Persia and even threatened the caliph in Baghdad in A.D. 879. His career is one of the most remarkable in the annals of medieval Persia. He was succeeded by his brother 'Amr. The dynasty lasted about half a century from A.D. 867 to A.D. 903.

l. 7 The 'Alids gained possession of Tabarestān about A.D. 864

and held the province for some sixty-four years. Hasan b. 'Ali Otrush, who ruled from A.D. 913-916, was the best known of them.

The Samanid dynasty (A.D. 874-999) derives its name from Sāmān, a Persian *dehqān* of Balkh. His grandsons, Nuh, Ahmad, Yahyā and Iliās were given provincial governments in the Eastern provinces by the caliph Ma'mun. Ismā'il b. Ahmad took Khorāsān from the Saffarids in A.D. 903, and defeated Mohammad b. Zêid, the 'Alid ruler of Tabarestān. Under Ismā'il and his successors, Samarqand and Bokhārā became great centres of Persian culture. Rudaki, the first great poet of New or Modern Persian, flourished during the reign of Nasr II.

ll. 8-9 The Buyids take their name from Buyeh, a Deilamite chief, who was first in the service of the Samanids and subsequently, about A.D. 930, in that of Mardāvij. Buyeh's eldest son 'Ali was given the government of Karaj by Mardāvij. 'Ali extended his authority to Esfahān and then, together with his brothers, Hasan and Ahmad, took Shirāz. Ahmad entered Baghdad in A.D. 945 and was made *amir ol-omarā*. The Buyids, although they were Shi'is, kept the caliphate in existence but reduced the position of the caliph to that of a puppet. The Buyids split up into a number of branches ruling over Fārs, 'Irāq, Kermān, Hamadān and Esfahān, though they were temporarily united under 'Azod od-Doūleh, who ruled from Shirāz from A.D. 949 to A.D. 983. Buyid domains fell piecemeal to the Ghaznavids, Kakuyids and Saljuqs.

p. 21, l. 10 The Ghaznavid dynasty was founded by Seboktegin, a Turkish slave, in the service of Alptegin, who had been commander of the Samanid forces in Khorāsān under 'Abd ol-Malik (d. A.D. 961) and governor of Ghazna.

Seboktegin was made governor of Khorāsān in A.D. 994 by the Samanid Nuh II. His son Mahmud (A.D. 998-1030) repudiated the overlordship of the Samanids and received his appointment as governor of Khorāsān and Ghazna from the caliph of Baghdad. He made a series of expeditions into India between A.D. 1001 and A.D. 1024 and carried off much plunder especially from the idol temple of Somnāt.

Ghazna, the capital of his empire which stretched from Lahore to Samarqand and Esfahān, was a great centre of science, art and literature.

Mahmud's son Mas'ud was defeated by the Saljuqs at the

battle of Dandanqān (A.D. 1040). Ghazna fell to the Ghorids in A.D. 1161 after which the Ghaznavids were confined to India.

l. 13 Saljuq belonged to the Qiniq tribe of the Oghuz Turks. He came to Jand towards the end of the tenth century A.D., and was converted to Islam. He and his sons and grandsons took part in the wars between the Samanids, the Ilak Khāns and the Ghaznavids. Finally, Tughril Beg and Chaghri Beg Dā'ud, the grandsons of Saljuq, with their followers came into Khorāsān during the reign of Mahmud of Ghazna. For some years they harried the Ghaznavid forces and eventually defeated Mas'ud b. Mahmud (see above). They rapidly conquered Khorāsān and western Persia and Tughril Beg entered Baghdad in A.D. 1055. The Saljuqs, who reached their height under Malekshāh (A.D. 1072–1092), ruled over an extensive empire. After the death of Sanjar, the last of the Great Saljuqs, in A.D. 1157, it broke up into a number of succession states, among which were those ruled by the Saljuq dynasties of Kermān, 'Irāq, Syria, and Rum.

VII. *How to write Persian*

Mojtabā Minovi was born in Tehrān in 1902. After graduating from the Teachers Training College, he became a school teacher. In 1929 he left Persia for Europe as the assistant to the official in charge of Persian students in Paris and London. After three years he returned to Irān; in 1936 he went a second time to London, where he stayed fourteen years, spending much time in research, using the manuscript collections in the British Museum and elsewhere. On his return to Irān he was appointed to a professorship at Tehrān University. Minovi is an excellent scholar and has edited a number of classical texts, including the *Divān* of Nāser-e Khosrōu and *Vis o Rāmin*. Among his recent works is a critical edition of *Kalila va Demnā*. He is a regular contributor to Persian literary journals such as *Yaghmā* and *Sokhan*.

p. 23, l. 10 *Moulavi*, this is the name by which Jalāl od-Din Mohammad Rumi is commonly known. He spent most of his life in Rum (Asia Minor), hence his name Rumi. He is without doubt the greatest Sufi poet whom Persia has produced and his mystical *masnavi* deserves to rank amongst the great poems of all times. Rumi also wrote *ghazals* under the influence of Shams-e Tabriz, whose name his *Divān* bears. Rumi died in Konya in A.D. 1273.

l. 22 *Sa'di*, Mosleh od-Din Sa'di was born in Shirāz in A.D. 1202 and died there after a long and eventful life. He is a versatile and prolific writer especially of poetry and prose. He is praised for his *ghazals*. Some are mystical but the majority deal with profane love. His best known works are the *Golestān* (The rose garden) and the *Bustān* (The garden).

p. 25, l. 3 *Hāfez*, Shams od-Din Hāfez, like Sa'di, was born in Shirāz and died there in A.D. 1389. He is by common consent the greatest lyric poet of Persia. He maintains a harmonious balance between words and meaning. In Hāfez the *ghazal* reached its perfection both in form and diction. His *Divān* probably has a greater circulation in Persia than any other book except the *Qor'ān*.

l. 4 راستا حسینی *rāstā-hoseini*, a colloquial expression meaning straightforward, simple (of speech).

p. 26, l. 1 لا یعد و لا یحصی *lā yo'addo va lā yohsā*, an Arabic phrase, ' it is not numbered and it is not limited ', use to mean unlimited.

l. 5 خاقان مغفور *xāqān-e maɣfur*, lit. the great Khān who has been pardoned (by God). *xāqān* was one of the titles of the Qājār rulers. The term *xāqān-e maɣfur* here means Fath 'Ali Shāh, the second Qājār ruler.

ll. 13–14 مذهب جعفری *mazhab-e ja'fari*, Ethnā 'Ashari or Twelver Shi'ism, so called because its followers recognize twelve *imāms*. It is also called Ja'fari Shi'ism, after Ja'far-e Sādeq (d. A.D. 765) the sixth *imām*, who enjoys special respect among both Shi'is and Sunnis for his learning in the religious sciences.

VIII. *The headmaster*

For the life and works of Āl-e Ahmad see *Introduction*.

p. 28, ll. 1–2 هنوز از پشت دیوار نپیچیده بودم *hanuz az poʃte divār napicide budam*, I had hardly turned round the corner.

l. 3 بخودشان می‌پیچیدند *be xodeʃān mipicidand*, they were writhing in pain.

ll. 8–9 جا خالی میکرد *jā xāli mikard*, lit. he made the place empty, i.e. he stole away.

l. 12 میدانم چه پوستی میکند *midānam ce pusti mikand*, lit. I knew how it flayed, i.e. I knew how painful it was.

l. 13 نزدیك بود با لگد بزنم و ناظمرا پرت کنم آنطرف *nazdik bud bā lagad bezanam va nāzemrā part konam ān taraf*, I nearly kicked the superintendent and threw him out.

l. 19 خواهش کردم این بار همه‌را بمن ببخشد *xāheʃ kardam in bār hamerā*

be man bebaxʃad, I asked (him) to forgive them all this once for my sake.

l. 20 سرشانرا نزده بودند *sareʃānrā nazade budand*, they had not had their hair cut.

p. 29, l. 5 چیزی نمانده بود *cizi namānde bud*, lit. nothing had remained, a phrase used to mean nearly, almost, to be on the point of.

l. 10 تازه حالش سر جا آمده بود *tāze hālaʃ sare jā āmade bud*, he had just recovered.

l. 12 یکمرتبه براق شد *yek martabe borāq ʃod*, he suddenly flared up.

l. 13 اگه جلوشونو نگیرید سوارتون میشند *age jolove ʃuno nagirid savāretun miʃand*, for اگر جلو شانرا نگیرید سوارتان میشوند *agar jolove ʃānrā nagirid savāretan miʃavand*, if you don't stop them they will take you for a ride.

Notice the vowel changes in the first sentence. In colloquial Persian, و *o* stands for *ā* and also for *rā*. The consonant ر *r* changes to the 'silent' *h*, thus اگر, آخر, دیگر, *agar*, *āxar*, *digar*, become اگه, آخه, دیگه, *age*, *āxe*, *dige*. In the present tense of verbs with a present stem ending in و the *v* drops out altogether, thus میشوند *miʃavand*, changes to میشند *miʃand*, میروند *miravand* to میرند *mirand*, etc.

l. 15 آقا آقا میکرد *āqā āqā mikard*, he was repeatedly saying yes sir, yes sir.

ll. 16–17 احساس کردم . . . ممکن است تو رویم بایستد *ehsās kardam . . . momken ast tu ruyam beistad*, I felt . . . it was possible he would stand up to me.

l. 20 ستانها و گاهها *setānhā va gāhhā* for دبیرستانها و دانشگاهها *dabirestānhā va dāneʃgāhhā*, secondary schools and universities.

p. 30, l. 1 سید اولاد پیغمبر *sayyede o͡ulāde peiɣambar*, a sayyed, a descendant of the prophet. *o͡ulād*, the plural of ولد *valad*, child is used in Persian with a singular as well as a plural meaning:

l. 2 ازم *azam* for ازمن *az man*, from me. بهم *behem* for بمن *be man*, to me. دارمش *dāramaʃ* for آنرا دارم *ānrā dāram*, I have it.

l. 5 رفتم سراغ اطاق خودم *raftam sorāɣe otāqe xodam*, I went off to my room.

IX. *The Academy*

'Abbās Eqbāl was educated in Āshtiyān, his native town, and then at the Dār ol-Fonun in Tehrān. In 1925 he accompanied a military mission to France. While in that country he studied at the Sorbonne and graduated from there. On his return to Persia he was appointed a professor at Tehrān University, and taught history. He has edited various historical and literary texts. He has also written a number of school textbooks on European and Persian history. His main

contributions to learning have, perhaps, been made in the form of learned articles, published in *Yādeqār*, the literary periodical which he founded in 1944, and in other periodicals. In his later life Eqbāl became cultural attaché at the Persian embassy first in Turkey and then in Italy, where he died in 1955.

p. 31, l. 8 دور هم نشستن *do͡ure ham neʃestan*, to sit down together.
لغت وضع کردن *loγat vazʿ k.*, to invent new words.
l. 9 معمول به *maʿmulon beh(e)*, this is an Arabic phrase which means used, practised (by).
اهل زبان و امراء کلام فارسی *ahle zabān va omarāʿe kalāme fārsi*, those whose mother-tongue is Persian and masters of the Persian language.
ll. 12–13 قیام و قعود *qiām o qoʿud*, lit, rising to one's feet and sitting down. This is an ironical phrase referring to an assembly in which the members have no real power and who vote as directed.
ll. 13–14 حرف خودرا بر کرسی نشاندن *harfe xodrā bar korsi neʃāndan*, an expression meaning to enforce or to impose one's views.
l. 17 وقایع شهریور ۱۳۲۰ *vaqāyeʿe ʃahrivare hazār o sisad o bist*, the events of August/September 1942 when the allied armies invaded Persia as a result of which Rezā Shāh abdicated.
ll. 18–19 بساط تعزیه گردانان آن تا حدی از رونق نخستین افتاد *basāte taʿzie-gardānāne ān tā haddi az ro͡unaqe noxostin oftād*, the ' set up ' of its leading performers (lit. the organizers of the *taʿzie*), to some extent, lost its original glamour.
ll. 20–21 خاطر . . . قرین ابتهاج و مسرت کرد *xātere . . . qarine ebtehāj o masarrat kard*, it made [their] minds contiguous with delight and joy, i.e. it delighted them.

p. 32, l. 3 بحضور ملوکانه شرفیاب شدن *be hozure molukāne ʃarafyāb ʃodan*, to have the honour of being received by the shāh.
l. 5 بعرض رساندن *be ʿarz resāndan*, to inform (someone), report (to someone). An expression used when it is intended to show respect towards the person to whom the information is given.
ll. 5–6 از خاك پای ایشان استدعای بذل مرحمت . . . نموده اند *az xāke pāye iʃān estedʿāye bazle marhamat . . . namude and*, lit. from the dust of his (the shāh's) feet they have requested the bestowal of favour, i.e. they humbly requested.
ll. 18–19 سکه قبول بر چیزی زدن *sekkeye qabul bar cizi zadan*, to place the seal of authority or approval on something.

p. 33, ll. 9–10 تیشه مهلکی‌است که بحیات ایران زده میشود *tiʃeye mohlekist ke be hayāte irān zade miʃavad*, it is a mortal blow struck at the life of the Persian nation.

X. *Resurrection*

For the life and works of Jamālzādeh see *Introduction.*

p. 34, ll. 17–18 با . . . نشسته دل داده قلوه میگرفتم *bā . . . nešaste del dāde qolve migereftam*, I used to sit with . . ., bare my heart and have an intimate talk [with him].

p. 35, l. 1 الاکرام بالاتمام *al-ekrām bel-etmām*, an Arabic phrase meaning generosity is fulfilled when given in full measure.

l. 4 تا خدا چه خواهد *tā xodā ce xāhad*, let us see what God wills.

l. 6 معقول اشتهائی داری *ma'qul eštehāi dāri*, what a big appetite you have ! i.e. you are never satisfied. In the dialect of Esfahān *ma'qul* is sometimes used as an intensive.

l. 6 گلی بجمالت *goli be jamālat*, lit. [may] a flower [be added] to your beauty, used ironically to mean well done or one up to you.

ll. 7–8 تعلیق بمحال *ta'liqe be mohāl*, being dependent upon an impossibility, i.e. something which is impossible of realization.

l. 9 معقول و منقول *ma'qul o manqul*, in Islām knowledge is divided into two kinds, speculative (*ma'qul*) and traditional (*manqul*), i.e. that which is handed down.

l. 11 اینکه کاری ندارد *in ke kāri nadārad*, there is no difficulty about this.

p. 36, l. 1 بجائی رسیدن *be jāi residan*, to attain to position, to get on in the world.

l. 2 حضرت رسول *hazrate rasul*, the prophet Mohammad. *hazrat* is used as a title of respect before the names of prophets, *imāms* or highly revered saints.

ll. 11–12 مسئله آموز صد مدرس *mas'ale āmuze sad modarres*, a quotation from Hāfez meaning 'teacher of a hundred *modarres*'.

مسئله *mas'ale* here stands for *mas'ale-ye shar'i*, a problem or matter concerning the religious law, the *shari'a*. The *modarres* is the head of a *madrase*, a school in which the religious sciences are taught.

l. 21 پر آب پاکیرا بدستم میریزید *por ābe pākirā be dastam mirizid*, lit. you are pouring much clean water on my hands, i.e. you are washing your hands of me; you are causing me to despair.

l. 24 آنجا که عرب نی میاندازد *ānjā ke arab nei miandāzad*, lit. where the Arab casts his arrow down, i.e. an inaccessible place; the back of beyond.

p. 37, l. 2 وای بحال تو *vāi be hāle to*, woe upon thee !

XI. Let us not forget Irān

Mohammad 'Ali Eslāmi Nodushan was born in 1925 and studied law in Tehrān University and then in Paris. He began his literary career as a writer of modern poems and cultural and socio-political articles for the leading periodicals of Tehrān. A collection of his articles published in 1962 under the title of *Irānrā az yād nabarim* at once gave him a reputation and influence as a thinker. The problem which is central to his works is the impact of European civilization on Irān, particularly so far as it fosters or retards the development of Irān. Eslāmi's essays, which have appeared in three volumes, have achieved a wide circulation among the Persian intelligentsia.

p. 38, l. 3 رى *Rei*, formerly an important city known to the ancient world. The ruins of the medieval city lie some five miles south-east of Tehrān near Shāh 'Abd ol-'Azim.

l. 7 حادثات *hādesāt* (pl. of حادثه *hādeseh*), happenings, events. The broken plural حوادث *havādes* is more common.

l. 11 ایران میتواند قد راست کند *irān mitavānad qad rāst konad*, Irān is able to pull herself up.

p. 39, l. 17 Abo'l-Qāsem Hasan b. 'Ali Ferdōusi was born in Tus about A.D. 941. He belonged to a family of *dehqāns*. From internal evidence in the *Shāh-nāmeh* it appears that Ferdōusi was about forty years old when he began his monumental work at the court of Sultān Mahmud of Ghazna. Little is known of Ferdōusi's early education, but he must have been well versed in traditional Persian learning. During the latter part of his life Ferdōusi fell out of favour with the sultān. He died at the age of nearly eighty and was buried at Tus.

l. 17 Abo'l-Fath Omar Khayyām was born in Nishāpur about A.D. 1046. He was primarily a philosopher, astronomer and mathematician. Some hold him to be a mystic as well, but others regard Khayyām was the arch free-thinker of his time. He was held in esteem at the court of the Great Saljuq ruler, Malekshāh, and was a contemporary of Ghazāli with whom, it is reported, he discussed philosophical and religious topics. Thanks to the genius of Fitzgerald, Khayyām is known throughout the western world as the writer of the famous Rubā'iyyāt. Khayyām died in A.D. 1129 and was buried near his birthplace.

ll. 19–20 The Sasanian general Bahrām Chubin's, rebellion against Khosrōu II forced him to flee to Byzantium. He regained his throne in A.D. 590 with the aid of Byzantine

troops sent with him by the emperor Maurice. Bahrām Chubin occupies an important place in Persian folklore.

l. 20 Abu Moslem-e Khorāsāni was the leader of the 'Abbasid revolution in Khorāsān. After the proclamation of as-Saffāh as caliph, Abu Moslem remained governor of Khorāsān, but his relations with the new dynasty became strained and he was treacherously put to death by the caliph Mansur in A.D. 754. His prestige in the eastern provinces was high and there were a series of revolts connected directly or indirectly with his name, the first being that of al-Moqanna'. Abu Moslem is greatly revered in Persian tradition.

Jalāl od-Din Khwārazmshāh, the last ruler of the Khwārazmshāh dynasty, is famous for his exploits against the Mongols. His life was spent mainly in military expeditions from one end of Persia to the other. He was defeated by the Mongol armies under Chinghiz Khān on the banks of the Indus in A.D. 1221 but escaped by swimming with his horse over the river. He spent nearly three years in India before returning to Persia. After a series of military campaigns against the caliph, various local rulers and the Mongols, he was eventually routed by the latter in the Moghān Steppe and murdered while in flight in a Kurdish village near Mayyāfāreqin.

p. 40, ll. 8–9 ایران واقعی تا بدانجا گسترده میشد که تمدن و فرهنگ و زبان او در زیر نگین داشت, the real Irān extended as far as her civilization, culture, and language prevailed (lit. she had under her signet).

l. 16 . . . که چندان بدان کاری نداریم *candān bedān kāri nadārim ke . . .*, we are not concerned so much with this that . . .

p. 41, l. 6 خشایارشا Xerxes, one of the Achaemenid emperors of Persia, who ruled from 485 B.C. to 465 B.C. To expand his empire Xerxes himself led the Persian forces westward towards Greece. He failed to subjugate the Greeks and hurried back to Persia, where he turned his attention to building colossal monuments at Susā and Persepolis.

l. 6 Shāpur II, the Sasanian monarch, ruled from A.D. 309 or 310 to A.D. 379. He became known as Zol-Aktāf (the possessor of shoulders) because he is alleged to have pierced the shoulder-blades of his Arab captives. In A.D. 337 he broke the peace concluded between the Roman emperor Diocletian and Narses with a view to recovering the territories lost by the latter. He took Armenia and then attacked Mesopotamia with varying success. Inroads by nomads in the north-east forced him to break off the Roman war, which was later

renewed. Amida was taken in A.D. 359. The Roman emperor Julian advanced against Shāpur in A.D. 363 but was killed near Ctesiphon. His successor Jovian was defeated and made peace, ceding Nisibis and promising not to interfere in Armenia. The rock sculptures near Shāpur commemorate this event. Shāpur later invaded Armenia and took captive Arsaces III. Susā was rebuilt and Nishāpur founded by Shāpur.

l. 7 Nāder Shāh was born in or about A.D. 1688 in the district of Darragaz in Khorāsān. His father, Imām Quli Beg, belonged to the Qiriklu branch of the Afshār tribe. Nāder, giving his allegiance to the Safavid Tahmāsp II, brought the period of Afghān domination of Persia to an end. Mashhad was retaken in 1726 and Esfahān in 1729. From about 1730 Nāder was the *de facto* ruler of Persia. He deposed Tahmāsp in 1732 in favour of his infant son 'Abbās III and on the death of the latter in 1736 assumed the crown himself. Nāder Shāh recovered the provinces Persia had lost to Turkey and Russia. He is, perhaps, chiefly remembered for his invasion of India (1737–1739) during which he obtained enormous spoils. He made an abortive attempt to heal the rift between Sunnis and Shi'is by instituting, at his coronation, a fifth rite, which he called the Ja'fari rite, after the sixth imām, Ja'far as-Sādeq. The last years of his reign were disturbed by many rebellions, induced partly by his growing cruelty and heavy exactions. Towards the end of his life his mind appears to have been deranged. He was assassinated in 1747.

XII. *True education*

Mohammad 'Ali Jalili was educated in Tehrān and the U.S.A. He is the dean of the Faculty of Philosophy and Humanities of Tehrān University.

p. 43, l. 3 مجاز *majāz*, metaphor, allegory; here used to mean ' relative truth '.

l. 14 سهل و ممتنع *sahl o momtane'*, lit. easy and impossible, an expression frequently used to describe something which has the appearance of being easy but is in fact very difficult to carry out. It is used, for example, with reference to the works of great masters, such as Sa'di, which are difficult, if not impossible, to imitate.

p. 44, l. 3 اضافه *ezāfe,* ‘ addition ’, used here as a philosophical term in the sense of ‘ relation ’.

p. 45, l. 12 متضمن تناقض است *motazammene tanāqoz ast,* it entails contradiction.

p. 48, ll. 2–3 دردی جز تظاهر ندارند *dardi joz tazāhor nadārand,* they care only for appearances, or for making a show.

XIII. *The night of the shepherds*

p. 50, ll. 18–19 برای خود بیا و بروی دارند *barāye xod biā o brovi dārand,* they have the field to themselves.

p. 51, l. 17 کلیم آسا *kalim-āsā,* like Moses (who is called also Kalim Ollāh). According to a story in the *Masnavi* Moses, while a shepherd, treated a lost lamb, which had been left behind, with compassion.

p. 52, l. 6 شرط عقل نیست *ʃarte ʻaql nist,* it is not a condition of reason, i.e. it is not sanctioned by reason.

l. 12 که . . . شب زنده داری میکنند *ke . . . ʃab zende dāri mikonand,* who spend the night in prayer or meditation.

l. 13 کجا زهره آن داشتند . . . *kojā zahreye ān dāʃtand . . .,* where could they find the courage to . . .

ll. 15–16 آتش موسی *ātaʃe musā,* lit. the fire of Moses, i.e. the burning bush.

l. 17 اصحاب کهف *ashābe kahf,* the companions of the cave, i.e. the seven sleepers. Their story is told in the Qor'ān in the Sura entitled ‘ The Cave ’.

p. 53, ll. 16–17 چهار چشمی مواظب اطراف است *cehār ceʃmi movāzebe atrāf ast,* he watches attentively on every side.

ll. 20–21 بلرزون، بگردون، بخندون *belarzun, begardun, bexandun,* colloquial conversational forms of the imperative singular of لرزاندن، گرداندن and خنداندن.

ll. 24–25 بی *bi,* dialect for *bāʃad.* The poem is by Bābā Tāher, a twelfth-century poet, who wrote in dialect.

ll. 24–25 مهربونی *mehrebuni,* colloquial form of مهربانی *mehrebāni.*

p. 54, l. 4 میناله *minăle,* for مینالد *minălad.*

l. 13 خلقرا تقلید شان بر باد داد *xalqrā taqlide ʃān bar bād dād,* a quotation from the *Masnavi,* meaning ‘ the people are destroyed by imitating one another ’. In a theological sense *taqlid* means following a religious leader, in contradistinction to *ejtehād,* exercising one's own judgement.

p. 55, l. 18 بشم واشم بشم دنیا ددرشم *baʃom vāʃom baʃom donyā da darʃom,* dialect for بروم و بروم از دنیا در بروم *beravam va beravam az*

donyā dar beravam, I go and keep on going [and] go out of the world.

p. 56, l. 10 سر وقت آب میرود *sar vaqte āb miravad*, he (it) goes to the water.

l. 13 ملچ ملچی راه میاندازد *malac malaci rāh miandāzad*, he makes a commotion (in the water). Cf. ملچ ملچ کردن *malac malac k.*, to lap or drink noisily.

p. 57, l. 2 دنیا و ما فیها *donyā va mā fihā*, an Arabic expression meaning ' the world and what is in it ', i.e. the whole universe.

XIV. *From the writings of Qā'em Maqām to khasi dar miqāt*

Qā'em Maqām, for the life and works of Qā'em Maqām see *Introduction*.

میقات *miqāt* is an Arabic term meaning a stated time or place. میقات الحج *miqāt al-hajj* is the place where the pilgrims to the Ka'ba assemble to prepare themselves for the rituals of the pilgrimage. Using the expression *khasi dar miqāt* ' a straw in space ' the author alludes to his own insignificance as a pilgrim on the occasion of the *miqāt al-hajj*.

p. 58, l. 1 *Fath 'Ali Shāh*, see *Introduction*.

ll. 3–4 Fath 'Ali Khān Sabā, the most famous poet of Fath 'Ali Shāh's court was governor of Qom and his native town Kāshān and later became poet laureat. He wrote the *Shahanshāh-nāmeh* in imitation of the *Shāh-nāmeh* of Ferdo͡usi. He died in 1822.

l. 10 از قافله عقب است *az qāfele aqab ast*, lit. [Irān] is behind the caravan, i.e. [Irān] has fallen behind in the race.

ll. 4–5 بگرد شاهنامه فردوسی هم نمیرسد *be garde ʃāhnāmeye Ferdo͡usi ham namirasad*, lit. it does not reach the dust of the *Shāhnāmeh* of Ferdo͡usi, i.e. it falls far behind the *Shāhnāmeh* of Ferdo͡usi.

l. 8 یکه تازی میکرد *yekke tāzi mikard*, lit. he galloped alone, i.e. he dominated the scene.

l. 14 اینان دیری نپائیدند *inān diri napāidand*, these (persons) did not stay long.

l. 16 'Abbās Mirzā, the eldest son of Fath 'Ali Shāh and Governor-General of Āzarbāyjān, who began to reorganize the Persian army on modern lines.

p. 59, l. 3 تا چه حد درست از آب در آمد *tā ce hadd dorost az āb dar āmad*, to what extent it turned out to be right.

l. 4 ... جای حرف نیست که ... *jāye harf nist ke* ..., there is no question that.
l. 6 ... چنانشان از پا در خواهد افکند که ... *cenānefān az pā dar xāhad afkand ke* ..., it will bring them to their knees in such a way that ...
ll. 9–10 آنانکه چیزی سرشان میشد *ānān ke cizi sarefān mifod*, those who had some understanding.
l. 13 *Dorreh-ye nāderi* (The rare pearl) by Mirzā Mehdi Khān, the secretary of Nāder Shāh, is a history of Nāder Shāh's reign. It is written in an excessively florid and repetitious style, full of redundant and far-fetched similes. It is more usually known as the *Dorreh-ye nādereh*.
l. 16 Āqā Mohammad Khān, the founder of the Qājār dynasty, was crowned in 1796. He made Tehrān his capital. Like the Safavids, the Qājārs were of Turkish origin. They were one of the tribes upon whose support the Safavids came to power. Their main centres were Qarābāgh and Gurgān. The founder of the dynasty was an able ruler. He was strongly opposed to the official jargon of the court secretaries.
l. 17 Sir John Malcolm, twice British envoy to Persia between 1800 and 1810, wrote a *History of Persia* in two volumes, which has been translated into Persian, and also *Sketches of Persia*.
l. 24 Fath 'Ali Shāh wrote poems under the pen-name of Khāqān. The *Divān-e Khāqān* contains his collected poems.
p. 60, l. 1 Mirzā 'Abd ol-Vahhāb Neshāt, who was born in A.D. 1760 in Esfahān, is one of the great literary figures of his time. He held a prominent position at the court of Fath 'Ali Shāh. He was a man of many parts. He supervised the *divāne rasā'el*, the chancery of Fath 'Ali Shāh, and was given the title Mo'tamed od-Doūla. His duties included the writing of contracts, deeds, endowments and wills for the royal household, as well as letters from the shāh. Among the latter are letters from Fath 'Ali Shāh to Napoleon. Neshāt went to Paris with a mission sent by Fath 'Ali Shāh to Napoleon's court. On several occasions Neshāt also took part in military campaigns. In spite of his official position Neshāt lived a simple life and was considered to be a mystic. He died in A.D. 1829 at the age of 69.
l. 1 Mirzā Sādeq Vaqāye'negār, an eminent official at the court of Fath 'Ali Shāh to whom several of Qā'em Maqām's letters are addressed.

Mirzā Mohammad Garrusi belonged to the Bāyandor family, and was an inhabitant of Garrus, where he was born in A.D. 1781. After having completed his education, he joined the court circle while still a young man and was given the title of Fāzel Khān by Fath 'Ali Shāh. He was made *jārchibāshi* (herald) and was also included among the royal scribes (*monshis*). He was a close friend and associate of Qā'em Maqām.

l. 2 Mirzā Shafi', an eminent man of letters at the court of Fath 'Ali Shāh, whose pen name is Vesāl, was a native of Shirāz. He was primarily a poet rather than a prose writer. He was one of the founders of one of the earliest literary societies.

l. 3 هموست *hamust* for هم اوست *ham ust*, it is he (emphatic).

l. 5 کارها روی پیکره‌ای افتاد *kārhā ruye peikarei oftād*, things took shape.

l. 9 The *Qābus-nāmeh* of Amir Onsor ol-Ma'āli Kay Kāvus composed in A.D. 1082 is one of the earliest 'Mirrors for princes' written in Persian. It is regarded as one of the best examples of classical Persian prose.

The *Safar-nāmeh*, the well-known travelogue of Nāser-e Khosroū (A.D. 1003–1086), the poet and Ismā'ili propagandist. His travels, which lasted seven years, took him to Egypt, then under the Fātimids. The *Safar-nāmeh* is written in a lucid but somewhat abrupt style and is considered as one of the early Persian classics.

The *Siāsat-nāmeh* of Nezām ol-Mulk (d. A.D. 1092), written for Malekshāh, sets out for the sultān the lines along which he should administer his kingdom. The book, which contains numerous historical anecdotes illustrating the points which the author makes, is written in economic prose, which is at times extremely vivid.

The *Kimiā-ye Sa'ādat* of Ghazāli (d. A.D. 1111) is a summarized Persian version of Ghazāli's most famous work, the *Ihyā ol-'olum od-din* (The revivification of the religious sciences), which is a compendium of all the believer needs to know. The Persian version is celebrated for the excellence of its prose.

l. 10 The *Asrār ot-toūhid*, a collection of the sayings and deeds of Abu Sa'id b. Abi'l Kheir of Mihaneh (A.D. 967–1049), the celebrated Sufi, arranged by his grandson Mohammad b. Monavvar. This book is also regarded as a prose classic. See also below p. 66, l. 17.

The *Tazkerat al-ōuliā*, a biographical prose dictionary of great Sufis by the poet 'Attār (d. A.D. 1236).

ll. 13–14 کار بابتذال می‌کشد *kār be ebtezāl mikefad*, the matter will end by being commonplace.

l. 14 The *Marzbān-nāmeh*, composed between A.D. 1006 and A.D. 1057 by Marzbān b. Rostam, a local ruler in the Caspian provinces. Originally written in a local dialect, it has come down in a literary Persian version written about a century later by Sa'd od-Din Varāvini. It is the story of a prince seeking to persuade his brother, the king, that he is not plotting the ruler's overthrow. The author illustrates his argument by fables and anecdotes of animals, birds, fish, fairies and human beings.

l. 16 The *Golestān* ('Rose garden'), this contains an introductory essay followed by eight chapters on a variety of subjects. The book is mainly in the form of short stories and anecdotes in prose interspersed with verse.

l. 17 Mirzā Habib Qā'āni was born in Shirāz about A.D. 1800. He completed his studies in Khorāsān and became a poet. He found his way to the court of Fath 'Ali Shāh. Later he joined the court of Mohammad Shāh and then Nāser od-Din Shāh, by whom he was treated with special favour. In addition to his poems he also wrote a prose work called *Parishān* in imitation of Sa'di's *Golestān*. He died in Tehrān in 1853.

ll. 17–18 کارش به پریشان گوئی میکشد *kāraf be parifān-gu'i mikefad*, he will end up by talking nonsense. Here the word *parifān* while it refers to Qā'āni's book *Parishān* also carries an implication of its ordinary meaning 'confused'.

l. 19 The *Tārikh-e vassāf* is a history of the Mongols from the fall of Baghdad to A.D. 1313 by Shihāb od-Din Abdollāh Sharaf Shirāzi Vassāf. It is written in a bombastic and complicated style.

عهد تیموری و صفوی *ahde teimuri va safavi*, the period of the Timurids and the Safavids. The Timurids (A.D. 1380–1500) were a dynasty founded by Amir Timur, who is famous as a great military conqueror. His successor Shāhrokh (A.D. 1408–1447), whose capital was at Herāt, is celebrated for his patronage of art. The Safavid dynasty (A.D. 1500–1736) was founded by Ismā'il b. Haydar who reigned from 1499 to 1524. The emergence of this dynasty, more truly national than any since the Sasanians, is considered as a turning point in Persian history.

ll. 19–20 از تعقید تا حدی بر کنار است *az ta'qid tā haddi bar kenār ast*, it is to a certain extent free from abstruseness.

l. 21 افشاریه *afʃāriye*, the Afshār dynasty, which was founded by Nāder Shāh Afshār, declined rapidly after his death, although Nāder's grandson Shāhrokh remained nominally on the throne at Mashhad until A.D. 1759.

زندیه *zandiye*, the Zand dynasty. Its founder Karim Khān Zand ruled at Shirāz for about twenty years (A.D. 1759–1779) and exercised effective control over much of Irān, but never assumed the title of shāh. The last of the Zands, Lutf 'Ali, fought bravely with the Qājārs and was finally defeated by them in 1794.

l. 24 از رونق نخستین افتاده بود *az rōunaqe noxostin oftāde bud*, it had lost its early lustre.

p. 61, l. 1 Abu Hāmed Mohammad Ghazāli was born at Tus in A.D. 1059. He received his early education in his native town and afterwards went to Nishāpur, where he continued his studies and began to attract attention by his writings. In 1091 he was appointed *modarres* of the Nezāmiyya Madraseh in Baghdad by Nezām ol-Molk. Ghazāli held this post with great distinction for four years. He then resigned in order to follow a life of meditation. Ghazāli is regarded as one of the greatest theologians and mystics Islām has ever produced. He died in Tus in A.D. 1111.

ll. 1–2 . . . دیری نمانده بود *diri namānde bud* . . ., it was almost on the point of . . .

l. 7 متن امور *matne omur*, here used to mean the current of events.

l. 9 ملکشاهی *malekʃāhi*, pertaining to Malekshāh, the ruler under whom the Saljuq dynasty reached its zenith, and who reigned from A.D. 1072 to 1092. He owed much of his success to the wise counsel and energy of his vizier the great Nezām ol-Molk.

l. 18 سعدی‌وار *sa'divār*, like Sa'di.

ll. 19–20 جادهٔ خراسان‌را شما پیش پای ما گذاشتید *jāddeye xorāsānrā ʃomā piʃe pāye mā gozāʃtid*, you put us on the road to Khorāsān, i.e. it was you who placed us in this situation.

l. 21 ما کجا اینجا کجا *mā kojā injā kojā*, how odd that we should be here, what are we doing here.

p. 62, ll. 1–2 کمری وا شد رختخوابی میافتاد *kamari vā ʃod raxtexābi mioftād*, (his) waistband was loosened and the bedclothes were falling on the floor.

l. 19 بی بند و باری *bi band o bāri*, irresponsibility, lack of discipline, carelessness.
l. 21 در عین تشریفات پر طنطنه *dar eine tasrifāte por tantane*, in the very midst of the ceremonies which were full of pomp.

p. 63, l. 1 بجای خود محفوظ *be jāye xod mahfuz*, let alone, granted.
l. 6 Mirzā Sādeq Marvazi, a contemporary and friend of Qā'em Maqām, with whom he had correspondence.
ll. 7–8 پنهان خورید باده که تعزیر میکنند *penhān xorid bāde ke ta'zir mikonand*, this is a half line from a *ghazal* by Hāfez meaning drink wine secretly because otherwise they will chastise [you].
ll. 9–10 دل پری داشته است *dele pori dāste ast*, this is a colloquial expression meaning he was fed up.
l. 19 کتاب جهاد *ketābe jehād*, a treatise written by Qā'em Maqām, which is included in his *Monsha'āt*, on the necessity for *jehād* (Holy war) in the face of the Russian threat.
ll. 19–20 نبوت خاصه *nobovvate xāsse*, special prophethood, the title of a treatise eulogizing the prophet Mohammad.

p. 64, l. 17 Farhād Mirzā Mo'tamed od-Doula, the son of 'Abbās Mirzā, was a learned man. He wrote a short biography of his father and a number of other books on diverse subjects such as geography and mathematics and also poetry. He knew English and wrote a short English vocabulary with a Persian translation in rhyme. He also published in 1863 the first collection of Qā'em Maqām's works.
l. 21 Amir Nezām, Hasan 'Ali Khān Amir Nezām Garrusi was an eminent man of letters who lived under Nāser od-Din Shāh (reg. 1848–1896). He spent many years as the representative of Persia at the Ottoman court and in France. As a writer he was a follower of Qā'em Maqām and among his *Monsha'āt* the *Pand-nāmeh* is well known.

p. 65, l. 6 The *Jalāyer-nāmeh* is a short satirical *masnavi* by Qā'em Maqām, addressed and dedicated to his servant named Jalāyer. It is written in conversational Persian and has influenced later poets.
l. 6 حق مطلب ادا نکردن *haqqe matlab adā nakardan* not to do justice to the subject matter.
l. 7 اگر بنا باشد یکتن را بر گزینیم *agar banā bāsad yek tanrā bar gozinim*, if we are to single out one person.
l. 8 Iraj Mirzā, Jalāl ol-Mamālek Iraj Mirzā (1841–1925) was a grandson of Fath 'Ali Shāh. He began to write poetry when he was only fourteen. Under the patronage of the

above-mentioned Amir Nezām he held a succession of appointments. He was well versed in French and visited Europe and Russia. Iraj Mirzā is regarded as one of the founders of modern Persian poetry. His *divān* has gone through several editions and is still read with interest.

l. 9 هنوز که هنوز است *hanuz ke hanuz ast*, even now (emphatic).
l. 10 The *Ārefnāmeh* is a biting satire by Iraj in which he ridicules his friend the poet 'Āref.
l. 18 نثر فارسی خیلی راه آمده است *nasre fārsi xeïli rāh āmade ast*, Persian prose has come a long way.
ll. 21–22 نفس تازه کرد *nafas tāze kard*, it was revived, got its second wind.
l. 22 Mirzā Malkam Khān (1833–1908), a man of Armenian parentage, who achieved prominence at the court of Nāser od-Din Shāh. He was a man of liberal views and strongly advocated reform. He became envoy at the court of St. James's but eventually fell from favour. He remained in London and founded the journal *Qānun* in 1890. Through this and other publications he exercised great influence on the intellectuals and those who supported the constitutional movement. He is regarded as the forerunner of modern Persian prose.

Abd or-Rahim Tāleboff (1855–1910) was born in Tabriz but lived for many years in the Caucasus, where he set up in business and also studied literature and natural sciences. He wrote many books covering a wide range of ethical and scientific subjects. Their style is for the most part simple. *Masālek al-Mohsenin* (The ways of the beneficent) is among his major works and is regarded as one of the outstanding literary achievements of the period.

l. 23 Hājji Zayn al-'Ābedin was born in Marāgheh in 1837 into a wealthy merchant family. At the age of sixteen he turned to commerce and travelled to the Caucasus, made his fortune, and became a vice-consul in Kutais. He then went to the Crimea and later chose to live in Istanbul where he died in 1918. His well-known *Siāhat-nāmeh* is in part a record of his wanderings, written in the form of a novel, in which a Tabrizi merchant's son, born and brought up in Egypt, sets out on a journey to Irān. It is a critical record of an observant traveller. It is written in the simple medium of the spoken word.

Mirzā Habib Esfahāni, the translator of Morier's *Hajji Bābā* into Persian. This work is regarded as one of the best

examples of Persian prose of the period. Mirzā Habib was a resolute advocate of democracy and liberalism. Because of his views he was forced to flee in 1860 to Turkey, where he earned his living as a teacher until his death in 1897.

l. 24 'Ali Akbar Dehkhodā (1879–1956), the son of a Qazvin landowner, was born in Tehrān and educated in Persia and Europe. He became the co-editor of the celebrated *Sur-e Esrāfil*, founded in 1907. His satirical articles, written in a colloquial and lucid style, had a profound impact on the reading public in the early years of the Persian Constitutional period. With a group of other democrats, Dehkhodā went into exile in Europe at the beginning of the First World War. He then went to Istanbul and published a newspaper called *Sorush*. While still abroad, Dehkhodā was elected to the National Consultative Assembly. After the First World War he held several important academic positions. The latter part of his life was spent in retirement and devoted entirely to scholarship.

p. 66, l. 3 ... دِری نگذشت که *diri nagozaft ke*, it was not long before...

l. 11 سعی *sa'i*, hurry, speeding up; one of the rituals performed by the pilgrims to Mecca which consists of speeding up their pace between Safā and Marva, the two low hills on the eastern side of Mecca, in remembrance of Hājar who, distraught by the suffering of her dying child, ran to and fro between the two hills. Pilgrims are expected to do likewise.

l. 13 هروله *harvale*, a special pace adopted by the pilgrims to Mecca. The place where *sa'i* takes place is called مسعی *mas'ā*.

l. 17 زندیق میهنه‌ای یا بسطامی *zendiqe mihanei yā bastāmi*, lit. the heretic of Mihaneh or of Bastām. The author is referring to Abu Sa'id of Mihaneh and Shaykh Bāyazid of Bastām, the great Moslem mystics of the Middle Ages, who were condemned as heretics by the orthodox *'olamā*.

zendiq was a term used in the Sasanian empire for Manichaeans. It was also applied to any heretic by Zoroastrians and was taken up by Moslems with an even wider usage. Zendiqs were to be found in many different social strata.

منتخبات نثر معاصر فارسی

باهتمام

امیر عباس حیدری

فهرست

صفحه	نویسنده	عنوان	
١	حسینعلی راشد	عدالت اجتماعی	١
۶	صادق چوبک	یحیی	٢
٨	عبد الحسین زرین‌کوب	برمکیان	٣
١٢	صادق چوبک	همراه	٣
١٣	محمد حجازی	یک فیلسوف بزرگ	۵
١٩	غلامحسین صدیق	پیدایش نثر فارسی	۶
٢٣	مجتبی مینوی	شیوهٔ فارسی نویسی	٧
٢٨	جلال آل احمد	مدیر مدرسه	٨
٣١	عباس اقبال	فرهنگستان	٩
٣٣	محمد علی جمال زاده	رستاخیز	١٠
٣٨	محمد علی اسلامی ندوشن	ایرانرا از یاد نبریم	١١
٣٣	محمد علی جلیلی	تربیت حقیقی	١٢
۵٠	امیر عباس حیدری	شب شبانان	١٣
۵٨	امیر عباس حیدری	از منشآت قائمقام تا خسی در میقات	١٣
۶٨		لغت	
١۶۶		مآخذ	

۱

عدالت اجتماعی

عدالت اجتماعی عبارت است از توازن و هم آهنگی میان همهٔ طبقات جامعه، وحصول آن دوشرط دارد : اول وجود قانونی که حقوق تمام افراد در آن منظورشده باشد و برای هر کس در فراخور مقامی که دارد ووظیفه‌ای که انجام میدهد حقی قائل باشد. دوم تربیت افراد بطوری که هر کدام وظیفهٔ خویش را نیك انجام دهند و از حد خود تجاوز نکنند واز حق خویش افزون نخواهند وحقوق دگران را پامال نسازند. ایجاد شرط اول آسانست، یعنی بسهولت میتوان چنین قانونی وضع کرد. ولی مشکل شرط دومست. بعضی مردم در وضع قانون خیلی مهارت دارند اما در عمل کردن بآن نه، غافل از آنکه قانونی که بآن عمل نشود بیشتر باعث ستم و اجحاف میگردد. پس باید مردم را تربیت و وظیفه شناس کرد تاحق وعدالت درمیان آنها برقرارشود.

شاید بعضی گمان کنند که شرط دوم برقراری عدالت قوهٔ اجرائیه است نه تربیت، ولی این بنده عقیده‌ام همانست که عرض کردم؛ زیرا اگرمردم وظیفه شناس نشوند قوهٔ اجرائیه آنها هم موفق نخواهد شد عدالت را برپا دارد، وانگهی قوهٔ اجرائیه نیز ازهمین مردمست، اوهم باید وظیفهٔ خودرا شناخته خوب انجام دهد. خلاصه آنکه اگرخواهان عدالت اجتماعی هستیم باید اول قانونی عادلانه داشته باشیم وثانیاً افراد را عادلانه تربیت کنیم واین هردوکار را دین کرده‌است. دین‌هم عادلانه‌ترین قانون را برای ما وضع کرده وهم بوسیلهٔ ایمان بخدا وعقیدهٔ توحید وعدالت درمردم ودستورهای عملی که داده است طوری آنها را تربیت میکند که هیچکس ازحد وحق خود تجاوز نکند.

درجامعهٔ ما خوبیهای بسیاری هست. مثلا اشخاصی در ین‌جامعه بیمارستان میسازند، مدرسه دائر میکنند، کتابهای مفید چاپ و منتشر

میکنند، به بیماران دوا و به بینوایـان خوراك و پوشاك میدهند ، در راه دستگیری درماندگان ومشکل گشائی گرفتاران میکوشند ؛ و از اینگونه نیکی‌ها درمردم ما فراوان است.

بیشترمردم جنساً خوبند وعاطفه‌های نیك دارند ؛ یعنی درمیان ما کسانی که فلزشان بد باشد وذاتاً بدجنس و شریرباشند کمند . بیشترشان خوش جنس وقابل هدایتند؛ ولی اخلاق اجتماعی‌ما خوب نیست. یعنی همین‌مردمی که جنساً خوبند وکارهای‌خوب میکنند روابط اجتماعی آنها با همدیگر آنطورکه بـاید پسندیده نیست. مقصود از روابط اجتماعی سروکاریست که مردم در امور زندگی بـایکدیگر دارند ، مانند رابطهٔ زناشوئی وخویشاوندی وهمسایگی و رابطهٔ کاسب با مشتری و مأمورین ادارات بامردم وطبیب وپرستاربامریض ومعلم‌باشاگرد وزارع یامستأجر باموجر؛ وخلاصه رابطهٔ دولت وملت بایکدیگر وامثال اینها. مقصود از خوب نبودن این روابط اینست که هرگاه کسی مثلا بکفاشی یاخیاطی یا بنائی یا نجاری مراجعه کند ، یا مریض شود و سروکارش به پرستاران بیمارستانها بیفتد ، یا با مأمورین ادارات سروکاری پیداکند ، یا اقلا از تلفن‌چی‌وزارتخانه‌ای‌نمره‌ای‌بخواهد، یانوکری داشته باشد، یامستأجر مالکی‌شود؛ غالباً ازرفتار آن‌طرف‌باخودش‌راضی‌نیست وشکایت‌میکند. بلکه بایدگفت‌این نارضایتی حتی‌درمیان‌شاگردان‌ومعلمان وخویشاوندان وهمسایگان‌وزنان وشوهران نیزغالباًدیده میشود. ازاینجا می‌فهمیم که‌ما مردم‌باآن که‌جنساًخوبیم‌وغالباًکارهای‌خوبی‌هم میکنیم اماعادت‌نکرده‌ایم که هریك وظیفهٔ خود را درست ونیکو انجام دهیم . ازاین جهت همین ما مردم که از یکسو در راه خدا کارهای خوب میکنیم ؛ از دیـگر سو، همدیگررا آزار میدهیم و برهم ستم میکنیم. مثل کاسبی که جنس بد و گـران بمشتری بفروشد ودرمعامله دروغ بگوید و از آنطرف فقرا را

اطعام کند ، یا زنی که اطاعت شوهر نکند و از آنسو صدقه بدهد و دعا بخواند وشمع روشن کند، یا مأمور اداره‌ای که رشوه بگیرد و برخلاف قانون رفتار کند و درعوض نذر و قربانی کند ، ومانند اینها که بیشتر ما بآن مبتلائیم.

علت همهٔ اینها اینست که مادرست تربیت نشده وعادل ومنظم بار نیامده‌ایم. ما ازنظم وترتیب گریزانیم؛ زیرا منظم بودن یکنوع قیداست وقید مارا خسته میکند. ما میخواهیم بهیچ قیدی مقید نباشیم و هیچگونه زحمتی بخود راه ندهیم. اماغافلیم که هرگاه خودرا مقید بنظم وعدالت نسازیم؛ درآنصورت بی‌نظمی ووظیفه ناشناسی درجامعه شایع خواهد شد وآن بیشترخسته کننده وباعث زحمت خواهدبود. یعنی درآنصورت مأمور دولت کار شمارا بتعویق خواهد انداخت و نجار سفارش شما را بموقع انجام نخواهد داد و پرستار دوا وغذای شمارا بموقع نخواهد رساند و شما قادر بتهیهٔ پنج سیر شیرخالص برای مریض یاکودك خود نخواهید بود ، وشما هم درسهم خود نسبت بدیگران همینطور خواهید کرد و زندگی سراسر زحمت و رنج و طاقتفرسا خواهد گشت . در سخنرانیهای پیش گفتم دین وآمدن پیغمبر برای اینست که مردم‌را منظم کند وبعدالت وادارد. دین میخواهد مردم را بندهٔ خداکند وباین وسیله از هزاران نوع بندگی دیگر آزاد گرداند. دین یعنی بندگی‌خدا ؛ یعنی نظم یعنی عدالت. دین یعنی تربیت مردم بطوریکه هرکس وظیفهٔ خود را نیکو انجام دهدوحد خودرا بشناسد وبحق دیگران تجاوزنکند. این معنی ومقصود ازدین است. اما این معنی درما مردم درست عملی‌نشده وما غالباً دین را وسیلهٔ سرگرمی قرارداده وگاهی ازآن سوء استفاده‌نیز کرده‌ایم ، یعنی مقاصد سوء خود را با نام دین پیش برده‌ایم . خدا هم مارا بکیفرکردارمان رسانید ومزهٔ نبات مارا بماچشانید: آری! هرکس بانوامیس خدا وحقایق خلقت بازی‌کند مخذول ومنکوب میگردد.

حال که چنین شده و حالت اجتماعی ما بوضع کنونی در آمده است، چه باید کرد ؟ آیا باید چاره‌ای اندیشید یا تابع همین وضع شد؟ امروز برای مردم کشور ما وسائل تربیت کردن آنها بیك روش و انداختن آنها به‌یك راه از پیش فراهم‌تر است ، زیرا جاده‌های اتومبیل رو و راه‌آهن و تلگراف و تلفن و رادیو و چاپ همه را بهم مربوط و از هم آگاه ساخته است . هرگاه روزگار فرصتی پیش‌آورد و قوهٔ حاکمه با قوهٔ روحانی دست بدست هم دهند و یك اساس حکیمانه درخور مصلحت و موافق‌با حوایج این مردم بریزند و همه را موافق آن اساس آموزش و پرورش دهند؛ تا همه خداشناس و با ایمان ، دارای یك عقیده و یك فکر و منظم و عادل بار آیند و طرز ادارهٔ کارها را نیکو و منظم سازند و این فرصت اقلا نیم قرن دوام یابد ، امید هست وضع بهتر شود . اما تا چنین فرصتی پیش نیامده و چنین اسبابی فراهم نگشته‌است چه باید کرد ؟ آیا باید تابع محیط شد و بفساد و بی‌نظمی محیط پریشان کمك کرد ؟ یا آنکه باید اقلا هر فرد باندازه‌ای که از وجود وی ساخته است بعدالت گراید و از فساد محیط بکاهد و از وجود صالح خویش سنگی در راه این سیل فساد اندازد تا تدریجاً از مجموع این سنگها سدی بوجود آید و جریان اجتماع را ازفساد بصلاح برگرداند . بدون تردید تکلیف شق دوم است. هرکس دراین تکلیف اندکی مسامحه کند، بهیچوجه، خدا از تقصیرش نخواهد گذشت .

بنابراین آقایان شنوندگان ، هرکس هستید و درهرمقام هستید بخود آئید و متوجه باشید که قدمی برخلاف حق برندارید و سخنی بر خلاف عدالت نگوئید . ملتفت باشید که وقتی جمعی در راهی می‌افتند و همچشمی بمیان میاید، تدریجاً هریك از آنها برخلاف حق کارها میکنند و بیعدالتیها مرتکب میشوند که شاید از اول حاضر برای آن نباشند . اما

رقابت و خودخواهی و مسابقه در هوای نفس انسان را بآن وادیها میکشاند. در جامعه هر روز یکنوع سروصدا بلند است. این سروصداها شما را از جا در نبرد و خدای نخواسته بر خلاف رضای خدا و حق و عدالت اندیشه‌ای بدل نگذرانید. بگذارید هر کس حقیقتاً شایستهٔ هر کار است متصدی آن کار شود و همهٔ همتان این باشد که آنچه حق است و خیر و صلاح جامعه در آنست اجرا شود، نه آنچه موافق میل شماست. هرگاه چنین شوید و چنین کنید، سعادت دنیا و آخرت را برای خود و جامعه تأمین کرده‌اید. هرگاه آئین عدالت و وظیفه شناسی و حق خواهی پیش گیرید، روح دین و عالی‌ترین درجات ایمان را بدست آورده‌اید، که علی علیه‌السلام فرمود: عدالت مهمترین اصل دین و جامع همه نیکی‌ها و بالاترین مراتب ایمانست.

۲

یحیی

یحیی یازده‌سال داشت و اولین روزی بود که میخواست روزنامه دیلی‌نیوز بفروشد دراداره روزنامه متصدی تحویل روزنامه وچندتابچه همسال خودش که آنهاهم روزنامه میفروختند چندبار اسم دیلی‌نیوز را برایش تلفظ کردند اوهم بخوبی آنرا یادگرفت وبنظرش آن اسم‌بشکل یك دیزی آمد چندبار صحیح وبدون زحمت پشت سرهم پیش خودش گفت: «دیلی‌نیوز، دیلی‌نیوز، دیلی‌نیوز.» و ازادارهٔ روزنامه بیرون‌آمد.

توی کوچه که رسید شروع بدویدن‌کرد. پی‌درپی‌فریادمیزد«دیلی نیوز! دیلی‌نیوز.» بهیچکس توجه نداشت. فقط سرگرم کارخودش‌بود. هرقدر آن اسم را زیادتر تکرار میکرد ومردم از او روزنامه میخریدند بیشتر ازخودش خوشش می‌آمد وتا چند شماره‌هم که فروخت هنوزآن اسم یادش بود. اما همینکه بقیه پول خرد یك پنج ریالی را تحویل یك آقائی داد ودهشاهی کسر آورد و آن‌آقاهم دهشاهی را باو بخشید ورفت هرچه فکرکرد اسم روزنامه یادش نیامد آنرا بکلی فراموش کرده بود. ترس ورش داشت لحظه‌ای‌ایستاد وخیره نگاه‌کرد بکف خیابان دومرتبه شروع بدویدن‌کرد بازهم بدون‌آنکه صداکند چند شماره ازش‌خریدند. یحیی بدهن آنهائیکه ازش روزنامه میخریدند نگاه میکرد تا شاید اسم روزنامه را ازآنها بشنود، اما آنها همه باقیافه‌های گرفته وجدی وبی‌آن که بصورت او نگاه‌کنند روزنامه را میگرفتند ومیرفتند.

بیچاره دستپاچه شده بود. باطراف خودش‌نگاه میکرد شایدیکی ازبچه‌های همقطارخودراپیدا کند واسم روزنامه راازش بپرسد،اما‌کسی را ندید. چندبار شکل دیزی جلوش ورجه ورجه‌کرد ، اما ازآن چیزی نفهمید . روی پیاده‌رو خیابان فـوجی از دیزیهای متحرك جلوش مشق میکرد ومثل اینکه یکی دوبار اسم روزنامه درخاطرش برق زد اما تـا

خواست آنرا بگیرد خاموش شد.

سرش را بزیر انداخته بود و آهسته راه میرفت. بسته روزنامه را قایم زیربغلش گرفته بود و به پهلویش فشار میداد . میترسید چون اسم روزنامه را فراموش کرده بود مبادا روزنامه را ازش بگیرند. میخواست گریه کند اما اشکش بیرون نمیامد. خواست از چند نفر عابر بپرسد اسم روزنامه‌ای که میفروخت چیست . اما خجالت کشید و ترسید.

یکهو قیافه‌اش عوض شد؛ و نیشش بازشد. از سر و صورتش خنده میریخت پا بدو گذاشت و فریاد کرد : «پریموس! پریموس.» اسم روز‌نامه را یافته بود.

۷

۳

برمکیان

برمکیان ازبزرگان ونام‌آوران بلخ‌بودند. نیاگان آنهامعبد نوبهار راکه پرستشگاه بودائیان آن شهر بود اداره میکردند. زمینهای وسیعی نیزکه باین پرستشگاه تعلق داشت دراختیار آنان بود؛ حتی ازآن پس نیزکه این خاندان آئین بودا را رهاکردند وبدین مسلمانی درآمدند قسمتی ازاین زمینها همچنان درتصرف آنها بود.

نوبهار که دربلخ پرستشگاه مردم بود البته چنانکه از نام آن نیز برمیاید ازآن بودائیان بود؛ معهذا بعدها درافسانه‌ها وقصص سعی کردند آنرا ازآتشکده‌های مجوس بشمارند. درباب عظمت وجلال این معبد درکتابها توصیفهای‌شگفت‌انگیز آورده‌اندکه البته ازاغراق خالی‌نیست. اما از تمام آن اوصاف بخوبی برمیایدکه این معبد آتشکدهٔ زرتشتی نبوده است، معبد بودائی بوده است.

باری، این برمکیان چنانکه از قصه‌ها وافسانه‌ها برمیاید، مقارن اوائل قرن اول هجری بآئین اسلام درآمدند. چندی بعد باخلفای اموی ارتباط پیداکردند ودرباب این ارتباط باخلفای اموی درکتابها قصه‌های عجیب آورده‌اندکه شگفت انگیز و باور نکردنی است. درهرحال بعد ازسقوط امویان خالدبن برمك ازنام‌آوران این‌خاندان باابوالعباس‌سفاح پیوست ومقام وزارت یافت؛ در دوره ابوجعفر منصور نیز همچنان‌مقام خویش‌را داشت و فرزندانش در درگاه عباسیان برآمدند وجاه و مقام یافتند وکارهای بزرگ همه دردست آنها بود، ازآن میان یحیی‌بن‌خالد که پرورندهٔ هارون بود، نزد وی مکانت تمام یافت، چندانکه اندك‌اندك همه کارها بردست او می‌رفت وخلیفه‌را جزنام نبود. فرزندان اوفضل و یحیی نیز در درگاه خلیفه قدرت ونفوذ تمام بدست آوردند وچنان همه کارها را بردست گرفتندکه هرکس در دستگاه خلافت بدانها وابستگی

نداشت از کار بازمیماند و در اندك زمان بر کنار می‌رفت . این قدرت و عظمت که یحیی و فرزندانش در دربار هارون بدست آوردند ، ناچار خشم و رشك درباریان را بر می‌انگیخت . خودسریها ونافرمانی‌های زیاده ازحد فضل وجعفر نیز ناچار خلیفه رابستوه می آورد واینهمه سبب می‌شد که بدخواهان وحسودان هرروز گستاخ‌تر شوند و آنها را متهم به کفروالحاد وطغیان وفساد بنمایند. جود وبزرگواری آنها نیزنمیتوانست زبان طاعنان و بدسگالان را ببندد و ناچار اسباب و جهاتی پدید آمدکه سقوط ونکبت آنان را سبب گشت. درسال ۱۸۷ هجری جعفررا بفرمان هارون کشتند وازکسان ویاران اونیز بسیاری‌را بحبس وشکنجه کشیدند وحتی‌فضل ویحیی نیز بزندان افتادند وبعذابهای الیم دچار آمدند. ثروت ومکنت بسیار وبی‌حساب آنها نیز همه مصادره شد وکسانی که یك روز در اوج ثروت ونعمت بودند، روز دیگر بنان شب حاجت داشتند.

این نکبت و سقوط شگفت‌انگیز، که خاندان توانگر ومقتدر وبا حشمت برمکیان را چنین گرفتار فقر و نامرادی کرد ، درسراسر دنیای اسلام آوازه و شهرتی غم‌انگیز درانداخت وهمهٔ جهان‌را درشگفتی و حیرت افکند. ازینرو عجب نیست که داستان پردازان وقصه سرایان در باب این حادثهٔ شگفت‌انگیزروایتهای عجیب وافسانه‌آمیز آورده‌باشند. وازهمین روست که سراسر تاریخ برامکه ازقصه‌ها وافسانه‌های‌شگفت انگیز و اغراق‌آمیز آکنده است و بسا قصه‌های لطیف بدیع دلاویز که درباب این‌خاندان درکتابها وتاریخهای کهن بازمانده است. چنانکه در قصه‌های «هزار ویکشب» سیمای جعفر برمکی جلوه‌ای خاص دارد؛ در بسیاری ازاین داستانهای لطیف پریوار، جعفرنیز مانند مسرور خادم‌همه جا حریف و ندیم خلیفه است و چنان مینمایدکه همه کارهای دستگاه خلافت بردست این وزیر محتشم ومتنفذ ایرانی است. درآن شبگردیها وعشرت جوئی‌ها که هارون خلیفه را دراین شهر هزار ویکشب گردکوی

وبازار و کناردجله ومیان نخلستانها همه‌جا درجنب وجوش نشان‌می‌دهد جعفر برمکی همه‌جا همراه است وداستان ثروت وجلال وعشرت جوئی خلیفه و وزیران ودرباریان او درین قصه‌های دلاویز هزار ویکشب جلوه وانعکاس بارزدارد واشاراتی نسبت به نکبت وسقوط برامکه نیز درطی قصه‌های این کتاب آمده است .

باری ، خاندان برامکه در دولت عباسیان قدرت وحشمت بسیار داشته‌اند وشاید بهمین سبب بدسکالان وحسودان بسیارهم بطعن و هجو و سب آنها پرداخته‌اند و بکفر و مجوسیت منسوب می‌داشته‌اند . در اینکه نیاگان آنها آئین بودا داشته‌اند جای شك نیست ؛ اما تمایل به مجوسان زرتشتی وعلاقه باحیاءِ آتش پرستی که به‌آنها نسبت داده‌اند ، قطعاً مردود است واینهمه را دشمنان و بدخواهان این خاندان ساخته‌اند وبسیاری را نیز بعد ازنکبت وسقوط آنها پرداخته‌اند ، تا اقدام هارون را در فروگرفتن وبرانداختن آنها موجه جلوه دهند. معهذا شك‌نیست که قدرت وحشمت آنها ممکن نبوده است حدود حق و عدالت را حرمت نگهداشته باشد وازینرو بعیدنیست که آنچه را درباب سبکسریهای فضل بن یحیی درخراسان گفته‌اند و بعضی داستانهای دیگر که درباب مظالم یحیی وجعفر آورده‌اند درست باشد.

ابن خلدون این‌نکته‌را درست میگوید که موجب تباهی‌وپریشانی کار برمکیان این بود که آنها همه درشؤون مملکت استبداد یافته بودند وبرهمه امور واموال دولت مسلط گشته بودند، تا جائی که هارون اگر برای خود چیزی از بیت‌المـال میخواست میسر نمیشد . آنهـا بر وی چیره گشته بودند ودرفرمانروائی با اوانباز گشته بودند، چندانکه‌بابودن آنها خلیفه درامور مملکت اختیاری وتصرفی نداشت. مآثر وآثار آنها افزونتر وآوازهٔ‌آنها بلندتر ومشهورتربود. درهمهٔ‌کارهای دولتی‌بزرگان

خاندان خودرا گماشته بودند و بیناد دولت خویش را بدینگونه آباد و استوار نگه می‌داشتند. وزارت و امارت و فرمانروائی و حتی دربانی خلیفه و همهٔ امور اداری و نظامی و هر آنچه بشمشیر و قلم وابسته بود در دست آنها قرار داشت، ازین قرار برمکیان فدای نخوت و غرور خویش و رشک و آز خلیفه شدند.

۴

همراه

دوگرگ، گرسنه وسرما زده، درگرگ ومیش [هوا] ازکوه سرازیرشدند وبه دشت رسیدند. برف سنگین ستمگردشت را پوشانیده‌بود. غبارکولاك هوا را درهم میکوبید. پستی وبلندی زیر برف درغلتیده و له شده بود. گرسنه و فرسوده، آن دوگرگ دربرف یله می‌شدند و از زورگرسنگی پوزه دربرف فرو میبردند و زبان را دربرف میراندند وبا آرواره‌های لرزان برف را میخائیدند.

جاپای‌گود و تاریك گلهٔ آهوان از پیش رفته، همچون سیاهدانه بربرف پاشیده بود واستخوانهای سر و پا و دنده کوچندگان فرومانده پیشین از زیر برف بیرون جسته. آن دو نمیدانستند بکجا میروند؛ از توان شده بودند.

تازیانهٔ کولاك و سرما و گرسنگی آنها را پیش میراند. بوران نمی‌برید. گرسنگی درونشان‌را خشکانده بود وسیلی کولاك آرواره‌هایشان را به‌لرزه انداخته بود. بهم تنه میزدند و ازهم باز میشدند و در چاله میافتادند ودرموج برف وکولاك سرگردان بودند وبیابان بپایان‌نمیرسید.

رفتند ورفتند تارسیدند پای‌بید ریشه اززمین جسته‌کنده سوخته‌ای در فغان خویش پنجه استخوانی بآسمان برافراشته. پای یکی دربرف فروشد وتن برپای ناتوان لرزید و تاب خورد وسنگین وزنجیر شده بر جای واماند. همراه او، شتابان وآزمند پیشش ایستاد وجاپای‌استواری برسنگی بزیر برف برای خود جست ویافت و چشم از همره فرومانده برنگرفت.

همره وامانده ترسید ولرزید وچشمانش خفت وبیدار شد وتمام نیرویش درچشمان بی‌فروغش گردآمد و دیده ازهمره پرشره برنگرفت ویارای آنکه گامی فراتر نهد نداشت. ناگهان نگاهش لرزید و از دید

گریخت و زیر جوش نگاه همره خویش درماند · پاهایش بر هم چین شد و افتاد .

وآنکه برپای بود ، پرشره وآزمند ، برچهری که زمانی نگاه‌در آن آشیان داشت خیره ماند . اکنون دیگر آن چشم وچهر برزمین‌برف پوش خفته بود . وهمره تشنه بخون ، امیدوار، زوزهٔ گرسنهٔ لرزانی از میان دندان بیرون داد.

وانکه برپای نبود ،کوشید تا کمر راست کند . موی برتنش زیر آرد برف موج خورد ولرزید و در برف فروترشد. دهانش بازماند و نگاه در دیدگانش بمرد .

وانکه برپای بود، دهان خشك بگشود ولثهٔ نیلی‌بنمود ودندانهای زنگ شره خورده بگلوی همره درمانده فرو برد و خون فسرده از درون رگهایش مکید وبرف سفید پوك خشك برف خونین پرشاداب گشت.

۵
یک فیلسوف بزرگ

دوهزار و سیصد و چهل سال پیش از این، در یکی از بندرهای دریای سیاه که در آنزمان جزء متصرفات یونان بود، مرد گمنامی زندگی میکرد. نام اصلیش را کسی نمیدانست، ولی چون از زنش مسن تر بود اورا باسم پدر هلن میخواندند. پدر هلن مردی بود ساده و خوش اخلاق و چون زنش جوان و زیبا و بسیار خوش پذیرائی بود، خیلی مهمان بخانه اش میرفت. بعضی از دوستان که بسعادت آنها علاقهٔ مخصوص داشتند اغلب سرمایهٔ کافی بپدر هلن میدادند تا برای تجارت بممالک مجاور که در تصرف ایران آنوقت بود، برود و تحصیل معاش کند. باینجهت هلن بیشتر ایام را تنها میزیست و همه زحمت پذیرائی دوستان و مهمانها بر عهدهٔ او بود.

گاهی پیرمرد بخانه برمیگشت، سرمایه را تمام کرده، دست از پا درازتر، ولی دوستان دست از دوستی نمی کشیدند و همراهی خود را از او دریغ نمی داشتند؛ دوباره سرمایه اش میدادند و روانه اش می‌ـ کردند، یکمرتبه، غیبتش چند سال طول کشید. در این مدت غیبت خداوند پسری به هلن کرامت فرمود. دوستان نام او را دیوژن گذاردند یعنی خداداد. بیچاره هلن در اوایل با وجود دلداری دوستان خیلی وحشت داشت که اگر شوهرش بیاید چه جواب بگوید؟ ولی همینکه دوسه سال گذشت، دیگر جای ترس نبود؛ زیرا واقعه کهنه شده و سن طفل را ممکن بود زیادتر گفت که با تاریخ حرکت شوهر مطابقه کند و البته چون پیرمرد تجربه بسیار داشت اگر می آمد خیلی کنجکاو نمیشد.

اما دیوژن بسن هیجده رسید و جوان زیبائی شد ولی هرگز پدر خودرا ندید و از او نام و نشانی بدست نیاورد. دیوژن خیلی غیرتمند

و آتشی مزاج بود. بعد ازسالها که فیلاس هفته‌ای سه‌چهارشب در اطاق مادرش می‌خوابید ، روزی باخود گفت : چرا بایه او درخانهٔ خود همه گونه اسباب تجمل داشته باشد وما پریشان باشیم؟ شاید که پدرمن نباشد.

یکشب ، آتش غضبش شعله‌ور شد ، کارد درازی بدست‌گرفت وببالین فیلاس و مادرش شتافت ، فریاد زد : اگر تو پدرمن نیستی بگو تا خونت را بریزم ! فیلاس با صدائی لرزان گفت : البته که پدر توام. این جواب خیلی بجا واقع شد ، ودست دیوژن راکه با کارد مثل اجل بالای سراو معلق بود، پائین‌آورد.

خشم دیوژن اندکی فرونشست . گفت: حالا که تو پدر منی‌چرا باید درخــانهٔ خود آنهمه تجمل و اسباب رفاه داشته باشی و ما گرفتار سختی باشیم ؟ این‌حرف ، بنظر مادرش هم منطقی آمد و با او همصدا شد . فیلاس بگناه خود اعتراف و همانشب نصف مال خود را به‌هلن و دیوژن واگذاشت. بعدها، دیوژن از زحمت تردید نسبت باولادی‌فیلاس خلاص گشت و وجدانش بکلی راحت شد .

دیوژن ثروتمند شد. کفشدوزی را رها کرد ومانند همه جوانهای متمول‌که محتاج بکار کردن نیستند ، مبتلا بمرض کسالت گردید وناچار بمداوای مرض پرداخت . گــرچه خلقش تند و دلش سخت و رفتارش پست وخشن بود از دوستان صمیمی وزنان عاشق، گروهی انبوه دورش گردآمدند؛ زیرا دستش باز وقـامتش موزون وصورتش دلکش بود . چون از صرف مـال دریغ نداشت ، هــرروز بر احترامش می‌افزود و شهرتش بشهرها می‌رفت . ازهر طرف بزیارت و ارادتش می‌شتافتند . وقتی برارابهٔ دوچرخه که هشت اسب بر او می‌بست وخودش‌بسبك آن زمان ایستاده می‌راند سوارمیشد وازمعابر میگذشت ، صدای تحسین از هرسو برمیخاست ؛ اطفال درعقبش دست شادی میزدند و فریادمیکردند زنده باد دیوژن .

دیوژن بی‌نهایت مفتون و آرزومند ریاست بود ، ولی قـوهٔ آن فداکاری راکه گاهی دست ازگردن معشوقه و لب از لب جام بردارد ، نداشت . بعلاوه مبتلا بقمار شده‌بود، وقمارگرچه روز اول برای‌معالجهٔ کسالت اختراع شده ولی همینکه عادت‌شد خود مرضی است بی‌دوا . ازآنجاکه قماربامکنت جمع نمیشود ودیوژن دست‌ازقمار بر نمیداشت، دل از مکنت برداشت . هرقدر از مالش میکاست رشتهٔ محبت دوستان نازك میگشت و هرقدر موی صورتش تند میشد ، آتش عشق زنان فرو می‌نشست . دیوژن چون علم شناختن روحیات بشر را نداشت ، ناچار بایستی آنرا بتجربه بیاموزد . این بودکه درا بتدا ازاین تغییر و سردی چیزی نمی‌فهمید ، بدوستان پرخاش میکرد وبا زنان عجز ولابه. هرکه عاقل بود زودتر و هـرکه دربند احساسات بود ، دیرتر ، عـاقبت همه ترکش کردند ؛ تاآنکه روزی دیوژن تنها ومحتاج شد.

پس از زندگـانی درنعمت وعشرت کار وزحمت دشوار است . با هزاران مشقت و عذاب روحی ، دکه قدیم را بازکرد وچـرم کهنه‌ای بدست‌گرفت وبسوراخ‌کردن آن مشغول شد . ساعتی نگذشت‌که یکی ازعـابرین او را شناخت ، فریاد زد : مردم دیوژن را ببینید بصدای او عابرین جمع شدند، هرآن ، جمعیت زیادترمیشد ؛ تا آنجاکه صف‌های آخر اصلا نمی‌دانستند مقصود ازاین اجتمـاع چیست ؟ فضا ازقهقهه و تمسخر حضار پربود.

ناگهان صدائی ازهمه قویتر بلندشدکه ساکت باشید. همه‌ساکت شدند . دیوژن را با انگشت نشان داد و گفت این بیچاره آنقدر احمق است‌که دوسال تمام من هرشب مهرهٔ تقلبی باخود داشتم ودرقمار با او بکار می‌زدم و اغلب شبی صد درم میبردم ، حتی گـاهی ملتفت میشد و حرف نمیزد .

صدای خندهٔ حضار گوش راکر میکرد . دیوژن نگاه‌کرد و دید

کارلوس آن دوست صمیمی است که از همه بـاو نزدیکتر بود . شنیدن این حرفها از دهان کارلوس پرده سیاهی را از جلو چشم دیوژن برداشت. مثل آن بود که صدسال فلسفه تحصیل کرده ولی فهمیده باشد. برخاست وبا وقار وتأنی تمام ، پیراهن وشلوار خودرا از تن درآورد ولخت در مقابل جمعیت ایستاد وباصدائی قوی وتحکم آمیز گفت :

ای مردم ، مقصود من حاصل شد . من از طرف خدایان مأمور بودم شما را امتحان کنم. برای اجـرای این خدمت ، خدایـان ، مال و مکنت فراوان باختیار من گذاشتند . همه را صرف شما کردم ، ازطبقات مختلف افراد را دور خود جمع آوردم واخلاق وافکار همه را سنجیدم. آنگاه خواستم بدانم اگر دو مرتبه باینحال برگردم شما بـامن چه رفتار خواهیدکرد؟ شما را خوب شناختم . بدانید کـه قهر و غضب خدایـان بزودی بشما میرسد. هیچ چیز برای من غیرمیسر نیست ولی دیگر چیزی لازم ندارم. حتی این جامهٔ خودرا بشما می بخشم و در پی اجرای اوامر خدایان می روم .

از منظرهٔ برهنگی دیوژن و شنیدن و عدهٔ غضب خدایان ، با آهنگ مخصوصی که بیان کرد ، موی بر بدنها راست شد . از وحشت کسی را قدرت حرف و حرکت نبود . دیوژن از دکه پائین آمد . همه سر تعظیم فرود آوردند و کوچه دادند و او برفت .

دریافت که انسانها در عین شرارت و قساوت ، بی نهــایت ابله و احمقند و هر کس از راهش درآید بر آنها مسلط میشود ؛ منتها هرزمان وجائی مقتضیاتی دارد.

بعد از این بی قیدی و بی چیزی را شعار خود ساخت ، بهیچکس وبهیچ چیز اعتنا نمی کرد و رسوم و آداب را نبوده می انگاشت . خانه اختیار نمیکرد، درخمرهٔ شکسته می خوابید ، روز فانوس روشن میکرد ودر کوچه و بازار بدنبال آدم میگشت . آنقدر غیر از همه رفتار کرد ، تا

همه را متوجه خود ساخت . صیت فلسفه وشهرت بزرگیش چندان بلند شد که بزرگان بزیارتش میامدند و درخانهٔ خود بخدمتش می‌ایستادند . خانمهای زیبا که بآموختن‌فلسفه عشقی داشتند ، به همخوابگیش افتخار می‌کردند ؛ تا بجائی رسید که اسکندر کبیر گفت : اگـر اسکندر نبودم میخواستم دیوژن باشم.

ولی یك درویش حقیقی، روزی پنهانی به‌دیوژن گفت : فقیر ما خودخواهی را از سوراخهای خرقه‌ات می‌بینیم.

٦
پیدایش نثر فارسی

زبان عربی در ایران پس از استیلای قوم عرب بر این کشور نزد عمال و حکام و والیان دولت اسلام زبان رسمی و دیوانی شد و در مکاتبات عمال با دولت و دستگاه خلافت بکار میرفت ؛ ولی چنانکه در نظایر این مورد طبعاً بخاطر میرسد، زبان بومی در میان جمهور مردم از روستائی و شهری و عشایر و طوایف همچنان باقی و رایج ماند و دهقانان ایرانی و رؤسا و بزرگان محلی نیز در مکاتبات و معاملات و محاورات خود آن زبان را بکار میبردند. انتشار زبان عربی در سر زمینهای سامی زبان مانند سوریه و لبنان و فلسطین، با سرعتی کم نظیر صورت گرفت ؛ ولی در ایران که زبان آریائی بود، عربی با قدرت بسط و تأثیر و تسلط خود و تقدم فتح ایران بر دیگر کشورها و کثرت عدد مهاجران تازی نژاد در شهرهای ایران و غلبهٔ دین اسلام بر مــذاهب مزدائی و حمــایت دولت حاکم ؛ نتوانست تفوق و قوت جاذبهٔ خود را قطعاً پایدار و ثابت کند .

در نقاطی که مانند ماوراءالنهر و خراسان از مرکز خلافت اسلامی دور بود؛ یا در ولایتهای ساحلی دریای خزر ، که وجود رشته کوههــای البرز و دشواری راهها ، مردم را نسبةً از قدرت و سلطهٔ مستمر عــرب مصون و محفوظ میداشت ، موبــدان زرتشتی و فرزانگــان و دانایان و اسپهبدان و بزرگزادگان و اصحــاب بیوتات قدیم ؛ با دلبستگی و شور و شوق، بحفظ زبان و کیش و فرهنگ و آئین و داستانهای ملی خود می کوشیدند و جنبشهـای دینی و شورشهای سیاسی و نهضتهـای اجتماعی، تمایلات استقلال طلبی و روح قومیت و میل احیا و تجدید نظام اجتماعی قدیم و حکومت ایرانی و رواج و رونق زبــان ملی را همــواره تــایید و تقویت میکرد.

پس از آنکه دولت اموی بامساعی ایرانیان منقرض شد و دولت عباسیان برسر کار آمد و وزیران وسرداران ایرانی صاحب قدرت‌شدند، مقدمات و زمینه‌ای برای تشکیل دولتهای ملی فراهم گردید؛ و این امر با مبارزات ممتد و شدید شعوبیه و رفتار خدعه آمیز بعضی از خلفای عباسی نسبت برجالی که تدبیر وشمشیر خود را وقف آنان کرده بودند تسریع شد. تأسیس دولتهای طاهری (۲۰۶ - ۲۵۹ هجری) و صفاری (۲۴۷-۲۹۳ هجری) و علوی طبرستان (۲۵۰-۳۱۶ هجری) و سامانی (۲۶۱-۳۸۹ هجری) ودیلمی آل زیار (۳۱۶-۴۳۳ هجری) و دیلمی آل بویه (۳۲۰ - ۴۴۷ هجری) وضعف تدریجی فرمانفرمائی عرب حال و وضع زبان فارسی را که در عصر اول اسلامی یکچند رونق وجلوه‌ای نداشت دیگرگون کرد وبا تجدید قدرت امیران ایرانی‌وسعی در تفکیك و جداکردن دین وملیت ، زبان فارسی دری نیروگرفت . هر چند زبان عربی درعصر طاهریان وصفاریان وسامانیان وزیاریان غالباً زبان دیوانی وفلسفی ودرجمیع کشورهای اسلامی تداول و رواج‌داشت واهل فضل و دانشمندان ایرانی آنرا بکار می‌بردند وتألیفات خودرا بآن مینوشتند و کتب پهلوی را بآن زبان نقل میکردند ، ولی بی‌شك زبان عمومی مردم نیز همچنان باقی ورائج بود وپس از آنکه مردم بخط عربی آشنا شدند هنگام ضرورت کم کم سعی کردند که زبان خود را که بتدریج کلمات عربی داخل آن میشد بهمان خط بنویسند واگرچه از آن نوشته‌ها چیزی بما نرسیده ولی در وقوع وجریان این امرطبیعی ساده ، ظاهراً تردید نمیتوان کرد .

پیشرفت شعر فارسی عروضی در دولت صفاریان و مخصوصاً سامانیان و ترتیب شاهنامه‌های منظوم و منثور و داستانها و منظومه‌های مختلف وانشاء ومصنفات گوناگون دربارهٔ تاریخ ومذاهب و فرهنگ و

آداب واخلاق ورسوم وآثارایران باستان وترجمهٔ کتابهای مهم پرحجم بفارسی دری خاصه در دولت سامانی از اواخر قرن سوم هجری ببعد موجبات و وسایل ترقی روزافزون و اشاعهٔ زبان زبان فارسی را فراهم آورد. دربار صفاریان خاصه درزمان دوتن از امیران آن سلسله یکی امیر ابوجعفر دیگر فرزند او امیرابواحمد مجمع فضلا وعلما و شعرا بود . امیران سامانی و وزیران با مایه و فاضل و علم پرور آن هم سهم بسیار بزرگی درانتشار علم وفرهنگ وترقی وتوسعه زبان فارسی دارند دهقانان وخاندانهای شریف وبزرگ زادگان وامیران محلی ایران نیزدر رواج وپیشرفت زبان فارسی سهیم ودخیل بوده‌اند . بعضی از وزیران وامرای غزنوی نیز بزبان فارسی وانتشار و وسعت آن توجه وعلاقهٔ وافر داشتند . پیشرفت زبان فارسی وپراکنده شدن کتب علمی وفنی در مراکز مهم اجتماعی ایران ، مانند شهرهای خراسان وشهرری واصفهان وهمدان و شیراز و کرمان درعهد سلجوقیان که قدرت بیشتر و قلمرو و حکومت وسیعتر حاصل کردند همچنان ادامه یافت .

دراین اعصار است که جمعی از رجال سیاسی ایران و مصنفان علوم وآداب صریحاً باستعمال زبان‌ملی وبضرورت تألیف کتابهای‌فارسی که منفعت آن عام باشد وترجمهٔ کتابها ازعربی بفارسی سفارش‌میکنند. گاه نیز دانشمندان ایرانی کتب خودرا عیناً یا با اندك تفاوتی بدو زبان فارسی وعربی مینوشتند ، تا مسلمانان همگی بتوانند ازآنها بهره‌مند شوند . بدین ترتیب زبان فارسی که درعصر ساسانیان زبان تمدنی و فرهنگی بود، باآنکه چندی تحت الشعاع زبان‌عربی قرارگرفت، بتدریج جای خود را درکنار زبان عربی که برای دانشمندان ایرانی مسلمان ، بمنزله زبان لاتینی نزد مؤلفان اروپائی شمرده میشد ، بازکرد و بهمت امیران و پادشاهان فارسی دوست ، یا رجالی که بزبان عربی آشنائی

نداشتند، رنگ و خاصیت زبان علمی گرفت؛ و صاحب تصنیفات و تألیفات علمی و فنی و دینی و کلامی و فلسفی شد. لکن بدبختانه بسیاری از آن آثار مفقود شده، و نسبةً عدهٔ قلیلی از آنها باقی مانده است؛ ولی باکمال تأسف باید بگوئیم، که ازهمین جزو قلیل باقیمانده نیز، قسمت اعظمش تاکنون بطبع نرسیده است و مورد تحقیق و مطالعه فارسی زبانان واقع نشده است.

۷
شیوهٔ فارسی‌نویسی

سخن باید چو شکر پوست کنده . این دستوریست که یکی از نویسندگان ایران پانصد سال پیش‌داده‌است. در آن زمان عدد نویسندگان ایران باین زیادی نبود . آنهائی که قلم بدست میگرفتند سالهای سال تحصیل کرده بـودند ، هم میدانستند چه میخواهند بگویند و هم اینکه میدانستند آنرا بچه‌نحوی بایدگفت تا دیگران بفهمند . « شخصی ازترس خود را درخانه‌ای افگند ، رخها زرد. چون زعفران ، لبها کبود چون نیل، دستها لرزان چون برگ بید. خداوند خانه پرسید : خیر است ، چه واقع افتاده است ؟ گفت : در بیرون خر میگیرند بسخره. گفت : مبارك ، توخر نیستی ، چه میترسی ؟ گفت : بجدگرفته‌اند وتمیز برخاسته ، ترسم که مرا خر گیرند» . این حکایت باین عبارت از مولوی است ، ساده و سلیس ، نه یك کلمه زیاد دارد نه یك کلمه کم، نه بفکر این‌بوده که بفارسی‌خالص بنویسد ونه قصد این داشته که برای اظهار فضل کلمات قلنبه و زمخت در نوشتهٔ خود بگنجاند . صاف وپوست کنده مطلب خود را گفته است .
یك نویسندهٔ دیگر می‌آمد و می‌خواست بانشای مصنوع ومزین ومرصع بنویسد ، وباصطلاح عبارت‌پردازی کند. این‌نویسندهٔ دومی همان حکایت را باین عبارت تحریر کرده است : « گفتم: حکایت آن روباه مناسب‌حال تست که دیدندش‌گریزان و بی‌خویشتن افتان وخیزان ، کسی‌گفتش : چه آفتست که موجب مخافتست ؟ گفتا : شنیده‌ام که شتررا بسخره میگیرند. گفت : ای سفیه ، شتررا با تو چه مناسبت است وترا بدو چه مشابهت ؟ گفت : خاموش ، که اگر حسودان بغرض گویند شتر است و گرفتار آیم کرا غم تخلیص من دارد تا تفتیش حال من کند ؟ و تا تریاق از عـراق آورده شود مارگزیده مرده بود » . این هم انشای سعدی بود و هر کس که‌این را نفهمد بایدگفت فارسی‌زبان نیست وفارسی نمی‌داند . حالا این دو انشاء را با یکدیگر بسنجید . یك نویسنده ازاهل بلخ بود ودیگری از

اهل شیراز. هردو تقریباً همسن بودند و تقریباً در یك زمان می‌نوشتند. یکی ساده و بی‌حشو و زواید نوشته‌است ودیگری صنعت سجع‌وموازنه بکار برده. با وجود این هردو بفارسی صحیح فصیح است و تفاوتی که بین این دو انشاء هست ناشی ازسلیقهٔ شخصی وشیوهٔ تحریر است که‌این دونویسنده پیشهٔ‌خودکرده بودند. می‌توان گفت که انشای مولوی دردرجهٔ اعلای بلاغتست که با حد اقل کلمات مطلب را بیان کرده است ولی نمی‌توان گفت که سعدی برخلاف شرایط فصاحت و بلاغت عمل کرده است، بجهت اینکه قصد او انشای ادبی مصنوع ومزین بوده وهنرهائی که بکاربرده است در ادبیات هر ملتی درنظم ونثرجایزاست. وقتی که سعدی می‌خواست در کلام راه اختصار بپیماید هیچ کس درموجزگوئی بپای او نمی‌رسید. ببینید که چطور یك حکایت تمام را در دومصراع گنجانده: یکی بچهٔ‌گرگ‌می‌پرورید چو پرورده‌شد خواجه‌را بردرید. تمام شد ورفت.

من مدعی نیستم همهٔ منشآت‌قدما باین زیبائی وروانی‌وشیوائی و رسائی‌است. کسانی هم بوده‌اند که بیشتر در بند صنعت ولفاظی‌بوده‌اند تا در بند معنی، وهمان‌طور که اشعار مغلق‌گفته شده‌است کتب نثربسیار مغلق هم نوشته شده است. ولی اگر کتبی راکه از قرن چهارم و پنجم هجری برای ما بمیراث مانده است بخوانید و باآنها خوب‌آشنا بشوید خواهید دیدکه همهٔ‌آنها باین‌دستورعمل کرده‌اندکه «سخن باید چوشکر پوست‌کنده». اگربعضی عبارتها در این‌کتابها یافت می‌شود که امروز در بدو نظر برما روشن نیست بجهت اینست‌که اولا از نهصد سال‌پیش تاکنون زبان ما دچار تغییراتی شده است و اصطلاحات مخصوص بآن زمان از یاد ما رفته است؛ وثانیاً بآن اندازه که‌لازمست درفراگرفتن‌زبان خودکار نمی‌کنیم و زحمت نمی‌کشیم که با سبك و اسلوب نویسندگان بزرگ باستان آشنا شویم. می‌خواهیم که هنوزغوره نشده مویز بشویم.

بمجردی که سواد خواندن و نوشتن مقدماتی پیدا کردیم می‌خواهیم فاضل و ادیب و نویسنده و محقق محسوب شویم ، وحتی قبل از آنکه قوهٔ ادراک معانی حافظ وسعدی را کسب کرده باشیم وحتی قبل از آن هم که بتوانیم اشعار سعدی و حافظ را راستا حسینی صاف و بی‌غلط بخوانیم می‌خواهیم بر آن خداوندان سخن ایراد بگیریم .

همهٔ اینها برای چه ؟ برای اینکه دموکرات شده‌ایم ، یعنی اینکه دموکراسی و آزادی را در این مورد هم بغلط تعبیر کرده‌ایم . در عهد دموکراسی و آزادی قلم راستست که همه کس حق نوشتن دارد ، ولی در ممالك دموکرات در این امر هم که نوشتن باشد قاعده وحساب در کار است ، وهر کس که برای عموم چیزی می‌نویسد ومنتشر می کند برحسب میزان وملاك صحیح عمل می کند . ولی در مملکت ما مثل اینست که مدیر و ناشر روزنامه یا قوهٔ تشخیص صحیح و سقیم ندارند ، یا ازحیث مطالب چاپ کردنی بقدری در عسرت ومضیقه هستند که هر کس هرچه بفرستد غنیمت می‌دانند ، و یا اینکه از همه کس رودربایستی و واهمه دارند و می‌خواهند همه را ازخودشان راضی نگاه بدارند . شاید هم همهٔ این علل وبسیاری علل دیگر دست بدست داده باشد واین هرج ومرج عجیب را در سبك انشای جراید ومجلات ایجاد کرده باشد . البته کسانی هم هستند که صحیح وسلیس و بامعنی می‌نویسند اما اولا عدهٔ این گونه اشخاص بقدری کمست که چون قطره‌های باران دردامن بیابان گمند ومثل دانه‌های ارزن درریگزار صحرا ناپدیدند ؛ وثانیاً فقط معدود قلیلی از این زمرهٔ نادر هستند که بکار نویسندگی بجهت مجلات اعتنا دارند ومخصوصاً دراین ایام که متصل جریده ومجله است که مثل شبدر وقارچ از زمین می‌روید و واقعاً تمیز بکلی ازمیان برخاسته و فهمیدن مندرجات این مطبوعات حقیقة مشکل شده‌است. وبرای خارجیهائی که اصلا قوهٔ تشخیص فارسی مفهوم ونامفهوم وفارسی صحیح ومغلوط را ندارند همهٔ این نویسندگان

لا یعد ولا یحصی در یك حکم‌اند ، ودرست حکایت آن دوزن‌حاجی‌شده است که یکیشان قبای حریر بـرای شوهرش دوخته بـود ودیگری قبای کرباس اما مردم که آنها را دیدندگفتند «قباسفید قباسفیده».

بدبختی بزرگ دراینست که هر کس بفارسی صحیح چیزبنویسد می‌گویند که بسبك‌خاقان مغفور، می‌نویسد، وهر کس بگوید باید درست چیزنوشت باو جواب می‌دهند که امروز دیگر نمی‌شود بزبان عهد خاقان مغفور چیزنوشت . زبان عهد خاقان مغفور کـه سهل است ، حتی زبان عهد ملکشاه سلجوقی هم امروز بر هر فارسی زبانی مفهوم‌تر از غالب عباراتیست که درخیلی ازجراید ما دیده می‌شود . اگر باور نمی کنید در این چند نمونه‌ای که از جراید و مجلات تازه استخراج شده است دقت بفرمائید :

در یك روزنامه نوشته بودند که «سارق بدفتر روزنامه مراجعه و یك ماشین برده است » . ماشاءالله ! و در همان روزنامه گفته‌اند « مذهب جعفری جزء نخستین‌اصول‌اساسی یعنی‌انجیل‌سیاسی ماست»ـ هیچ‌لزومی دارد که‌ازمذهب‌جعفری به‌انجیل‌تعبیر کنند؟ وانجیل‌سیاسی‌چه‌جانوریست؟ بازدرهمان روزنامه درشمارهٔ مورخ پنجم آذرماه این‌خبرچاپ‌شده که من عیناً نقل می کنم : روز ۱۴ر۷ پلنگ بسیارهیولائی‌دریکی ازباغات‌وصل بشهر آمده باغبان‌را تعقیب ، نامبرده فرارنموده مجدداً باکمك عده‌برای گرفتن‌آن بازگشت وبا وی محاربه ، ودرنتیجه چندنفررا زخمی مینماید (مثل اینست که باغبان چند نفر را زخمی کرده باشد) و چون با چوب نمیتوانستندآن‌را (معلوم نیست که باغبان را یا پلنگ‌را) ازپای درآورند بشهربانی اطلاع داده فوراً چندنفرپاسبان بمعیت‌آقای مجلل‌به‌باغ‌رفته ، ودرموقعی که محمد باغبان درچنگال پلنگ‌گرفتار ودرتلاش بود پاسبان حسین‌علی براهنمائی کلانتر پلنگ را هدف وبا مهارت‌کامل یك تیرآتش بکتف حیوان اصابت که‌بازوی باغبان نامبرده را با دندان کنده(عجب‌تیر

حرامزاده‌ای بوده که دانـدان هـم داشته) و تیـــر دوم به مغزش اصابت که محمد را رهـــا و بزمین می‌افتـد (نمی‌دانیـــم چه‌چیزی محمـــد را رها و چه‌چیزی بزمین می‌افتد) ـ تازه این خبر باین شیرینی با این‌همه افعال غلط و افعال محذوف و جمله‌های ناقص بیمعنی پنجاه روز طول کشیده تا از شاهرود به تهران رسیده است . ماشاءالله ! من اگر بخواهم از این قبیل نمونه‌ها نقل کنم یک کتاب چهارهزار صفحه‌ای خواهد شد. هر روزنامه‌ای را می‌خواهید بدست بگیرید و بقصد فهمیدن مطالب آن مطالعه کنید ، صدها از این قبیل عبارتها بچشمتان خواهد خورد مثل اینست که کلمات برای این آقایان نویسندگان هیچ معنای ثابت و معینی ندارد ، و هر کلمه‌ای را بهر معنائی که مقتضی شود می‌توان استعمال کرد

۸

مدیر مدرسه

روزسوم باز اول وقت مدرسه بودم. هنوز از پشت دیوار نپیچیده بودم که صدای سوز وبریز بچه‌ها به‌پیشبازم آمد. تندکردم. پنج‌تا از بچه‌ها توی ایوان بخودشان می‌پیچیدند و ناظم ترکه‌ای بدست داشت وبنوبت بکف دستشان میزد. خیلی مقرراتی ومرتب. بهر کدام دوتا چوب کف دو دستشان وازنو. صف‌های کلاسها تماشاچی این مسابقه بودند. بچه‌ها التماس میکردند؛ گریه میکردند؛ اما دستشان راهم دراز میکردند. عادتشان شده بود. دوتاشان گنده بودند و دروغی سوز وبریز میکردند. یکیشان بچنان مهارتی دستش را از زیرچوب درمیبرد و جا خالی میکرد که حظ کردم و لابد همین ناظم را عصبانی کرده بود. اما یکیشان آنقدر کوچك بود که من شك کردم چوب کف دستش بخورد نشانه‌گرفتن چنان دستی غیرممکن بود وچوب حتماً یابنوك انگشتهایش میخورد که‌آخ... میدانم چه پوستی میکند. ویا به مچ دستش میخورد که... نزدیك بود داد بزنم یا بالگد بزنم و ناظم‌را پرت کنم آنطرف. پشتش بمن‌بود ومرا نمیدید امادرچشم بچه‌ها، همچه‌که ازدرمدرسه واردشدم، چیزی درخشید که جا خوردم. وزمزمه‌ای توی صفها افتاد که یك مرتبه مرا بصرافت انداخت که در مقام مدیریت بسختی میشود ناظم راکتك زد. آنهم جلو روی همهٔ بچه‌ها. این بود که خشم را فروخوردم وآرام ازپله‌ها رفتم بالا. ناظم تازه متوجه من شده بود و سلامش توی دهانش بود که دخالتم راکردم و خواهش کردم این بار همه را بمن ببخشد، نمیدانم چه کرده بودند. دیرآمده بودند. یاسرشان را نزده بودند یاتوی گوششان چرك بود یا یخهٔ سفید نداشتند یا مداد رفیقشان را بلند کرده بودند یا باز دشك صندلیهای اتوبوس خط محله را تیغ انداخته‌بودند

یا توی کوچه چیزی پیدا کرده بودند و نیاورده بودند بدهند دست ناظم یاهزار کار بد دیگر. یعنی بعد ناظم گزارش داد که چه کرده بودند و نیز گفت که معمولا چه کارهای بدی میکنند . ولی دست آن پسرك آنقدر کوچك بود وصورتش چنان شباهتی بگربه داشت وچنان اشك میریخت که راستی چیزی نمانده بود دوتا کشیده توی صورت ناظم بزنم و چوبش را بسروصورت خودش خرد کنم .

بچه‌ها سکسکه کنان رفتند توی صف‌ها و بعد زنگ را زدند و صف‌ها رفتند بکلاسها ودنبالشان‌هم معلمها که همه سروقت حاضر بودند. و اطاق که خلوت شد تازه متوجه شدم که زیر یکی از گنجه‌ها یکدسته تر که افتاده است . نگاهی به‌ناظم کردم که تازه حالش سرجا آمده بود و گفتم درآن حالی که داشت ممکن بود گردن یك کدامشان را بشکند که یکمرتبه براق شد .

ـ اگه یك روز جلوشونو نگیرید سوارتون میشند آقا. نمیدونید چه‌قاطرهای چموشی شده‌اند آقا.

مثل بچه مدرسه‌ها آقا آقا میکرد. پاهرجمله‌ای . احساس کردم که اگریك کلمهٔ دیگر راجع باین مطلب بگویم ممکن است تو رویم بایستد. موضوع‌را برگرداندم واحوال مادرش‌را پرسیدم. خنده‌صورتش را ازهم‌باز کردوصدازدفراش برایش آب آوردومن نمیدانم چرا یکمرتبه هوس کردم مثل‌پیرمردها اورا بباد پند ونصیحت بگیرم . برایش‌تعریف کردم که درتمام سالهای مکتب ومدرسه‌ها ودبستان وستان‌ها و گاه‌های دیگر فقط دوبار تنبیه شده‌ام. یکبار فلکم کردند و جلوی روی بچه‌ها . وقتی کلاس سوم ابتدائی بودم وگناهم این بود که از گلدستهٔ مسجدمعیر بالا رفته بودم که مسلط برمدرسه‌مان بود وتماشائی داشت ! ودفعهٔ دوم سال پنجم دبیرستان که مدیر مدرسه مرا اشتباهی گرفت و دوتا کشیده‌ام

زد و بعد که فهمید عوضی گرفته بدفتر احضارم کرد و چون سیداولادپیغمبر بودم ازم عذر خواست و یك کتاب جایزه بهم داد که هنوز دارمش... یادم است نیمساعتی برایش حرف زدم . پیرانه . و او جوان بود و زود میشد رامش کرد. بعد ازش خواستم کـه ترکه‌ها را بشکنند و شکست و آنوقت من‌رفتم سراغ اطاق خودم.

۹
فرهنگستان

نگارندهٔ این سطور ازکسانی هستم که ، ندانسته و نخواسته ؛ به عضویت مجمعی که بنای آن برلغت سازی بوده ، ویکی ازهمان لغات هم، همین کلمهٔ «فرهنگستان»است، انتخاب شده‌ام . ولی چون ازابتدا، با این اساس مخالف بوده‌ام، بندرت درجلسات آن شرکت کـرده‌ام؛ و هروقت هم که در آنجا حاضر شده‌ام ، بدون عصبانیت و ملالت جلسه را ترك نگفته‌ام . علت این عصبانیت وملالت ، یکی آن بوده است که ، ما هیچوقت ندیده ونشنیده بودیم که جمعیتی آنهــم غیرمتجانس و مرکب ازهرنوع مردم، دورهم بنشینند وبرای دیگران لغت وضع کنند؛ یالغاتی را که قرنهاست معمول به اهل زبان بوده وامراء کلام فارسی آنها را بکار برده وبآنها حیات جاوید بخشیده‌اند باسلیقه‌های کج خود عوض کنند . دیگر آنکه ، در وضع لغات و تبدیل کلمات مستعمل بلغـات ساختگی نامفهوم، هرنوع حرف حساب و دلیل ومنطق را زیرپا بگذارند وبا قیام وقعود یا تحصیل اکثریت آراء ، حرف نامعقول خود را بر کرسی قبول بنشانند .

این سیرهٔ ناپسند که تا باقی است یا یـادگاری از آن برجاست ، لعنت ونفرینی بربانیان آن است چند سالی دوام کرد . خوشبختانه ، از بعد ازوقایع شهریور ۱۳۲۰ که زبان و قلم فی‌الجمله آزادی پیدا کرد ، بازار لغت سازی فرهنگستان هم کاسد شد وبساط تعزیه گردانان آن تاحدی از رونق نخستین افتاد، واین پیشامد ، بیش از آنکه بتصور آیـد خـاطر علاقه‌مندان بحفظ عصمت زبان وادبیات زبان فارسی را قرین ابتهاج و مسرت کرد؛ تا آنجا که بخود وعده میدادند که این مولود نامسعود،مرد. اما هزار افسوس که هنوز این آرزو جامهٔ عمل نپوشیده . چندی قبل ،

من ویك عدهٔ دیگر از رفقا ،که افتخار عضویت فرهنگستان‌را ، همـان آقایان بما عطا کرده‌اند ؛ باکمال تعجب درجـراید خواندیم که اعضای فرهنگستان بحضورملوکانه شرفیاب شده وشرح اعمال خیر فرهنگستان را درگذشته ، ونقشه‌های بلند بالائی راکه اجرای آنهارا برای‌آینده در نظر دارند، بعرض رسانده و از خاك پای ایشان استدعای بذل مرحمت ومساعدت نموده‌اند . فرهنگستان ملعون درگذشته چه‌کار خیری صورت داده است‌که باز میخواهند آن را احیاکنند وچراکسانی که خودرا اهل ادب و فرهنگ میدانند ادب و فرهنگ خـودرا مرد وار ببازاربحث و انتقاد عامه نمی‌آورند ؟ علم وادب باید بیطرف بماند ودر سایهٔ بیطرفی و آزادی رشد کند و از هرگونه مداخلهٔ ملکی و سیاسی فارغ باشد . ملوك و وزراء کاری برعهده دارند واهـل علم وادب کاری. مقام علم و ادب ازآن عالی‌تراست‌که بهدایت اهل‌سیاست راه پیماید وتحت‌الشعاع ومجری اوامرسیاستمداران قرارگیرد. اگردولت میخواهد درعلم وادب دخالت‌کند باید مجری احکام اهل علم وادب باشد، نه اینکه به‌علمـا و ادبا دستور دهد و ایشان هم کورکورانه ازآن اطـاعت‌کنند وبه‌به وبلی قربان بلی‌قربان بگویند.

لغت وادبیات مال مردم است و بتوسط مردم وضع شده ؛ منتهی ازمیان ایشان ،کسانی‌که نابغه و سرآمـد بوده‌اند سکهٔ قبول خودرا بر لغات زده و محصول قریحه و ذوق خود را درقالب جمال لفظ وکمال معنی ریخته و آنهـا را بدون هیچ تکلیف و تحمیلی مقبول طبع مردم صاحب‌نظر کرده‌اند . والا هیچوقت هیچ آکادمی وانجمن علمی وادبی نتوانسته است برای مردم لغت وادبیات بسازد وچیزی راکه عموم‌نمی‌خواهند ونمی‌پسندند بنام لغت وادبیات بزور بایشان تحمیل‌کند . فقط وظیفهٔ آکادمیها وانجمنهای علمی وادبی این‌است‌که آنچه رامردم‌خواسته

وگفته وپسندیده‌اند مجری‌دارد. اینست‌که ما با امید باینکه، فرهنگستان لغت‌ساز ومخرب لغت مرده است ودیگر سر ازبالین مرگ برنخــواهد داشت ، از ادبای‌واقعی مملکت تمنی میکنیم ، که دیگرگرد خیال غلط فرهنگستان وامثال آن نگردند وهرچه می‌توانند در دفاع از همین زبان و ادبیات فارسی که مفهوم عموم فارسی زبانان دنیاست بکوشند ، وروز بروز قدرت حیات وقوت انتشار آنرا ، بوسایلی‌که معقول ومعمول‌همهٔ دنیاست زیادتر کنند ؛ ویقین داشته باشند که قدرت و قوت همین زبان فارسی ، قدرت وقوت ملت ایران است ؛ و هررخنه‌که بدست مغرضین یا بی‌خبران در بنیان آن راه یــابد ، تیشه مهلکی است که بحیات ملت ایران زده میشود.

۱۰
رستاخیز

زندگانی تازه ونوظهور من ، بهمین ترتیب‌ها شروع گردید. ده دوازده روز اول ، بقدری از این طرز زندگانی ساده و بی‌آلایش لذت میبردم که مثل آدمهای مست و بنگی ، درست ملتفت گذشتن ساعات ودقایق و توالی ایام ولیالی وتبدیل یافتن روز بشب وشب بروز نبودم.

دود وغبار غریبی جلوی چشمهایم را گرفته بود وهرچیز بشکل ورنگ دیگری، بمراتب دلنشین‌تر ازرنگها وشکلهای معمولی، درنظرم جلوه مینمود. دنیای افسانه وشی داشتم و از زنده بودن و نفس کشیدن وخوردن وخوابیدن و رفتن و آمدن ونشستن وبرخاستن کیف وافری میبردم. وقتی بخود می‌آمدم و باطراف خود نگاه میکردم میدیدم کوچکترین جزئیات زندگانی اهل‌مدرسه برایم تازگی دارد وازتماشای آن کیف میبردم؛ ولی شگفت‌آمیزترین تأثیرات‌این‌احوال‌تازه، آن‌بود که چون من کسی که‌ازهرچه‌ازاین‌جانوردوپائی که اسمش‌راآدم‌گذاشته‌اند، تاآنروز بدم میآمد واز روئیتش بیزار وفراری بودم و جنس آدمی را نیز درقبال عقرب جراره وطاعون وبادسام وملخ مراکش در ردیف‌بلاها وفجایع خلقت میشمردم، اکنون بی‌جهت عشق ومحبت سرشاری بمردم پیداکرده بودم وار هرکس خوشم میآمد وبا هرکس محبت میورزیدم و حتی درکمال صمیمیت و یگانگی و دلسوزی ، ساعتهای متمادی با کربلائی قربان خادم نشسته دل داده قلوه می‌گرفتم و از درد دلهایش لذت وافر میبردم.

دوسه هفته میشد که ساکن مدرسه بودم. روزی درضمن صحبت، باخوند ملا عبدالهادی گفتم : آخرچشم بد دور! منهم اگر رسماً طلبه نیستم ولی اسماً که طلبه‌ام . هرچند خودرا قابل نمیدانم ولی خوب بود

بحکم «الاکرام بالاتمام» یك قرار درسی هم برایم می گذاشتید .
گفت کی بتوگفته که طلبگی مستلزم درس خواندن است ؟ اغلب این عمامه بسرهائی که اینجا می بینی ؛ مثل خود من روسیاه ، لك لکی میکنیم تاخدا چه خواهد واجلمان کی برسد؟ وانگهی از همهٔ اینها گذشته آیا دلت میخواهد آدم بشوی یا ملا ؟
گفتم، آدم ملا. گفت، معقول اشتهائی داری ولی باز گلی بجمالت که نگفتی ملای آدم والا کار خیلی مشکل میشد وفرضاً هم که تعلیق بـه محال نباشد ، بهر جهت تکلیف بسیار شاقی میشد . گفتم خودتان بهتر میدانیدکه چـه باید یاد بگـیرم ، اینهمه از معقول ومنقول و علم ادیان و ابدان حرف میزنند بدم نمی آید بفهمم مقصود از اینها چیست؟
گفت اینکه کاری ندارد ، منقول یعنی چیزهائیکه دیگران گفته و نوشته اند که خودت ماشاءالله! سوادخواندن داری ومیتوانی پیش خودت بخوانی ومحتاج درس وبحث ومعلم ومـدرس نیست. معقول هم یعنی چیزهائی که بقوه فکر وعقل بدست میآید؛ آنهم، خداوند تبارك وتعالی، چنین عقل و هوش تند و تیزی بتو داده است ، فکر بکن خـودت پیدا خواهی کرد و وقتی خودت پیدا کردی قدرش راهم بهتر خواهی دانست آمدیم سرعلم ادیان وابدان ، علم ادیان یعنی علم دین وعلم دین هم یعنی علم خداشناسی. من که خیال میکنم تنها دراین عالم خود خدا میتواند خدا را بشناسد وبس ؛ وشناخت او ، برای سر ما مخلوق سر تاپا عیب ونقص زیاد گشاد است، واساساً درصدد شناختن خدا بر آمدن را فضولی محض میدانم. اما علم ابدان، یعنی علم ببدن وبجسم وبماده وبچیزهائی که می بینیم ومی شنویم واحساس میکنیم. اینهم محتاج دیدن و شنیدن و احساس کردن است، وخودت ، هم چشم داری وهم گوش وهم اسبابی که اسمش را حواس خمسه گذاشته اند و ابداً احتیاجی بدرس و کتاب ندارد

واغلب آن کسانی‌هم که دراین راه بجائی رسیده‌اند ، مانند موسی‌وعیسی و حضرت رسول و بودا و زرتشت وافلاطون ، از بـرکت فکر وذهن و درایت خودشان بمقام و منزلتی که میدانی رسیده‌اند . خودت هم اگـر درست فکربکنی حرفهای مرا تصدیق‌خواهی کرد. مگرنه اینست که‌مردم کسی‌را عالم میگویندکه سواد خواندن ونوشتن داشته باشد و زیادکتاب خوانده باشد وکسی راکه سواد نداشته باشد جاهل میخوانند . ولی بـا آنکه هنوز خیلی جوانی شاید خودت هم ملتفت شده بـاشی که دنیا پر است ازعلمای جاهل وجهلای دانشمند ، و عالم بمعنی واقعی این کلمه ، تنهاکسی است که بداند وبفهمد ، وجاهل کسی را باید دانست که نداند و ونفهمد ، والا، کتاب ودفتر وخط و سواد ابداً ربطی بدانستن و ندانستن ندارد، وچه‌بسا اشخاص بی‌سواد امی ، که بمکتب نرفته «مسئله آموزصد مدرس» شده‌اند و باثبات رسانیده‌اندکـه عقل چیز دیگرو مـدرسه چیز دیگر است .

گفتم، جنـابعالی ! یکباره ، زیرهمه چیز میزنید و حتی بتعلیم و تربیت هم معتقد نیستید . گفت ، اشتباه نکن ؛ بمربی معتقد هستم ولی مربی کسی را میدانم کـه بمردم یاد بدهدکه چطور باید یاد گرفت ، و تمهیدی بخرج دهدکه مردم ازیاد گرفتن لذت ببرند ؛ باقیش دیگرهمه حرف است . گفتم فرمایشهای سرکار، همه بنظرم درست می‌آید ، ولی باور بفرمائیدکه دلم میخواهدچیز بفهمم وچیز یـاد بگیرم ولی راهش را نمیدانم ونمیدانم چکار باید بکنم ؟ گفت، همین کاری کـه کرده‌ای ؟ گفتم پرآب پاکی‌را بدستم می‌ریزید! همه‌کس عیسی و موسی نمیشود که بدلالت عقل وفکر، بسرمنزل مقصود برسد . من هیچ اطمینانی بـه عقل وفکر خود ندارم ویقین دارم اگر عنانم را بدست آنها بدهم مـرا بدانجائی هدایت خواهندکردکه عرب نی میاندازد. من بامید هدایت و

ارشاد ، سربآستانهٔ جنابعالی نهاده‌ام .

گفت وای بحال تو اگر راستی باین امید اینجــا آمده باشی ، کسانیکه مــدام خود را محتاج رهبر وپیشوا وپیر ومرشد میدانند هیچ وقت بجائی نخواهند رسید. مرد باید بروی پای خود بایستد. راه روشن است وباز، وفقط همت لازم است وبس .

۱۱

ایران را از یاد نبریم

سالی دیگر بر ایران سپری شد . درعمر کشوری که چندین هزار نوروز را جشن گرفته است ، گذشت یکسال بس ناچیز مینماید. برهمین دامنهٔ البرز ، درهمین خاك ری، سال نو ؛ درچه روزهای غم آلود ، یا شادی آور آغاز گردیده ! چه بیم و امیدها برانگیخته ! بهارهائی با کام‌روائی وسربلندی وسبزبختی فراز آمده ، و بهارهائی باماتم و خاموشی و شرمساری . لیکن همهٔ این روزهای شاد وناشاد براین ایران کهنسال گذشته است وایران برغم همهٔ حادثات ، برغم همهٔ افتادنها وبرخاستن‌هایش ، هنوز زنده است . من درقعر ضمیرخود احساسی دارم، چون گواهی گوارا ومبهمی که گاه بگاه بردل میگذرد، وآن اینست که رسالت ایران بپایان نرسیده‌است وشکوه وخرمی او باو بازخواهد گشت . من یقین دارم که ایران میتواند قد راست کند . کشوری نام‌آور و زیبا و سعادتمند گردد ، وآنگونه که درخور تمدن وفرهنگ و سالخوردگی او است، نکته‌های بسیاری به‌جهان بیاموزد . این ادعا ، بی‌شك کسانی را به‌لبخند خواهد آورد. گروهی هستند که اعتقاد به‌ایران را اعتقادی‌ساده لوحانه می‌پندارند . لیکن آنانکه ایران را می‌شناسند هیچگاه ازاو امید برنخواهند گرفت .

ایران سرزمین شگفت آوری است . تاریخ او ازنظر رنگارنگی وگوناگونی کم نظیر است. بزرگترین مردان و پست‌ترین مردان دراین آب وخاك پرورده شده‌اند. حوادثی که برسرایران آمده بدانگونه است که درخور کشور برگزیده وبزرگی است. فتح‌های درخشان داشته‌است وشکست‌های شرم‌آور. مصیبت‌های بسیار وکامروائی‌های بسیار. گوئی روزگار همهٔ بلاها وبازیهای خودرا برایران آزموده است . اورا بارها تالب پرتگاه‌برده وباز ازافتادن بازش داشته. ایران شاید سخت‌جان‌ترین

کشورهای دنیاست . دوره‌هائی بوده است که با نیمه جانی زندگی کرده اما از نفس نیفتاده وچون بیمارانی که میخواهند نزدیکان خود را بیازمایند درست درهمان لحظه که از او امید برگرفته بودند ، چشم گشوده است وزندگی را ازسرگرفته .

برغم تلخ کامیها ما حق داریم که به کشور خود بنازیم. کمر ما در زیربار تاریخ خم شده است ولی همین تاریخ به ما نیرو میدهد و مـا را بازمی‌دارد که از پای در افتیم. کسانیکه در زندگی خویش رنج نکشیده‌اند سزاوار سعادت نیستند . تراژدی همواره در شأن سرنوشت‌های بزرگ بوده است . ملت‌ها نیز چنین‌اند . آنچه ملتی را آبدیده وپخته وشایستهٔ احترام میکند ، تنها فیروزیها وگردنفرازیهای او نیست ، مصیبت‌ها و نامرادیهای او نیز هست . از حاصل دورانهای خوش و ناخوش زندگی است که ملتی شکیبائی و فرزانگی می‌آموزد . ایرانی درسراسر تاریخ خود از اندیشیدن وچاره جستن باز نایستاده. دلیل زنده بودن ملتی همین است. آنهمه مردان غیرتمند آنهمه گوینده و نویسنده و حکیم و عارف آنهمه سرهای ناآرام پروردهٔ این آب و خاک‌اند. به تولای نام اینان است که ما به ایرانی بودن افتخار میکنیم. چه موهبتی از این بزرگتر که کسی بتواند فردوسی وخیام وحافظ ومـولوی را بزبان خود آنان بخواند و برای آنکه بتوان آنان را تامغز استخوان احساس کرد همان بس نیست که فـارسی بیاموزند ، باید ایرانی بود ؛ هموطن مـردانی چون بهرام چوبینه ویعقوب لیث وابومسلم خراسانی وجلال‌الدین خوارزمشاه بودن مایهٔ تسلی وغرور دلپذیری است . نباید بگذاریم که مشکلهای گذرنده و نهیبهای زمانه گذشته را از یاد ما ببرد . ما امروز بیش از هر زمان دیگـر نیازمند آنیم که از شکوه و غنای تاریخی خود الهـام بگیریم ، زیرا در آستانهٔ تحولی هستیم . خوشبختانه ضربه‌هائی که برسر ایران فرود آمده است ، هرگز، بدانگونه نبوده که اورا از گذشتهٔ خود جدا سازد . حملهٔ

پس از آنکه دولت اموی بامساعی ایرانیان منقرض شد و دولت عباسیان برسرکارآمد و وزیران وسرداران ایرانی صاحب قدرت‌شدند، مقدمات و زمینه‌ای برای تشکیل دولتهای ملی فراهم گردید؛ و این امر با مبارزات ممتد و شدید شعوبیه و رفتار خدعه آمیز بعضی از خلفــای عباسی نسبت برجالی که تدبیر وشمشیر خود را وقف آنان کرده بودند تسریع شد. تأسیس دولتهــای طاهری (۲۰۶ - ۲۵۹ هجری) و صفاری (۲۴۷-۲۹۳ هجری) و علوی طبرستان (۲۵۰-۳۱۶ هجری) و سامـانی (۲۶۱-۳۸۹ هجری) ودیلمی آل زیار (۳۱۶-۴۳۳ هجری) و دیلمی آل بویه (۳۲۰ - ۴۴۷ هجری) وضعف تدریجی فرمانفرمائی عرب حال و وضع زبان فارسی را که در عصر اول اسلامی یکچند رونق وجلوه‌ای نداشت دیگرگون کرد و با تجدید قدرت امیران ایرانی وسعی درتفکیک و جداکردن دین وملیت ، زبان فارسی دری نیروگرفت . هر چند زبان عربی درعصر طاهریان وصفاریـان وسامانیان وزیاریان غالباً زبان دیوانی وفلسفی ودرجمیع کشورهای اسلامی تداول و رواج داشت واهل فضل و دانشمندان ایرانی آنرا بکار می‌بردند وتألیفات خودرا بآن مینوشتند و کتب پهلوی را بآن زبان نقل میکردند ، ولــی بی‌شك زبان عمومی مردم نیز همچنان بــاقی ورائج بود وپس از آنکه مــردم بخط عربی آشنا شدند هنگام ضرورت کم کم سعی کردند که زبان خود را که بتدریج کلمات عربی داخل آن میشد بهمان خط بنویسند واگرچه از آن نوشته‌ها چیزی بما نرسیده ولی در وقوع وجریان این امرطبیعی ساده ، ظاهراً تردید نمیتوان کرد .

پیشرفت شعر فــارسی عروضی در دولت صفاریــان و مخصوصاً سامانیان و ترتیب شاهنامه‌های منظوم و منثور و داستانها و منظومه‌های مختلف وانشاء ومصنفات گوناگون دربارۀ تاریخ ومذاهب و فرهنگ و

است. درگفتگو با بسیاری از روشنفکران کنونی، غالباً با یکی ازاین دو عقیدهٔ متناقض نسبت بگذشتهٔ ایران روبرو می‌شویم. گروهی همه فضایل قوم ایرانی را درهمهٔ دورانها انکار میکنند. شاید تجربه‌های تلخی که درعمر خود اندوخته‌اند آنان را دراتخاذ این عقیده یاری کرده‌است گروهی دیگر با تعصب و غلو به سوابق تاریخی‌ای مینازند که چندان شایسته نازش نیست. این امرکه خشایارشا بردریا تازیانه زد، یا شاپور کتف اعراب راسوراخ کرد، یا نادر تا قلب هندوستان پیش رفت، برای کودکان دبستان روایتی دلنشین میتواند بود. اما بخودی خود بر ای قوم ایرانی مایهٔ مباهاتی نیست. اگرسره و ناسره‌های تاریخ ازهم جدا شده بود، این عقیدهٔ ناروا در میان عده‌ای شیوع نمی‌یافت که برای هم آهنگی با دنیای جدید باید ازگذشتهٔ خود ببریم و لای لای افتخارات پیشین که ما را درخواب نگاه داشته، ازگوش بدرکنیم. اگر منظور از افتخارات پیشین کشورگشائیها ویا شقاوتهای بعضی ازامیران قدیم ایران است، پس باید گفت که تاریخی درجهان درخشانتر ازتاریخ قوم مغول نیست. اما اگر مقصود سرمایه‌های معنوی و فرهنگی ماست چون آنها را از دست بنهیم دیگر برای ما چه خواهد ماند؟ آنگاه ما خواهیم ماند و سرزمینی ناآباد، با مشتی مردم فقیر ورنجور که سرهائی دارند انباشته از اوهام وخرافات ودستهائی که تنها هنر آن بیل زدن است.

اگر گمان بریم که کهنگی کشور ایران مانع میگرددکه ما نوشویم و بانیازمندیهای دنیای امروزهماهنگی یابیم اشتباه بزرگی‌است. برعکس گذشتهٔ بارور کشور ما پایه محکمی است برای آنکه ستونهای آینده بر آن قرارگیرد. ما هرچه دراقتباس تمدن وعلم وفن جدید بیشتر بکوشیم بیشتر احتیاج خواهیم داشت که ازگذشتهٔ خود مدد ونیرو بگیریم برای آنکه دردنیای ماشینی ویکنواخت وسرد احساس غربت و دلزدگی و ملال نکنیم. ازسوی دیگر، ذخائر فکری و معنوی کشور ما، کارنامهٔ

چندین هزار سالهٔ پدران ما وشرح مردانگیها و کوششها و خطاها و شکستها وتوفیقهای آنان مارا برمی‌انگیزد که ایران را بدانگونه که شایستهٔ نام بلند او و مقتضای دنیای امروز است بسازیم . ایران سزاوار آنست که خوشبخت وسرفراز باشد وبرای آنکه خوشبخت وسرفراز گردد، باید هم بخود وفادار بماند وهم به استیلای علم بر جهان کنونی ایمان بیاورد ودر آموختن آنچه نمیداند غفلت نورزد. ما فرزندان کنونی ایران موهبت آنرا یافته‌ایم که در یکی از دورانهای رستاخیز این کشور زندگی کنیم. این امرهم موهبتی است و هم مسئولیتی گران بر شانهٔ ما مینهد. نخستین نشانهٔ توجه باین مسئولیت آنست که امیدوار بمانیم وصبور باشیم .

۱۲
تربیت حقیقی

کلمهٔ حقیقت آن طنین باشکوه و هیبت انگیزی را که در گوش سقراط و یاران او داشت در زمان ما از دست داده است. البته لفظ حقیقت را بکار میبریم ، اما بمعنائیکه در فلسفهٔ سقراطی مجاز نامیده میشود . سوفسطائیان نیز فرقی بین حقیقت و مجاز نمی‌یافتند و از این حیث شاید هیچیک از ادوار تاریخ باندازهٔ دوران ما بزمان سوفسطائیان نزدیك نباشد. در درسهای تاریخ و فلسفه همواره احساس کرده‌ام که دانشجویان بسخنان سوفسطائیان رغبت بیشتری دارند و غالباً اظهار کرده‌اند دعوی سوفسطائیان بیشتر مورد پسند و مقبول خاطرشان است تا سخنان حکما . این تمایل که بسیار عمومی است و در طبقات مختلف اجتماع از عالم و هنرمند و روحانی و سیاستمدار وجود دارد برای عالم انسانیت خطرناك است، زیرا چنانکه سقراط می‌گفت سعادت در فضیلت است و فضیلت هم با تذکر حقیقت در آدمی پیدا میشود . حال این حقیقت چیست که امروز از آن جـز لفظی نمانده است که آنهم بیشتر نابجا بکار برده میشود؟ جواب باین پرسش به اصطلاح سهل و ممتنع است ، زیرا حکمای حقیقی حقیقت را تعریف نکرده‌اند بلکه نوعی تجـربهٔ عمیق انسانی را برای تـذکر آن بیاری طلبیده‌اند. ممکن است گفته شود که حقیقت را از دیرباز مطابقت فکر با واقع تعریف کرده‌اند . لیکن باید متوجه بود که مطابقت فکر بـا واقع دلالت بر حقیقت نسبی میکند که همان مجاز است. مثالی مطلب را روشن می‌سازد: فرضاً اگر کسی امروز فکر کند که اتم تجزیه ناپذیر است، چون فکر او مطابق با واقع نیست گوئیم دور از حقیقت است ؛ ولی در قـرن گذشته تجزیه ناپذیری اتم حقیقت تلقی میشد . بشر بکمك علم و تجربه سعی میکند که همواره فکر خود را با واقع منطبق سازد و هرچه این مطابقت دقیق‌تر و کاملتر باشد علم جلوتر و قدرت انسان در تصرف ماده بیشتر است

اندکی تأمل معلوم میدارد که کلمه مطابقت در تعریف مذکور دلالت بر رابطه‌ای میکند که یك طرف آن فکر و طرف دیگر آن امور واقع است پس هروقت سخن ازمطابقت فکرباواقع باشد نسبت یا این اضافه موجود است و بنابراین حقیقت مورد نظر حقیقت نسبی یا اضافی خواهد بود. اماحقیقتی که دراینجا مراد است همانا حقیقت هستی است که در آن تمام اضافات یانسبتها ساقط میشوند؛ بعبارت دیگر ادراك حقیقت یاشاید بهتر باشد بگوئیم احساس حقیقت آن احساسی است که درطی آن برای یك لحظه تمام واقعیات از بی نهایت کوچك تا بی نهایت بزرگ در راز بی‌پایان هستی فرو می‌رود واحساسی جزاحساس هستی، دربرابر نیستی، باقی نمیماند. در آن لحظه انسان احساس میکند که کوه وصحرا، زمین آسمان، موجودات جاندار و بیجان ، همه وهمه طفیل هستی مطلقند ، یا بتشبیه افلاطون سایه هائی هستند ازهستی که در آغوش نیستی جاگرفته‌اند. آدمی بین هستی وحقیقی وسایه‌ها سرگردان است واین سرگردانی بعلت آزادی اوست. این آزادی بحدی است که گاه انسان هستی حقیقی را انکار میکند و فقط بسایه‌ها خاطر خویش را مشغول میدارد . درجائی این کلام زیبا و پرمعنی را از تاگور خواندم : «سپاس خدائی راکه بمن آزادی داد تا اورا انکار کنم» اما همه مانند تاگور نمیدانند که انکار هستی ناشی ازآزادی انسان است، واگر باآنان ازآزادی سخن گویند درانکار آن اصرار میورزند.

این جهل آدمی نسبت بسرنوشت خود باعث میشود که از هستی حقیقی روی بگرداند وسعادت خودرا تنها درمیان سایه‌ها جستجو کند . تجربه نشان داده است که توجه انسان بحقیقت عمل نیك را درحیات او ضمانت میکند : عمل نیك بمعنی حقیقی آلوده با اغراض سودجویانه و جاه‌طلبانه اجتماعی نیست، وافراد یك جامعه فقط در پرتو خیری که دور ازشائبه سود جوئی وخود پرستی باشد ممکن است بسعادت نائل آیند .

علمای اهل مجاز این نحو فکرراجزء خرافات میدانند و معتقدندکه خیر وشر امری است اجتماعی که مبنائی جز سود وزیان ندارد . سوفسطائیان زمان سقراط نیز برای خیر یابرای حقیقت ملاکی جزنفع شخصی نمی‌شناختند وبجوانان می‌آموختندکه چگونه بنام خیریابنام حقیقت درجلب لذت ومنفعت کوشش کنند. سوفسطائیان زمان ما میگویند عمل‌خیرعملی است‌که بسود اکثریت باشد وگمان دارندکه باین ترتیب سودجوئی را ازشائبه خودپرستی‌نجات داده‌اند. حال ببینیم آنان‌برای تأمین‌چنین‌منظور نوع پرستانه‌ای چه راهی پیشنهاد میکنند . آنها میگویند ازطریق تربیت باید افراد یك اجتماع را چنان ساخت که همواره سود اکثریت‌را درنظر داشته باشند . بحث درطرق تربیتی آنان دراینجا منظورنیست؛ طریقه‌هر چه باشد، بالاخره مقصود اینست که فرد را متناسب باهدفهای اجتماعی بسازند . بحث دراینستکه تمنای ساختن فرد متضمن‌تناقض است. زیرا ازیکطرف آدمی ذاتاً آزاداست وازطرف دیگر کسی‌را بمیل‌خودساختن باآزادی او منافات دارد . البته‌کسانیکه منکر آزادی فرد بمعنی‌عمیق‌آن هستند باین تناقض توجه ندارند . درنتیجه ، هرچندکلمه تربیت را بکار میبرند اما در حقیقت مقصود آنان همان ساختن وبمیل خود درآوردن است و از تربیت‌کم و بیش همان چیزی را انتظار دارندکه در تربیت حیوانات مورد انتظار است . همین اشتراك لفظ تربیت در مورد انسان وحیوان خود دلالت برخلط مسائل میکند. درهرحال ، از آنجاکه ذات انسان درآزاد بودن‌است وبقول یك‌فیلسوف بزرگ معاصر«انسان‌محکوم است باینکه آزاد باشد» هرگز ازاین طریق نمیتوان هدفهای عالی‌تربیتی را متحقق ساخت زیرا کسیکه بمبانی متعالی اخلاق توجه ندارد . در لحظاتی‌که آزادی خودرا احساس میکند معلوم نیست که بنفع اکثریت تصمیم بگیرد. البته با ایجاد عادت در افراد ممکن است پاره‌ای افعال و

حرکات مطلوب را درشرایط خاصی از آنان انتظارداشت ، ولی کسانیکه صلاح وفساد جامعه باعمال وافعالشان بستگی دارد معمولا درچهاردیوار عادیات نمیتوانند محصور بمانند . در اینجاست که باید بمعنی آزادی و اهمیت آن بیشتر توجه کرد، اما باکمال تأسف ملاحظه میکنیم که تمایلات عده‌ای از دانشمندان عصرما درجهت نفی آزادی انسان است ، یا لااقل این تمنی در آن هست که روزی علوم مختلف ازفیزیك و شیمی تا روان-شناسی وجامعه شناسی دست بدست هم داده در وجود انسان بعنوان یك ماشین پیچیده بمیل خود تصرف کنند . البته این جز تمنای محال چیزی نیست، لکن نشانهٔ خطر است، نشانه آنستکه جهل انسان نسبت بحقیقت، خود بیش از پیش او را بمرحلهٔ سقوط نزدیك میکند . انسان را نمیتوان ساخت . انسان را باید بمعنای انسانیت واقف ساخت . دراین‌صورت‌هر کس ارزشهای اخلاقی را با توجه بمبانی متعالی آنها خود آزادانه انتخاب میکند . چنانچه سقراط میگفت فضیلت آموختنی نیست بلکه با تذکر حقیقت تحقق پیدا میکند . کسانیکه میخواهند حقیقةً افراد را تربیت کنند باید سعی کنند که موجبات این تذکررا فراهم آورند . فلسفه وقتی‌ارزش‌دارد که وسیله‌ای برای‌تذکر حقیقت‌باشد. درادوار گذشته‌انبیاء بشررا بسوی حقیقت رهبری میکردند ، اما دوران انبیاءِ سرآمده است و تنها وسیله‌ایکه ممکن است امروز بندای اهل حقیقت قوت تأثیر بخشید فلسفه است . ممکن‌است گفته شود کدام فلسفه ! مگربتعداد فلاسفه فلسفه وجود ندارد؟ اندکی توجه معلوم میدارد که تمام فلسفه‌های عالم با وجود تنوع بسیار وتشتت آراء بالاخره بدو دسته بزرگ تقسیم میشوند. دسته‌ای بنحوی از انحاء بین حقیقت ومجاز فرق میگذارند ودسته دیگرحقیقت و مجاز را خلط میکنند . بدیهی است که در اینجا مقصود فلسفه‌هائی است که انسان را ازحقیقت آگاه میکنند وهمهٔ آنها سرچشمهٔ واحدی دارندکه

درعمق وجود هر کس پنهان است ، و بلحاظ تاریخی نیز از زمان‌های بسیارقدیم باحکمای یونان باستان درمغرب و با حکمای چین وهند در مشرق سرچشمه مزبور فیضان کرده و آثار معنوی بر آن مترتب گشته است . برای تذکر حقیقت باید باین سرچشمهٔ واحد رجوع کرد که دو جنبه دارد : یکی اینکه هر کس بعمق هستی خود رجوع کند و دیگر اینکه ازخلال تاریخ مبادی تفکر بشر را باز یابد . اینکه برای تحقق این‌هدف چه برنامه‌ای‌را باید اجرا کرد ودرمراحل‌مختلف عمر آدمی که یك قسمت آن از دبستان تا دانشگاه میگذرد چه تکنیکی را باید برای حصول این منظور بکار برد درخور بحث و رسیدگی جداگانه است . فقط اجمالاً ذکر این نکته لازم است که تکنیك تربیتی بهر صورتی که باشد نمی‌توان و نباید توقع داشت که همه افراد یك جامعه از تربیت حقیقی برخوردار شوند واهل حقیقت‌گردند؛ همینکه خواص فکری‌یك اجتماع تربیت صحیح یافته باشند عوام نیزازآنان پیروی خواهند کرد.

دراجتماع امروزی ما ازهرموقع دیگرلزوم فلسفه بیشتر احساس میشود. خوشبختانه ادبیات قدیم زبان فارسی نیزگنجینه معانی است و بسهم خود ممکن‌است درتربیت جوانان کشورما بسیارمؤثرباشد. تدریس فلسفه وتعلیم ادبیات قدیم فارسی نباید اختصاص بدانشکده‌های ادبیات داشته باشد ، بلکه باید در تمام دانشگاههای ایران مورد استفاده تمام دانشجویان واقع شود . البته رشته فلسفه یا رشته ادبیات رشته های تخصصی است ولی میتوان درس فلسفه و ادبیات فارسی را بدون جنبهٔ تخصصی آنها درتمام دانشگاههای ایران عمومی کرد . متأسفانه کسانی پیدا میشوندکه باکمال قدرت بااین طرز مخالفت میکنند . امروزه رسم شده است که هر کس تصدی امور دانشجویان و دانش آموزان را پیدا میکند اول با معارف حقیقی دشمنی میورزد و در کوبیدن آنچه اساس زندگی ملت است میکوشد و این شیوه را نشانه ترقی خواهی

میشمارد. اصولا تصدی امور تحصیلی و تربیتی چه دانشگاهی و چه فرهنگی باید بعهده کسانی باشد که درد حقیقت داشته باشند، نه کسانی که دردی جز تظاهر ندارند و به سنن معنوی تاریخ خود بیگانه‌اند و عوامانه کلمهٔ علم را همواره تکرار میکنند.

امروز بیش ازهرموقع دیگرما احتیاج باحیاء وتذکرسنن معنوی خود داریم. ازاینکه تربیت اروپائی ویا امریکائی‌را بعاریت گیریم طرفی نخواهیم بست. اخیراً اروپـا احساس احتیاج کـرده است بـاینکه از معنویات قدیم شرق الهام گیرد، و باین جهت توجه مخصوص بفلسفهٔ چین وهند دراروپا پیدا شده است. آنان میدانندکه علم وصنعت برای بشر لازم ومفید است ولی دیگر مثل قرن گذشته براین گمان نیستندکه سعادت را فقط درعلم و صنعت باید جستجو کرد. فقدان معنویت آنان را نیز رنج میدهد وهم اکنون بزرگان متفکران آنـان با شدت و قوت هرچه بیشتر خطرناشی ازعدم‌معنویت را اعلام میکنند. آگاهی ازخطر شاید هنوز درآمریکا بآن شدت وقوت نرسیده است وعدم تربیت حقیقی در آن دیار نیز آثـار شوم خودرا بروز داده است. آمریکائیان باوجود امکانات علمی و صنعتی حیرت‌آور، از یك خلاء عمیق و دردنـاك در زندگی خود رنج میبرند و برای پر کردن این خـلاء هرروز رقصهای عجیب وغریب اختراع میکنند وسرگرمیهای مخصوص وبی‌سابقه برای خود تهیه می‌بینند. ولی خلاء همواره عمیق‌تر ودردناك تر میشود. آمار نشان داده است که بیماریهای روانی درآمریکا روزافـزون است، زیرا سلامت نفس بامعنویت رابطه مسقیم دارد. چون تربیت آمریکائی سراسر معطوف بمجاز است، متأسفانه دلسوزیهای آنان برای کشورهائی که به اصطلاح خودشان توسعه نیافته یا در حـال توسعه‌اند منتهی بـه نتایج نامطلوب و زیان بخش میشود. یونسکو که مؤسسه‌ای تربیتی و علمی و

فرهنگی است مهمترین کاری که میتواند انجام دهد این است که زیان اقتباسهای نابجا را در دانشگاهها و مدارس نشان دهد و تحمیلات فرهنگی ملل عضو را نسبت بیکدیگر تقبیح نماید و بموازات مساعدتهای علمی و صنعتی، کشورهای عضو را یاری کند که هدفهای عالی تربیتی را با تذکر حقیقت و معنویت متحقق سازند ، بطوریکه افراد هر ملت آزادانه و با توجه بارزشهای حقیقی بقاء و سعادت خود را تضمین نمایند.

۱۳

شب شبانان

ازسبزه‌های نوخیزو گلهای خودرو ، مثل اینکه برتپه‌ها وماهورها مخمل سبز گلدار گسترده باشند؛ اینجاو آنجا، تك وتو کی شقایق‌وحشی، ازلابلای بوته‌های‌گون سر کشیده ، با نوازش نسیم خواب و بیدار می‌شوند. تنگ غروب است. گوسفندان برای شبچر میروند ؛ بره‌های‌نقلی که بآسمان‌گدار رسیده‌اند، مانند قوهائی‌هستند که دورادور در دریاچه‌ای شناور باشند. سگ گرگ‌کش گله، شیر آسا ، مغرور وخونسرد، پابپای چوپان یل ؛که چوبی بلند در دست دارد، بهوای گله می‌آید . آن دور دورها،کوههای پرعظمت، عبوس وسهمگین برپا ایستاده، چون‌دیواری پولادین ، بدور بیابان‌کشیده‌اند ؛ درسکوت آرامبخش شامگاه ، زنگ گوسفند پیش‌آهنگ ، آهنگی دلنشین دارد .

ابری تنك ونارنجی ، آسمان بی‌ستاره را جابجا پوشانده ، وبآن میماند که حریری پاره‌پاره ، بر آئینه‌ای روشن فرو افتاده باشد. خورشید دیگر دیده نمیشود ، هرلحظه رنگ ابرها میگردد؛ ستارگان ، نخست ، تك‌تك ، کمی بعد چندتا چندتا ، و دست آخر دسته جمعی پدیدار می‌گردند . ابر پاره‌ها بهم پیوسته وتا یکپارچه شدند شتابـان پشت‌کوهها میگریزند. شبی است تاریکماه ، آسمان سیاهی میزند واین‌گوشهٔ زمین که گوسفندان آن را اشغال کرده‌اند سپیدی ؛ ستارگان کـه چشم ماه را دور دیده‌اند وازخورشیدهم تا بامداد دیگر خاطرشان جمع است، برای خود بیا و بروی دارند جلوه‌ها میفروشند و بیکدیگر چشمکهای رندانه میزنند ؛ مثل شبهای مهتاب نیست که سوسو بزنند ونتوانند خودی نشان دهند . هفت برادران ، این برادران هم‌پشت و وفادار ،که میلیونها سال است جمعشان پراکنده نشده وبزرگترین آنان رهنمای گمگشتگان‌است برپیشانی آسمان میدرخشند وبعبث بخاکیان درس برادری میدهند.

نسیم ملایم بهار، که ازباغهای دوردست وناشناس، بوی شکوفهٔ بادام با خود می‌آورد نرم نرم میوزد و بهوای سبك تـأثیر شراب کهن می‌بخشد.

شقایق‌های خودرو، که نزدیك غروب مشعل‌وار میسوختند وحقهٔ آنها چون‌گلهای آتش میدرخشید؛ اکنون درتاریکی شب فرورفته‌اند. طبیعت دست نخورده است ودیگرهیچ، حتی ازآن کلبه‌های روستائی و درختان سربهم آورده، که نشان آبادانی است اثری پیدا نیست. اینجا جائی است که شاید پای آدمیزاد بآن نرسیده باشد، نه دیواری است که مال من وتو را سوا، ونه برج وباروئی، تاسازندگان را درخودمحصور کند وچون دشمنان خونی ازیکدیگربرحذر دارد. فضائی است بـاز و گشاده، که همه را بامنت میپذیرد واحدی را بنفرت نمیراند. گوسفندان همانطور که آهسته میروند خوش میچرند؛ علفهای تردوتازه را بدم در میکشند و صدای جویدن خوشایندشان، به سکوت سنگین شب حـالی میدهد؛ به‌اعتماد سگ پاسبان، ایمن ازگرگند وبه اطمینان چوپان، فارغ ازگرگان‌آدم‌نما. «شیری» آن سگ باوفا وگرگ افکن، تاصدای‌بع‌بعی شنید پارس میکند که تامن هستم ازگرگان نهراسید وشبان بیدارودلسوز؛ تاگوسفندی واماند، کلیم آسا، درآغوشش میکشد و نوازش میکند که تا من باشم ازواماندن شرمسار نباشید.

پاسی ازشب میگذرد، گله خیلی راه آمده است، بیابانها ودره‌ها وتپه‌هارا پشت سرگذاشته، واینك بکوههای دوردست نزدیك شده‌است. کوهپایه‌ها، جای گله خواباندن است وهنوز تاآنجا بپای گوسفندان، که عجله‌ای ندارند وخوش‌خوش‌میخرامند ساعتی‌چند راه است. ساعت شبانان ستارگان‌آسمانند، ساعتهائی دقیق و راستگو که نه گم میشوند و نه میخوابند، نه‌عیب میکنند ونه‌کوك میخواهند. هرشبانی با برآمدن

ستاره‌ای معین ، کاری بخصوص انجام میدهد ؛ گله را حرکت میدهد یا قاش میکند ؛ طلوع وغروب ستارگان، برای شبانان معنائی دارد؛ چشم آنان بعالم بالاست ، از آسمان دستور میگیرند وسرخود یکقدم برنمی‌دارند. طبع بلندشان ازهمچون خودی فرمان پذیرنیست ، مردانی‌هستند آزاده و کله شق و بهر آستانی سرفرود نمی‌آورند . خوب میدانند، کله گنده‌ها مغزهائی کوچك دارند وپیروی آنان شرط عقل نیست . آنها که خود گمراهند کجا میتوانند دلیل راه دیگری باشند. نیمه شب که گذشت گله بپای کوه میرسد ؛ اینجا دیگر کوههای سربفلك برده بالای سرند ، صخره‌های مهیب وغارهای دهان گشوده جلالی جبروتی دارند ؛ قدرت پیغمبری میخواهد اینها را ببیند و خودرا نبازد. پیمبرانندکه شبگیر با پاهای استوار برفراز کوهها برمیآیند ، در دل غارها فرو می‌روند ، بر صخره‌ها می‌نشینند وشب زنده‌داری میکنند . اگر شبانان همکار پیمبران نبودند، کجا زهرهٔ آن داشتند گله‌ای را سینه‌کنند و تن تنها با مسئولیتی چنین بزرگ ، بسرزمینهای ناآشنا قدم‌گذارند.

شبان‌گله‌را خوابانده وآتشی بزرگ برافروخته‌است، گوئی آتش موسی است‌که ازپای کوه زبانه میکشد وسینهٔ ظلمت را میشکافد. شیری چون سگ اصحاب کهف ، مغرور وبی‌اعتنا روبروی شبان برپهلو خفته وسر درشت وگردن پریالش را روی دستهای کلفت وقوی گذاشته است وچشمان مطیع وشرربارش راکه انعکاس‌شعله در آن می‌رقصد بصاحبش دوخته است. شبان از کوله‌بار، نانی کماج بامشکچه‌ای ماست وگنده‌ای خمیر بیرون می‌آورد ، گنده را پیش سگ میاندازد ، شیری طعمه خود را درکمال سیردلی بدون آنکه ازجایش بجنبد میخورد وچوپان خود، ماست راکه کره کرده‌است درکاسه‌ای چوبین سرازیرونیمی ازنان‌کماج را تلیت میکند وبا اشتهای تمام بخوردن می‌پردازد .

شعله های آتش فرو کش کـرده است؛ چوپان چون از خوردن فراغت یافت، کیسه توتونی مخملین ازجیب و چپقی سرنقره ازپر شال بیرون میکشد، سرصبر چپق را چاق میکند وبا انبرکی ظریف که بـا قیطان بکیسه بند است، آتشی بدرشتی دانه انار برمیگیرد و وسط سره میگذارد، دودی میگیرد، چپق‌را تکان میدهد وبه پرشال میزند و نی‌هفت بندش را ازپر شال بیرون کشیده لای دندانهای پیشین گیر میدهد؛ چند لحظه‌ای نی خاموش میماند و یکدفعه آتش بجانش می‌افتد؛ نوای پر تأثیر نی باناله‌های بم وزیر، در زوایای کوه که آرامگاه دام ودد است؛ می‌پیچد واین نغمهٔ جاودان که ابتدا و انتهایش نـاپیداست جان همه را تسخیر میکند. زبان دنیائی نی راکیست که نفهمد و یا اگر درنیافت به اندازهٔ فهم خود تعبیر وتفسیرنکند؟ جذبات نی شورافکن درنیمشبان، آنهم اگرشبانان نوازنده‌باشند، تأثیری دیگر وشوری‌دارد که شوریدگان را بعالمی دیگرمیبرد.

گوسفندان خوابند و چوپان نی نواز برایشان لالائی میخواند، بیداری اوست که باینها جرئت خفتن میدهد؛ شبان خواب گله‌اش‌طعمه گرگان بیدار است. سگ پاسبان‌هم باگوشهای تیرکرده، چهار چشمی مواظب اطراف است و درکمین دزدان. شبان هوس میکند بخواند، نی‌را ازلب برمیگیرد وبا صدائی مردانه ودلنشین، بیاد نامزد سیه‌چشم وسپید دندانش، یك دوبیتی بآهنگ سرکوهی برمیخواند:

قد سروت بلرزون تا ببینم   رخ ماهت بگردون تا ببینم
شنیدم زیرلب مرواری داری   لب لعلت بخندون تا ببینم

ولبخندی ازروی رضایتمندی که نشان عشقی پاك و دوسره است برلبش میرسد وباز بالحنی گیراتر، صدایش را بلند میکند:

چه خوش بی مهربونی هر دو سر بی
که یکسر مهربونی درد سر بی

... ناگهان، فرفر اتومبیلی که در چند فرسنگی چراغهایش سوسو میزند، بگوش شبان میرسد؛ آهنگ را با اخم و از روی بی‌میلی عوض میکند، صدایش را پائین می‌آورد و ناشیانه میخواند:

ماشین از بار مینالـه و من از دل عزیزم ـ بیا هر دو بنالیم تا. . . .
بمنزل نرسیده، راهش را برمیگرداند و از صدای خود، مثل اینکه صدای ناآشنای دیگری است، یکه میخورد و تا چند دقیقه‌ای هرچه میکنـد آهنگ سرکوهی و یکخط از آن دو بیتی‌های آشنا بذهنش نمیرسد. ناچار خاموش میماند و بتودهٔ خاکستر که یادگار شعله‌های یکساعت پیش است ماتش میبرد. از خود خجالت میکشد، بگلو و زبان دیگر اعتماد ندارد، دستش بی‌اختیار بسوی نی میرود تا از این آتش زبان، ماجرای دل خود را که میداند در آن چه میگذرد و برزبان آوردن نمیتواند، بشنود؛ نی نغمه سر میدهد و جز یک حرف که بارها تکرار میکند تا تأثیرش را بچشاند چیزی دیگر نمیگوید: «خلق را تقلیدشان بر باد داد.»

شبانان، دو ساعتی بیش خواب ندارند و آنرا هم باید درخواب و بیدار بگذرانند، مبادا گرگان غافل کنند و شبیخون زنند. شبان نگاهی بآسمان می‌اندازد و میبیند ستارهٔ خواب دارد روپنهان میکند، گله را به شیری می‌سپارد و نمد را بر سر میکشد. شیری حس میکند جای خفتن نیست و حالا پاسداری باخودش تنهاست؛ بچابکی یک گربه، آن سگ تنومند از جا میجهد و گـرداگـرد گله میگـردد؛ مثل اینکه آنهمه چشمهای خواب چشمانش را بازتر و بیدارتر کرده است. خوب، که گشتهایش را زد و خاطر جمع شد، اطراف امن و امان است بر صخره‌ای سپید، که مسلط بر گله است برروی دو پا می‌نشیند دمش را بپهلو می‌چسباند و دستهایش را جفت ستون میکند؛ بمجسمه مرمر شیری میماند که همانجا پیکر تراشی هنرمند، یکعمر زحمت کشیده و پیکر شیری از دل کوه بیرون آورده باشد.

هوا که گرگ ومیش شد، یکدفعه درگله و لوله میافتدگوئی‌سیلی عظیم که تمام آن کف باشد دارد موج میزند. گوسفندان زبان بسته، خواب زده و هــراسان، درهم میدوند؛ شاخهـایشان بهم گیر میکند، غوغائی عجیب راه میافتد، صدای بع‌بع است که ازهرطرف بلنداست. گرگی خونخوار به‌گله زده وگوسفندی را ربوده است، صدای غیهٔشبان که چوبدستش را درهوا بچرخ آورده، شیری را پی درپی آوازمیدهد درکوهها پیچیده است واز شیری خبری نیست. گوسفندان بربرشده و هردسته بسوئی میگریزند، چوپان سراسیمه، ازاین سو بآنسو میدود و پشت سرهم غیه میکشد. ناگاه سگ شیر صفت با دهان خون‌آلود پیدا میشود و باز غیبش میزند. شبان با چند خیزبسك رسا میکند و می‌بیند شیری شکم گرگی را سفره کرده، بره زخمی را رهانده وبـالای سرش ایستاده است، له‌له میزند ودم می‌جنباند، چوپان دستش را دریال‌سگ فرومیبرد ومیگوید سرت را بنازم که گرگ هفتمی‌را خوب کشتی؛ آنگاه گوسفند از دهان گرگ گرفته را، که هنوز میلرزد برمیگیرد وبا شیری بسوی گله بازمیگردد.

ستارهٔ صبح که دمید، شبان گله را راه میاندازد؛ درهوای تاریك روشن گوسفندان چراکنان آرام و بی‌صدا درحرکتند، چوپان بره در بغل نرم‌نرم «بشم واشم بشم دنیاد درشم» میخواند و شیری که جلوجلو می‌رود پوزهٔ خون آلودش را میلیسد. هنوز سپیده نکشیده است؛ کوهها و دره‌ها حالی پرابهام دارند، نسیمی خنك که سردی خوشایندی دارد، میوزد وستارگان کمکم روپنهان میکنند.

سپیده که دمید وستارهٔ صبح در رفت گله به‌آبگاه می‌رسد. درته دره‌ای، محصور درکوههای عظیم چشمه‌ای میجوشد؛ جوئی باریك و استخری کوچك با یك درخت کهنسال وچند نهال تازه نشانده، درته‌دره افتاده است وسبزی میزند. گوسفندان تشنه از دامنه سرازیر میشوند و با

دیدن آب چون مرغابیان بی آبی کشیده ، بال درمی آورند وخود را با دو
بآبشخور می رسانند. بهم تنه وشاخ میزنند ، گرد وخاك و آب را گل آلود
میکنند ، هر یك میکوشد از لای دست و پای دیگر زودتر رفع عطش
کند . تا در بیابان فراخ بودند وعلف برای همه بود؛ نه میدویدند ، نه
هول میزدند ، نه همدیگر را هل میدادند ، علفها پامال نمیشد وهرکدام
بقدر شکم سرصبر سهم خودش را میخورد . شبان که از دور نگران است
اینها را می بیند ودلش میگیرد از گوسفند قانع تــر و بی آزارتری سراغ
نداشت و حالا باچشم خود می بیند قناعت و بی آزاری افسانه ای بیش
نیست . باز هم بسگ ، که میگذارد دست آخر وقتی گوسفندان خوب
سیراب واز آب گلی زده شدند سروقت آب میرود، سگ که با آنهمه
طفره و تقلا ، طبعاً باید تشنه تر از گله بــاشد چون باستخر می رسد بی
دستپاچگی زبان نازك وخوش رنگش را بیرون می آورد ، چند لحظه ای
در آب ملچ ملچی راه میاندازد وبعد کمی آنطرفتر زیر درخت میخسبد.
شبان که هنوز برهٔ زخمی را دربغل دارد بی شتاب بسرچشمه نزدیك می-
شود ، به گوسفند ترسیده آب میخوراند ، آنرا پهلوی سگ برزمین می-
گذارد وخودهم با کف دست جرعه ای چند آب گوارا از چشمه نوشیده
همانجا می نشیند ویکچند فکری در چشمهٔ جوشان مینگرد؛ آنگاه آستین-
های گشاد قبایش را براحتی تا بازو بالا میزند ، دو ساعد مردانه ورزیده
نمایــان میگردد ، وضو میگیرد و برتخته سنگی صاف و پــاك به نماز
می ایستد .

روشنائی بر تاریکی چیره شده وهــوای اثیری بامداد عیسی دم
است ، نسیمی بس فرحبخش که جان را بوجد می آورد دروزش است
وآیات رحمت از هرسو هویداست . آسمان آئینهٔ سان میدرخشد وزمین
هرچه دارد بربساطی زمردین گسترده است تا آنانکه چشمی دارند ببینند

این تیره خاکدان هم چیزها دارد، جای زندگی است وازاین همه‌زیبائی دیده فروبستن شرط بندگی نیست. شبان بی‌خبر ازدنیا ومافیها بامعبود خود در راز ونیاز است ، گوسفندان هرسو پراکنده‌اند ، سگ آسوده وراحت درازکشیده وبره زخمی باچشمانی حق شناس اورا مینگرد.

نماز پراخلاص‌شبان تمام شده‌است. گله راهی میشود؛گوسفندان سیراب با نشاطی هرچه تمامتر میچمند ، شیری پسابپای گله میخرامد ، چادر سیاه شب چاك شده و در سپیدی صبح چادرهای شبرنگ صحرا- نشینان ازدور نمایان میگردد که خورشید سرمیزند .

شب شبانان با طلوع آفتاب پایان می‌یابد

۱۴

از منشآت قائم‌مقام تا خسی درمیقات

دربار پرطمطراق فتحعلیشاه هرچند شکوه وجلال بارگاه محمود غزنوی را نداشت ولی وجه تشابهی درآنمیان مشهوداست هردوجولان‌گاه شعرای نامدار ومجمع اهل قلم بود؛ گواینکه شهنشاه نامهٔ‌فتحعلی خان صبا ـ ملك‌الشعرای فتحعلیشاه ـ باهمه تاخت وتازش بگردشاهنامه فردوسی هم نمی‌رسد،همینقدر می‌رساندکه تقلید از آثار قدما و احیاء عظمت دیرین ، مطمح نظربوده است. البته درین عصر دنیا دنیائی‌دیگر بود، چه‌کفه ترازوی قدرت باگذشت قرنها سبك سنگین‌شده وبت‌شکن دنیای‌نوین، بناپارت درعرصه اروپا ، یکه‌تازی میکرد. ایران‌که‌همسایه شمالی راحتش نمیگذاشت واز راه قفقاز با تهدید وتجاوز دردسرش میداد کم کم بصرافت افتاد که حریف میدان نیست واز قافله عقب‌است. فراگرفتن فنون و صنایع فرنگ امری است حیاتی و بایدش چاره‌ای اندیشید ناگزیر بامید مدد به ناپلئون متوسل شد ویك هیئت نظامی‌هفتاد نفری درسنهٔ ۱۲۲۲ قمری ازفرانسه بایران گسیل‌گردید تا تعلیمات‌جدید را بقشون ایران بیاموزد اینان دیری نپائیدند و رفتند و هیئتی انگلیسی جانشینشان گشت . این بود اولین برخورد تمدن مغرب زمین با ایران درعصر نوین و تمایل مداوم عباس میرزا ولیعهد روشن بین باخذ فنون وترویج صنایع فرنگ درین امر عاملی بس مؤثر بود.

این خیز اول چنان جهشی داشت‌که نویسنده‌ای بزیرکی جیمز موریه مصنف حاجی‌بابا را درکتاب دیگرش‌بنام سفری درایران‌بنوشتن چنین جمله‌ای وامیدارد :

« تحولات بزرگی که در ایران در رشته نظام بوقوع می‌پیوندد

بزودی چنان افکار و اخـلاق عموم را تکان خواهد دادکـه گر تو بینی نشناسیش باز».

حالا، پیش‌بینی حاجی بابا بنویس تا چه‌حد درست از آب‌درآمد بماندکه جای بحثش اینجا نیست اما جای حرف نیست که طبقه حاکمه را شکستهای ایران از روسیه بخود آورده و میدیدند اگـر دیـر بجنبند مقتضیات زمان چنانشان از پا درخواهد افکندکه دیگر برخاستن نخواهد توانست .

این بود که درمرحله اول باشوق و ولعی بیسابقه به مطالعه کتب فنی وسپاهی گرویدند و از میان شاهزادگان و درباریان آنان کـه چیزی سرشان میشدوزبانی میدانستند بترجمه کتب فرنگی پرداختند.

نیازی که بیکنوع تحول نظـامی و شاید هم اجتمـاعی وسیاسی احساس میشد دربیان مفاهیم فکری نیز بی‌تـأثیر نبود واز همان نخستین تماس‌مستقیم بافرنگ بذهن رجال ایران رسیدکه دیگر بسبك دره نـادره قلمفرسائی کردن برای خود و دیگران طـاقت فرساست باید بصراحت لهجه پرداخت واین جز با انشائی که ازقیود آزاد باشد میسرنگردد.

پس‌عجب نیست که سلطانی باکفایت چون آقا محمدخان مشوق شیوه‌ای نوین باشد . سرجان ملکم مینویسد « شاه اصرار داشت که مفاد فرامینش بزبانی ساده بیان‌گردد» همین مورخ میافزاید «وقتی منشیان با مقدمات موشح و مزین برداشت سخن میکردند چـه بسا سلطان با بی صبری تشرمیزدکه یاوه‌سرائیهارا نادیده انگارند وبیدرنگ باصل‌مطلب پردازند» .

فتحعلیشاه که ازحیث صورت و سیرت بعمو کوچکترین شباهتی نداشت اصراری درموجزگوئی نمیورزید ولی از آنجاکه خود هرچند شاعر واقعیش نتوان خواندست کم نظمی میسرود ودیوان خاقان می‌پرداخت مشوق وحامی شعرا ونویسندگان‌گشت وبزرگترین ادبای‌عصر

مقیم درگاهش بودند ازصبا گذشته ، نشاط ، وقایع نگار و گروسی و وصال را میتوان نام برد که هر کدامشان در دربار جاه ومنزلتی داشتند. اما درصدر آنان قائمقام جای دارد و هموست که پیشکسوت نهضت ـ ادبیش خوانده‌اند. بهمت همین چند نفر بود که انجمن‌های ادبی بر پا گشته وکارها روی پیکره‌ای افتاد. شاید دراهمیت این نهضت که بعضی هواخواهان احیاء کننده زبان‌فارسیش خوانده‌اند غلو شده باشد ولی‌بهر حال اولین قدمی بود که درجهتی معین برداشته میشد.

نثر فارسی در دوران شکوهش که قرن پنجم وششم هجری باشد شاهکارهائی چون قابوسنامه ، سفرنامه ، سیاست نامه ، کیمیای سعادت ، اسرارالتوحید وتذکرةالاولیاء بوجود آورده بود که در تمام آنها الفاظ برای‌ادای معانی است و کمتر کلمه‌ای نابجا میافتد. چنین نثری درنتیجه تأثیر ادبیات عرب جایش را به‌نثر مصنوع یامسجع داد که در آن بیشتر توجه بظاهر الفاظ است واگر بدست نااهل افتاد چه‌بسا کار بابتذال‌می‌کشد. راست است که نثرمسجع منافاتی بافصاحت ندارد و مرزبان نامه باروش مصنوع ومتکلف وافکار شاعرانـه‌اش از زیبائی و لطف بهره‌ور است و بهترین نمونه نثر موزون که گلستان باشد مشهورترین کتاب نثر فارسی‌است اما اگر کسی قلم سعدی‌را نداشت ولو قاآنی هم بودکارش به «پریشان» گوئی میکشد. سبك رایج مغولی‌هـم سبکی مصنوع بود و نمونه بارزآن تاریخ وصاف، نثرعهد تیموری و صفوی نیز گواینکه از تعقید تاحدی برکنارا ست ولی بطورکلی سست و نارساست. نثرمغلق و پیچیده در دورهٔ افشاریه و زندیه دیگر چنان بغرنج و متبذل است که خواننده را گیج وسر درگم کرده وذوق سلیم را میزند.

قائم‌مقام ویاران همقلمش درست موقعی قلم بدست گرفتند که نه تنها نثرفارسی از رونق نخستین افتاده بود بلکه سخن ناشناسان قلم در دست بالغات وترکیبات مغولی وترکی و تازی ، زبان شیوای فردوسی

و بیان منقح غزالی را مسخ کرده وچنان ترکتازی میکردندکه دیری نمانده بود خوان رنگین ، و از دیرباز گستردهٔ ادب پارسی یکسره به یغما رود .

منشآت قائم‌مقام، شهرتش را مدیون همین بموقع سررسیدن‌است درتاریخ ادب فارسی بعد ازمغول منشآتی نیست که تا این حد حائز اهمیت باشد واین از دونظر است که قائم‌مقام چون نظام‌الملك نه‌حاشیه نشین بلکه درمتن‌امور ملکی دخیل و کشورمداربود وبعضی‌نوشته‌هایش که نکات سیاسی وتاریخی‌را شامل است اگر بهمان ارزندگی سیاستنامه نباشد بدان موجب است که عصر فتحعلیشاهی با عهد ملکشاهی قابل قیاس‌نیست والا ازلحاظ کفایت وقدرت، قلم شاید قائم‌مقام ازنظام‌الملك دست‌کمی نداشت. جنبه دیگر؛ ارزش ادبی این‌منشآت است که مصنف آنرا ازمقام مراسله نویس صرف اعتلا داده وقائم‌مقام را درزمرهٔ‌بزرگ‌ترین نویسندگان ایران در ادوار اخیر بشمار آورده است .

سرمشق قائم‌مقام درنویسندگی سعدی است وپیداست که باستاد سخن ارادتی کامل دارد چنانکه خود دریکی از مراسلات‌کوتاهش به مناسبتی‌میگوید «همه گویند سخن، گفتن سعدی دگراست» چون‌استادش سعدی هرجا قائم‌مقام مقتضی دید نثر موزون میآورد ولی وقتی خواست موجزگوئی کند و بی پیرایه بنویسد بازهم نثرش سعدی‌وار است و فصاحت وسادگی را توأمان دارد چنانکه بوقایع نگار مینویسد « جاده خراسان را شما پیش پای ما گذاشتید حالا میفرمائید پول پارسالی هنوز نرسیده‌است.ما کجاواینجا کجا مرغ‌مسکین‌چه خبرداشت که‌گلزاری‌هست الحمدالله کارهای اینجا همه خوب است مگر اینکه نقد و غله هیچ بهم نمی‌رسد».

ویا درنامه دیگر بیکی ازدوستان «امشب اول شب مهمان بودم ،

مجمع که منقضی شد خسته و کوفته نیمه‌جانی بخانه رسید، کمری واشد رختخوابی میافتاد پرده بالا رفت دربرهم خورد، کسی داخل شد متوهم شدم ازجا جستم و گفتم چه خبر است گفت کدام خبر تازه‌تر ازین‌خواهد بود که میرزاها رفتند ومنزل رسیدند وتو هنوز قلم برنداشته‌ای و حرفی ننگاشته».

ازین موجزتر و درعین حـال رساتر ، بیان مقصود کار همه‌کس نیست .

وقتی هم قـائم‌مقام طبعش بنثر موزون میکشد گیرندگی کـلام و اختصار بیانش محفوظ میماند :

«حضرت ولیعهد تا حـال دنبال آکندن مال نرفته‌اند و این کار ، بسیار سهل گرفته‌اند حتی بخاصه وجود مبارك منتهای قناعت از مأکول وملبوس کنند وهرچه باشد صرف مدافعه روس ومحافظت ملك‌محروس سازند. امصار وقلاع را برانبار متاع مقدم دانند و هیچ‌گنج زر و دُر و گوهر را بایك جعبهٔ آلات حرب ویك کیسهٔ باروط وسرب برابرندانند» وتازه درین ادعا چندان مبالغه وتملقی هم درکار نیست که اغلب سیاحان بی‌تعارف اروپائی نیز نظرشان به عباس میرزاکم وبیش همین است.

ازخو شیـوا ترین‌نوشته‌های قائم‌مقام نثرتوصیفی اوست که‌بهترین نمونه آن درنامه بلند بالائی به برادرش میـرزا موسی منعکس است مفاد این‌نامه وصفی است که ازبی‌بند وباری درباریان وقت در روزسلام دقت قائم‌مقام را درجزئیات امور واخلاق واطوار مردم بخوبی‌میرساند وهم حاکی ازشوخ طبعی نویسنده‌ایست که در عین تشریفات پرطنطنه ، نکته‌های مضحك را دریافته ودر سلیس‌ترین سبکی انشاء میکند نامه را باید سراسرخواند تا لطفش‌را دریافت واین مختصرجای آنرا ندارد که حتی تکه‌ای برسبیل مسطوره عرضه‌گردد . خواندن چنین نـامه‌ای این فکر را پیش میآورد که اگر قائم‌مقام مجـالی داشت ومشهودات خودرا

بدین منوال بصورت کتابی درمیآورد ارزش ادبیش بجای خود محفوظ از لحاظ اجتماعی و آداب و رسوم وقت ، گویاترین کارنامه روز و در واقع آینه‌ای صافی بود که زشت و زیبائیها و سایـه روشنها تمام در آن نقش می‌بست . البته دورهٔ قائم‌مقام نه از آن دوره‌ها بود که تاب انتقاد واقعی‌راداشته باشدوخودهم معترف است که بایستی دست بعصا میرفت و در کاغذی که بمیرزا صادق مروزی نوشته است علناً میگوید «راستی یعنی چه ، درستی کجاست بی پرده گوئی چـرا ؟ پنهان خورید باده که تکفیر میکنند مردی که اینجا بی‌پرده وحجاب حرف بزند نادرتر از آن است که زنی در فرنگ با چادر و نقاب راه برود» پیداست قائم‌مقام دل پری داشته است و شمه‌ای بیش از آنچه میخواسته است بگوید نگفته است. ولی چندان بعید هم نیست مردی بشجاعت قائم مقام که بشهادت تاریخ با سی‌سالی دست اندرکاری هرجا اقتضایش را داشته ایستادگیها کرده است منشآت انتقادیه بیشتری نوشته باشد که ازمیان رفته است.

قائم مقام اغلب در نوشته‌ها خاصه درمراسلات کوتاهش به گفتهٔ بزرگان سخن استشهاد میجوید و ایـن بخودی خود چیز تازه‌ای نیست اما هنر قائم‌مقام دراینست که اقوال متقدمین درمراسلاتش بقدری‌مناسب مقال است وچنان باجملات خودش جوش میخورد که انگار جزو انشاء اوست ودرآهنگ کلام حتی سکته ملیحی‌هم پیش نمیآمد تاچه رسد بـه غیرملیح . مثلا به ملاهای تبریز مینویسد : کتاب جهاد نوشته شد نبوت خاصه باثبات رسید قیل و قال مدرسه حـالا دیگر بس است یکچند نیز خدمت معشوق ومی کنیـد» ودرجای دیگر میگوید « جذبه لطف ومیل شماست که این پیرشکسته بال را میکشد هرجاکه خاطرخواه اوست» و یا بدیگری مینویسد : «پرسشی از حالم کرده بودی از من مبتلای فراق که جسمش اینجا وجان درعراق است چه میپرسی تا نه تصور کنی که بـی تو صبورم بخداکه بی‌آن جان عزیز شهر تبریز برای من تب خیز است

بلکه از ملك آذربایجـــان آذرها بجان دارم واز جان و عمر بی‌آن جان وعمر بیزارم».

نوشته‌های قائم مقام یکدست نیست درهمین نامه آخـری تکلف بحدکمال است هیچ لزومی داردکه هوای سالم تبریز را تب خیزکرد تا باجان عزیز نسازد ویا محبوب را بعراق فرستاد ودر آذربایجان ماند تا ازابتلای فراق آذرها بجان داشت . البته هستندکسانی کـه این سنخ عبارت پردازیهارا وحی منزل میدانند والا منشآتی درکتب درسی‌بدست دانش‌آموزان نمیافتادکه چنین نامه‌ای را مشهورترین نوشته قائم‌مقام و نمونه قدرت کلامش‌گرداند . ولی بهرصورت نمیتوان انکار کردوسوسه سجع وصنایع لفظی معمول زمان کار خود راکرده وقـائم‌مقامی راکه قصدش پیراستن «نثر دیوانی» از حشو وزوائد بوده است‌گاهی‌به‌بیراهه کشانده وحتی چون او مردی نتوانسته‌است بآن آسانیهـا از قید تکلف خودرا یکسره وارهاند و بفراخنای فصاحت ساده بیانی که قلمرو واقعی اوست درآید .

مجموعهٔ منشآت‌که گذشته از نامه‌های دوستانه و خانوادگی و رسما نه شامل رقمهای حکومتی و دیباچه‌ها و رسائل فارسی وعربی هم هست و برای نخستین بار بهمت فرهاد میرزا درشعبان ۱۲۸۰ درتهران با چاپ سنگی بچاپ رسید از آن کتابهاست‌که هر کسش خواند و اهل قلم بود ازنفوذ آن بر کنار ماندن امری آسان نیست . ازمیان معاصرین قائم‌مقام فاضل‌خان گروسی‌را باو ارادتی افزونتر ومشابهتی بیشتراست واین ازمکاتباتشان پیداست آن‌گروسی دیگر امیرنظام که چندسالی بعد آمد وخود منشآتی نوشت وخوشنویس هم بود ازسبك قائم‌مقام سخت متأثر شده و در فصاحت و روانی بپای استاد میرسد ولی در واردکردن تعبیرات و اصطلاحات عامیانه مهارتی بیشتر بخرج داده است . شاگرد دیگر همین مکتب همان فرهاد میرزاست‌که منشآت اورا هم امیرنظـام

جمع و در مجلدی فراهم آورد . این فرهاد میرزا که منشآتش شهرتی دارد گاهی درتصنع ، وآوردن جناس بیداد میکند چنانکه یکجا «در تاریکی نارنگی» میخورد و جای دیگر «نارنج را با رنج از درخت میچینند» . گواینکه موضوع بحث ما نثر است این را هم باید گفت که قائم مقام قصائد مؤثری هم سروده و جای ذکرش اینجا نیست اما از جلایر نامه‌اش گذشتن بمناست اهمیتی که دارد حق مطلب ادا نکردن است . ازمیان شعرای قاجاریه اگر بناباشد یك تن را برگزینیم که‌راهی نو ونکوبیده پیش پای گویندگان گذاشت جز ایرج میرزاکسی نمیتواند باشد و هنوزکه هنوز است احدی نتوانسته است سهل و ممتنع را به سهولت او بیاورد همین ایرج است که درپایان عارفنامه‌اش با صراحت تمام دین خودرا به قائم‌مقام با این‌بیت ادا میکند :

جلایر نامهٔ قائم مقامست که سرمشق من اندراین کلامست

پس با اینوصف شاید پربیجا نباشد اگر ادعاکنیم برفرض‌هم در پیشقدمی قائم‌مقام اندك شکی باشد که نثر معاصر را بنیان‌گذاری کرد و آن نهضت ادبی بآن اهمیت نبود که برخی مدعی آنند درین تردیدی نیست که درتحول شعر فارسی نیزچون نثرصاحب منشآت، سهم‌بسزائی دارد .

ازمنشآت‌قائم‌مقام‌تابامروز نثرفارسی‌خیلی‌راه آمده‌است‌همین‌است که‌سبك منشآت برای امروزیها شاید مهجور باشد ولی مقام منشآت در تحول نثر، برای آنانکه با ادب فارسی سر وکاری دارند محفوظ است وخواهد بود. مکتب قائم مقام دریچه‌ای بودکه با بازشدنش نثرفارسی نفس تازه‌کرد ومتعاقب آن دریچه‌های دیگر بدست ملکم‌خان وطالبوف وابراهیم بیك ومیرزا حبیب مترجم حاجی‌بابا و دیگران گشوده شد و نوبت به دهخداکه رسید دیگر نثر فارسی ازهرقید وبندی رهائی یافته به‌فضای باز وهوای آزاد درآمده بود با اینهمه، نثر، هنوز چون کودکی

که تازه زبان باز کرده باشد بهمان ساده گوئی دلخوش بود و گاهگاهی هم کلمات فرنگی راکه تازه یادگرفته بود، ذوقزده قاطی حرفهایش می‌انداخت. دیری نگذشت که ازاین مرحله هم گذشت و رفته رفته رشد و قوامی یافت دیگر قانع نبود که صرفاً ساده وعامیانه باشد وبرای مفاهیم فرنگی‌هم تعبیرات خودمانی بذهنش رسید تابدانجاکه اینك می‌بینیم نثر فارسی بدست اهلش اصالت دیرین را بازیافته است.

بزبان سفر نامه کتابی چون خسی درمیقات نوشته میشود و عیب‌که نیست هیچ هنر هم هست زائری امروزی جا پای ناصرخسرو را پی‌کند بشرط آنکه از عهده برآید و بکعبه مقصود برسد و درحین رسیدن نثری چنین مؤثر بیافرینند:

«این سعی میان صفا و مروه عجب کلافه میکند آدم را. یکسر برت میگرداند به‌هزار وچهارصد سال پیش.

با «هروله»اش وبا زمزمه بلند وبی‌اختیارش وبی«خودی» مردم؛ نهایت این بیخودی را در دو انتهای مسعی می‌بینی که اندکی سربالاست وباید دور بزنی وبرگردی. یمنی‌ها هربارکه می‌رسند جستی میزنند و چرخی و سلامی بخانه و از نو ...که دیدم نمیتوانم. گریه‌ام گرفت و گریختم. ودیدم چه اشتباه کرده است آن زندیق میهنه‌ای یا بسطامی که نیامده است تا خودرا زیر پای چنین جماعتی بیفکند یا دست‌کم خود خواهی خودرا ... حتی طواف چنین حالی را نمیانگیزد درطواف به دور خانه وبدور یك چیزمیگردی ومیگردید و تو ذره‌ای ازشعاعی‌هستی بدور مرکزی. اما درسعی میروی و برمیگردی بهمان سرگردانی که هاجر داشت. یك حاجی درحال سعی یك جفت پای دونده است یاتند رونده ویك جفت چشم بی«خود» یا ازخود جسته یا ازخود بدر رفته و اصلا چشمها نه‌چشم بلکه و جدانهای برهنه. یا وجدانهائی درآستانه چشمخانه نشسته. ومگر میتوانی بیش ازیك لحظه باین‌چشمها بنگری؟

تا امروز گمان میکردم فقط در چشم خورشید است که نمیتوان نگریست. اما امروز دیدم که باین دریای چشم هم نمیتوان ... که گریختم.»

سخن کوتاه، این نثر معاصر است که بهترینش چه در نوشته‌های ادبی و تحقیقی و علمی و داستانی هرچه میخواهد باشد اصالت و صلابتی یافته و با وجود هیاهوئی که شعر نوبرانگیخته و گرد و خاکی در هــوا پراکنده و در آن میان خود را گم کرده است و تنها گاه بگاه جرقه و رعد و برقی میزند نثر معاصر آهسته و بی‌همهمه راهش را بریده و خود را جلو انداخته است. امید می‌رود از این هم جلوتر برود و با لمسی و غنائی که فارسی ناب استعدادش را دارد ورق های زرین نصیب ادب ایران زمین گرداند .

لغت

(Words of foreign origin are indicated as follows: A for Arabic, G for Greek, E for English, F for French and T for Turkish and Mongolian. Where an Arabic element combines with a Persian this has been shown by the letters AP or PA. Other combinations have been similarly indicated. The word *kardan* has been abbreviated to *k.*)

آ

	آب	***āb***, **water;** آب و خاك ***āb o xāk***, **land, country;** آب و هوا ***āb o havā***, **climate.**
	آباد	***ābād***, **inhabited, cultivated, prosperous.**
	آبادانی	***ābādāni***, **inhabited place; prosperity,**
	آبدار	***ābdār***, **juicy; lustrous.**
	آبدیده	***ābdide***, **tempered, experienced; damaged by water.**
	آبشخور	***ābeʃxor***, **watering-place.**
	آتش	***ātaʃ***, **fire.**
	آتشکده	***ātaʃkade***, **fire-temple.**
PA	آتش‌مزاج	***ātaʃmezāj***, **fiery-tempered, quick-tempered.**
A	آثار	***āsār*** **(pl. of** اثر ***asar*****), traces, effects; memorials, literary remains.**
	آخ	***āx***, **ouch.**
A	آخر	***āxer***, **last, final; finally, after all.**
A	آخرت	***āxerat***, **the world to come.**
A	آداب	***ādāb*** **(pl. of** ادب**), habits, customs, ceremonies.**
A	آدم	***ādam***, **man; Adam.**
AP	آدمی	***ādami***, **humanity; pertaining to man.**
AP	آدمیزاد	***ādamizād***, **human being.**
	آذر	***āzar***, **fire; ninth month of the solar year.**
	آذربایجان	***āzarbāyjān***, **province in N.W. Persia.**
	آرام	***ārām***, **quiet, calm.**
A	آراء	***ārā'*** **pl. of** رأی.
	آرامبخش	***ārāmbaxʃ***, **peaceful.**
	آرامگاه	***ārāmgāh***, **resting place, tomb.**
	آرد	***ārd***, **flour.**
	آرزو	***ārzu***, **wish, desire, hope.**
	آرزومند	***ārzumand***, **desirous, hopeful.**
	آرواره	***ārvāre***, **jaw.**

	آریائی	*āryāi*, Aryan.
	آز	*āz*, greed.
	آزاد	*āzād*, free, liberated.
	آزاده	*āzāde*, free, noble.
	آزادی	*āzādi*, freedom, liberty.
	آزار	*āzār*, harm, hurt.
	آزما	*āzmā*, see آزمودن.
	آزمند	*āzmand*, greedy.
	آزمودن (آزما)	*āzmudan* (*āzmā*), to test.
	آسان	*āsān*, easy.
	آسانی	*āsāni*, ease.
	آستان ، آستانه	*āstān*, *āstāne*, threshold.
	آستین	*āstin*, sleeve.
	آسمان	*āsmān*, sky; heaven.
	آسمان گدار	*āsmāngodār*, sky-line.
	آسودن (آسا)	*āsudan* (*āsā*), to rest, be refreshed.
	آسیاب	*āsiāb*, water-mill.
	آشامیدن	*āʃāmidan*, to drink.
	آشنا	*āʃnā*, *āʃenā*, familiar, acquainted; acquaintance.
	آشیان	*āʃiān*, nest, abode.
	آغاز	*āɣāz*, beginning; آغاز *ājāz k.*, to begin.
A	آفت	*āfat*, calamity.
	آفریدن (آفرین)	*āferidan* (*āferin*), to create.
T	آقا	*āqā*, sir, mister; gentleman.
	آگاه	*āgāh*, aware, informed.
	آگندن	*āgandan*, to fill, stuff, cram, accumulate.
A	آل	*āl*, family, dynasty.
	آلا	*ālā*, see آلودن.
A	آلات	*ālāt* (pl. of آلت *ālat*), tools, instruments.
	آلایش	*ālāyeʃ*, taint, alloy.
	آلودن (آلا)	*āludan* (*ālā*), to taint; to mix.
	آماده	*āmāde*, ready, prepared.
	آمدن (آ)	*āmadan* (*ā*), to come; برآمدن *bar āmadan*, to rise, prosper; to emerge; درآمدن *dar āmadan*, to enter; to be converted (to).
	آموختن (آموز)	*āmuxtan* (*āmuz*), to learn; to teach.
	آمیختن (آمیز)	*āmixtan* (*āmiz*), to mix, mingle.
	آن	*ān*, that, it; آنها *ānhā*, those; they; آنان *ānān*, they.
A	آن	*ān*, instant, moment.
	آنجا	*ānjā*, there.
	آنکه	*ānke*, that, that which.
	آنگاه	*āngāh*, then.

	آواز	āvāz, sound, noise, song; آواز دادن āvāz dādan, to call.
	آوازه	āvāze, fame, repute.
	آوردن (آر، آور)	āvardan (ār, āvar), to bring; to relate; بخود آوردن bexod āvardan, to make (someone) aware (of).
	آهسته	āheste, slow, slowly.
	آهنگ	āhang, tone, tune, melody, harmony; inclination.
	آهو	āhu, deer.
	آیا	āyā, particle used to introduce a question; whether.
	آینده	āyande, future, coming; the future.
	آئین	āin, custom, canon, religion.
	آئینه	āine, mirror.

ا

A	ابتداء	ebtedā, beginning.
A	ابتدائی	ebtedāi, primary (school).
A	ابتذال	ebtezāl, being commonplace or trite.
A	ابتلاء	ebtelā, affliction.
A	ابتهاج	ebtehāj, delight.
A	ابد	abad, eternity; تا ابد tā abad, for ever.
A	ابدان	abdān pl. of بدن.
	ابر	abr, cloud; ابر پاره abr pāre, patch of cloud.
A	ابله	ablah, silly, stupid (person).
A	ابن	ebn, son.
A	ابو	abu, father.
A	ابهام	ebhām, mystery, doubt, ambiguity.
A	اتخاذ	ettexāz, adoption, adopting; اتخاذ کردن ettexāz k. to adopt; to take.
F	اتم	atom, atom.
A	اتمام	etmām, completion.
F	اتوبوس	otobus, bus.
A	اثبات	esbāt, affirmation, confirmation; proof.
GA	اثیری	asiri, ethereal.
A	اجاره	ejāre, rent, hire.
A	اجتماع	ejtemā', group of people, gathering.
AP	اجتماعی	ejtemā'i, social, sociable.
A	اجحاف	ejhāf, extortion.
A	اجرا	ejrā, execution, putting into effect; اجرا کردن ejrā k., to execute.
A	اجزاء	ajzā' pl. of جزء joz'.
A	اجل	ajal, hour of death; time.

A اجمالاً *ejmālan*, briefly.
A احترام *ehterām*, respect.
A احتیاج *ehtiaj*, need; احتیاج داشتن *ehtiāj dāʃtan*, to need.
A احد *ahad*, one, unit; احدی *ahadi* (with negative) no one.
A احساس *ehsās*, feeling; احساس کردن *ehsās k.*, to feel.
A احضار *ehzār*, summons, summoning; احضار کردن *ehzār k.*, to summon.
A احمد *ahmad*, a masculine proper name.
A احمق *ahmaq*, stupid, foolish; fool.
A احوال *ahvāl* (pl. of حال *hāl*), conditions, states; احوال کسی‌را پرسیدن *ahvāle kasira porsidan*, to enquire after someone.
A احیاء *ehyā*, revival; احیاء کننده *ehyā kondande*, reviver; revivification.
A احیاناً *ahyānan*, by chance, occasionally.
A اختراع *exterā'*, invention; اختراع کردن *exterā' k.*, to invent.
A اختصار *extesār*, brevity.
A اختیار *extiār*, choice, authority; در اختیار داشتن *dar extiār dāʃtan*, to have at one's disposal.
A اخذ *axz*, adoption, taking.
A اخلاص *exlās*, devotion, sincerity.
A اخلاق *axlāq*, character, behaviour.
A اخیر *axir*, recent.
A ادا *adā*, rendering, expressing (subs.); payment.
A ادارات *edārāt* (pl. pf اداره *edāre*), offices.
A اداره *edāre*, office, administration.
AP اداری *edāri*, official, pertaining to an office or administration.
A ادب *adab*, literature; civility, politeness.
A ادبا *odabā* pl. of ادیب.
AP ادبی *adabi*, literary.
A ادبیات *adabiyāt*, literature.
A ادعا *edde'ā*, claim.
A ادوار *advār* (pl. of دور), periods, ages.
A ادیان *adiān* (pl. of دین *din*), religions.
A ادیب *adib*, man of letters.
ارابه *arrābe*, chariot, cart.
A ارادت *erādat*, devotion, friendship.
A اراده *erāde*, will, desire, inclination.
A ارتباط *ertebāt*, connection.
A ارتقاء *erteqā*, progress, advance.
ارزان *arzān*, cheap.
ارزش *arzeʃ*, worth, value.

	ارزن	*arzan*, millet.
	ارزندگی	*arzandegi*, worth.
A	ارشاد	*erʃād*, guidance.
F	اروپا	*orupā*, Europe.
FP	اروپائی	*orupāi*, European.
	از	*az*, of, from, than.
A	اساس	*asās*, foundation, basis.
A	اساساً	*asāsan*, basically, fundamentally.
A	اساسی	*asāsi*, basic, fundamental.
	اسب	*asb*, horse.
A	اسباب	*asbāb* (pl. of سبب), causes, means.
	اسپهبد	*espahbod*, military commander.
	استاد	*ostād*, master.
A	استبداد	*estebdād*, despotism.
	استخر	*estaxr*, pond, pool.
A	استخراج	*estexrāj*, extraction.
	استخوان	*ostoxān*, bone.
A	استدعا	*ested'ā*, request.
A	استشهاد	*esteʃhād*, citation.
A	استعداد	*este'dād*, talent, ability, potentiality.
A	استعمال	*este'māl*, usage.
A	استغفار	*esteɣfār*, asking for pardon, forgiveness.
A	استعفاء	*este'fā*, resignation.
A	استقلال	*esteqlāl*, independence.
	استوار	*ostovār*, firm, stable.
A	استیلاء	*estilā*, domination, conquest.
	اسکندر	*eskandar*, Alexander.
A	اسلام	*eslām*, Islam.
AP	اسلامی	*eslāmi*, Islamic.
A	اسلوب	*oslub*, method, style.
A	اسم	*esm*, name; اسم گذاشتن *esm gozāʃtan*, to name.
A	اسماً	*esman*, nominally.
A	اشارات	*eʃārāt* pl. of اشاره.
A	اشاره	*eʃāre*, hint, indication.
A	اشتباه	*eʃtebāh*, mistake.
AP	اشتباهی گرفتن	*eʃtebāhi gereftan*, to mistake someone for someone else.
A	اشتراك	*eʃterāk*, sharing (sub.).
A	اشتها	*eʃtehā*, appetite.
A	اشخاص	*aʃxās* pl. of شخص.
A	اشغال	*eʃɣāl*, occupation.
	اشك	*aʃk*, tear; اشك ریختن *aʃk rixtan*, to shed tears.
A	اصالت	*esālat*, genuineness, nobility, distinction.

A	اصحاب	*ashāb* (pl. of صاحب), companions; owners, those endowed with.
A	اصرار	*esrār*, insistence; اصرار داشتن *esrār dāʃtan*, to insist.
A	اصطلاح	*estelāh*, expression, idiom.
	اصفهان	*esfahān*, a city in central Persia.
A	اصل	*asl*, basic principle, essence.
A	اصلاً	*aslan*, originally; absolutely; (with a negative verb) not at all, never.
A	اصلاح	*eslāh*, reform.
A	اصلاحات	*eslāhāt*, pl. of above.
AP	اصلی	*asli*, original, principal, real, basic, fundamental.
A	اصول	*osul* pl. of اصل.
A	اصیل	*asil*, genuine.
AP	اضافی	*ezāfi*, additional; relative (in philosophy).
A	اطاعت	*etā'at*, obedience.
T	اطاق	*otāq*, room.
A	اطراف	*atrāf* pl. of طرف.
A	اطعام	*et'ām*, feeding; اطعام کردن *et'ām k.*, to feed.
A	اطمینان	*etminān*, certainty.
A	اطوار	*atvār* (pl. of طور), flippant manners.
A	اظهار	*ezhār*, statement, expression; اظهار کردن *ezhār k.*, to state, express.
A	اعتراف	*e'terāf*, acknowledgement, confession.
A	اعتقاد	*e'teqād*, belief.
A	اعتلاء	*e'telā*, exaltation; اعتلا دادن *e'telā dādan*, to raise, lift.
A	اعتماد	*e'temād*, confidence.
A	اعتنا	*e'tenā*, care, attention.
A	اعراب	*a'rāb* pl. of عرب.
A	اعصار	*a'sār* pl. of عصر.
A	اعضاء	*a'zā* pl. of عضو.
A	اعظم	*a'zam*, greatest.
A	اعلا	*a'lā*, excellent, of superior quality.
A	اعلیحضرت	*a'lā hazrat*, the highest presence, i.e. His Majesty.
A	اغراق	*eγrāq*, exaggeration.
A	اغلب	*aγlab*, most; generally, for the most part, often.
	افتادن (افت)	*oftādan* (*oft*), to fall, fall down.
A	افتخار	*eftexār*, honour, glory; افتخار کردن *eftexār k.*, to glory in, be proud of.
A	افراد	*afrād* (pl. of فرد *fard*), individuals.
	افراشتن (افراز)	*afrāʃtan* (*afrāz*), to raise, lift; to hoist.
	افروختن (افروز)	*afruxtan* (*afruz*), to kindle, set alight.
	افزودن (افزا)	*afzudan* (*afzā*), to increase, add.

MODERN PERSIAN READER

	افزون	afzun, increasing (adj.).
	افسانه	afsāne, legend, story, tale.
	افسانه‌وش	afsānevaʃ, fairy like, legendary.
	افسوس	afsus, alas; افسوس خوردن afsus xordan, to regret.
A	افکار	afkār pl. of فکر.
	افکندن	afkandan, to throw, cast.
G	افلاطون	aflātun, Plato.
A	اقتباس	eqtebās, borrowing, adoption, imitation.
A	اقتضاء	eqtezā, demand, requirement.
A	اقدام	eqdām, measure, step, action, taking steps.
A	اقوال	aqvāl (pl. of قول qōul), sayings.
F	اکادمی	akādemi, academy.
A	اکتاف	aktāf pl. of کتف.
A	اکثریت	aksariyat, majority.
A	اکرام	ekrām, generosity.
	اکنون	aknun, now, presently; هم اکنون ham aknun, even now.
A	اکید	akid, strict, severe, emphatic.
	اگر	agar, if.
A	ال	al, the definite article in Arabic.
A	الا	ellā, unless, except; و الا va ellā, and if not, otherwise.
A	البته	albatte, certainly, of course.
	البرز	alborz, the Elburz Mountains.
A	التماس	eltemās, entreaty; التماس کردن eltemās k., to entreat, beseech.
A	الحاد	elhād, unbelief, heterodoxy.
A	الحمد لله	alhamdo lellāh, praise be to God.
A	الفاظ	alfāz pl. of لفظ.
A	الهام	elhām, inspiration.
AP	الهام گرفتن	elhām gereftan, to be inspired by, take inspiration from.
A	الیم	alim, painful.
A	اما	ammā, but.
A	امارت	emārat, office of emir or military governor.
A	امان	amān, safety, security.
A	امتحان	emtehān, examination, test.
A	امثال	amsāl, (pl. of مثل masal), امثال آن amsāle ān, the likes of that.
A	امر	amr, matter, affair, order, command.
A	امرا	omarā pl. of امیر.
	امروز	emruz, today.

	امروزی	*emruzi*, modern, up-to-date.
	امشب	*emʃab*, tonight.
A	امصار	*amsār* pl. of مصر.
A	امن	*amn*, safe; امن و امان *amn o amān*, safe and secure.
A	امنیت	*amniyat*, security.
A	اموال	*amvāl* pl. of مال.
A	امور	*omur* pl. of امر.
A	اموی	*omavi*, pertaining to the Umayyad dynasty.
	امید	*omid*, hope,
	امیدوار	*omidvār*, hopeful.
A	امیر	*amir*, prince, king, military commander.
	انار	*anār*, pomegranate.
	انبار	*ambār*, store; see also انباشتن.
	انباز	*ambāz*, partner.
	انباشتن (انبار)	*ambāʃtan* (*ambār*), to store, amass.
	انبرك	*amborak*, nippers, pincers.
	انبوه	*ambuh*, thick, numerous.
A	انبیاء	*anbiā* pl. of نبی.
A	انتشار	*enteʃār*, publication, spread (of news, etc.).
A	انتظار	*entezār*, expectation, waiting.
A	انتقاد	*enteqād*, criticism.
A	انتقادی	*enteqādi*, critical.
A	انتقادیه	*enteqādiye* fem. of above.
A	انتها	*entehā*, end.
	انجام	*anjām*, end; انجام دادن *anjām dādan*, to accomplish, fulfil.
	انجمن	*anjoman*, society, association, gathering.
AG	انجیل	*enjil*, gospel.
A	انحطاط	*enhetāt*, decline, downfall.
	انداختن (انداز)	*andāxtan* (*andāz*), to cast, throw.
	اندازه	*andāze*, extent, measure, size.
	اندك	*andak*, little, few; اندك اندك *andak andak*, little by little; اندکی *andaki*, a little; a short while.
	اندوختن (اندوز)	*anduxtan* (*anduz*), to gather, collect.
	اندیشه	*andiʃe*, thought, reflection.
	اندیشیدن	*andiʃidan*, to think, consider, reflect.
A	انسان	*ensān*, man, mankind.
A	انشاء	*enʃā*, writing, composition; انشا کردن *enʃā k.*, to write, compose.
A	انعکاس	*en'ekās*, reflection, reaction; echo; انعکاس داشتن *en'ekās dāʃtan*, to be reflected.
A	انقلاب	*enqelāb*, revolution.

A	انکار	***enkār***, denial; انکار کردن ***enkār k.***, to deny.
	انگار	***engār***, as though; see also انگاشتن.
	انگاشتن (انگار)	***engāʃtan*** (***engār***), to consider, suppose.
	انگشت	***angoʃt***, finger.
	انگلیسی	***engelisi***, English, Englishman.
	انگیختن (انگیز)	***angixtan*** (***angiz***), to stir, provoke.
	او	***u***, he, she; (obs.) it.
A	اواخر	***avāxer*** (pl. of آخر), ends; towards the end, the latter part (of a month, year, etc.).
A	اوائل، اوایل	***avāel, avāyel*** (pl. of اول), beginnings; towards the beginning, the early part (of a month, year, etc.).
A	اوج	***ou͡j***, apogee, highest point.
A	اوصاف	***ou͡sāf*** pl. of وصف.
A	اول	***avval***, first; the early part or beginning (of something).
A	اولاد	***ou͡lād*** (pl. of ولد ***valad***), children; also used in the singular sense = child, descendant.
AP	اولادی	***ou͡lādi***, sonship, being the child of.
A	اولیاء	***ou͡liā*** (pl. of ولی), saints, guardians; اولیای امور ***ou͡liāye omur***, authorities of the state, officials.
AP	اولین	***avvalin***, first.
A	اوهام	***ou͡hām*** pl. of وهم.
A	اهالی	***ahāli*** (pl. of اهل), inhabitants, natives.
A	اهل	***ahl***, people; inhabitant, native; اهل زبان ***ahle zabān***, having the same language; اهل فضل ***ahle fazl***, person(s) of learning; اهل قلم ***ahle qalam*** literary person(s).
A	اهمیت	***ahammiyat***, importance.
A	ایام	***a͡iyām*** pl. of یوم.
A	ایجاد	***ijād***, creation.
A	ایراد	***irād***, criticism, objection; خطابه ایراد کردن ***xatābe irād k.***, to give a lecture; ایراد گرفتن ***irād gereftan***, to criticise, find fault.
	ایران	***irān***, Iran, Persia.
	ایراندوستی	***irāndusti***, love of Persia.
	ایران زمین	***irān zamin***, Persia, the land of Persia.
	ایرانی	***irāni***, Persian (pertaining to Persia); a Persian.
	ایست	***ist***, see ایستادن.
	ایستادگی	***istādegi***, steadfastness; resistance.
	ایستادن (ایست)	***istādan*** (***ist***), to stand, stop.
A	ایمان	***imān***, faith, belief; ایمان آوردن ***imān āvardan***, to believe (in), be converted (to).
	این	***in***, this.

	اینجا	*injā*, here.
	اینك	*inak*, now.
	ایوان	*eivān*, veranda, balcony.

ب

	بِ	*be*, see به *be*.
	با	*bā*, with; با اینکه ، با آنکه *bā ānke*, *bā inke*, notwithstanding, although.
	باختن (باز)	*bāxtan* (*bāz*), to loose (a gamble, game, etc.).
	باد	*bād*, wind; باد سام *bāde sām*, pestilential wind; بر باد رفتن *bar bād raftan*, to be destroyed.
	بادام	*bādām*, almond.
	باده	*bāde*, wine.
	بار	*bār*, time, turn; load; fruit; بار آمدن *bār āmadan*, to come to fruition; to be brought up; بار آوردن *bār āvardan*, to bring up.
	بارها	*bārhā*, many times.
	باران	*bārān*, rain.
A	بارز	*bārez*, manifest, clear; outstanding.
	بارگاه	*bārgāh*, court.
	بارو	*baru*, rampart.
	بارور	*bārvar*, fruitful.
	باروت (باروط)	*bārut*, gunpowder.
	باره	*bāre*; در باره *dar bāre(ye)*, about, concerning.
	باری	*bāri*, in short, at all events, in any case.
	باریك	*bārik*, narrow.
	باز	*bāz*, open; again; once again, still, yet; باز ایستادن *bāz istādan*, to stop; باز داشتن *bāz dāʃtan*, to prevent, hold back; باز کردن *bāz k.*, to open; باز گشتن *bāz gaʃtan*, to return; باز ماندن *bāz māndan*, to be left behind; ازهم باز شدن *az ham bāz ʃodan*, to separate from each other.
	بازار	*bāzār*, market, market-place.
	بازو	*bāzu*, forearm.
	بازی	*bāzi*, game, trick.
	باستان	*bāstān*, ancient.
	باش	*bāʃ*, see بودن *budan*.
A	باعث	*bā'es*, cause.
	باغ	*bāɣ*, garden.
A	باقی	*bāqi*, rest, remainder; remaining, permanent; باقی ماندن *bāqi māndan*, to remain.
AP	باقیمانده	*bāqimānde*, remainder, rest.

	باك	*bāk*, fear, dread; چه باك *ce bāk*, what matter.
	بال	*bāl*, wing.
	بالا	*bālā*, up, high, above, upstairs; بالا زدن *bālā zadan*, to roll up (a sleeve etc.).
A	بالآخره	*bel-axare*, finally.
A	بالطبع	*bet-tab'*, by nature, naturally.
	باليدن	*bālidan*, to take pride in, boast; to grow.
	بالين	*bālin*, pillow; bed-side.
	بامداد	*bāmdād*, early morning.
	باور	*bāvar*, belief; باور كردن *bāvar k.*, to believe.
	بايد	*bāyad*, must (see بايستن).
	بايستن (با)	*bāyestan* (*bā*) (defective verb), to be necessary.
	بت	*bot*, idol.
	بت‌شكن	*botʃekan*, iconoclast.
	بته	*bote*, see بوته
	بچه	*bacce*, child.
A	بحث	*bahs*, discussion, argument.
	بخت	*baxt*, luck, fortune.
	بخت‌آزمائى	*baxtāzmāi*, lottery.
	بخشيدن	*baxʃidan*, to give, offer, bestow; to forgive.
	بد	*bad*, bad; بدم ميامد *badam miāmad*, I disliked (it).
	بدان	*bedān* (for بآن *be ān*), to that.
	بدانجا	*bedānjā* (for بآنجا *be ānjā*), to that place.
	بدبختانه	*badbaxtāne*, unfortunately.
	بدبختى	*badbaxti*, misfortune.
A	بدن	*badan*, body.
A	بدو	*badv*, beginning; در بدو امر *dar badve amr*, to begin with, in the beginning.
	بدون	*bedun(e)*, without (prep.).
A	بديع	*badi'*, novel, strange, rare.
	بدين	*bedin* (for باين *be in*), to this.
A	بذل	*bazl*, bestowal.
	بر	*bar*, on, up, upon, over, against; side, breast; memory; بر سر *bar sar(e)*, at, over; از بر كردن *az bar k.*, to memorise.
	برابر	*barābar*, equal.
	برابرى	*barābari*, equality.
	برادر	*barādar*, brother.
	برادرى	*barādari*, brotherhood.
	براق	*borāq*, flaring up; براق شدن *borāq ʃodan*, to flare up.
	بر افراشتن (بر افراز)	*bar afrāʃtan* (*bar afrāz*), to raise, lift; to hoist.
	بر انداختن (بر انداز)	*bar andāxtan* (*bar andāz*) to overthrow.
	بر انگيختن (بر انگيز)	*bar angixtan* (*bar angiz*), to stir, provoke.

	بر آوردن	*bar āvardan*, to fulfill, accomplish.
	برای	*barāye*, for, on account of.
	برتر	*bartar*, better, superior.
	برتری	*bartari*, superiority.
	برج	*borj*, tower; solar month.
	بر خاستن (بر خیز)	*bar xāstan* (*bar xiz*), to rise, get up.
	بر خورد	*bar xord*, encounter.
	بر خوردن	*bar xordan*, to meet, come across; to offend.
	برخی	*barxi*, some (a few).
	برداشتن (بردار)	*bar dāʃtan* (*bar dār*), to raise, lift up; to take off, take away; قدم بر داشتن *qadam bar dāʃtan*, to take a step.
	بردن (بر)	*bordan* (*bar*), to carry off, away; to win.
	برده	*barde*, slave.
	برف	*barf*, snow.
	برف پوش	*barf puʃ*, covered by snow.
A	برق	*barq*, lightning; electricity; برق زدن *barq zadan*, to flash.
A	برکت	*barakat*, blessing.
	برگ	*barg*, leaf.
	برگرفتن (بر گیر)	*bar gereftan* (*bar gir*), to take away, turn away.
	بر گزیدن (بر گزین)	*bar gozidan* (*bar gozin*), to choose, select.
	بر گشتن (بر گرد)	*bar gaʃtan* (*bar gard*), to return.
	بره	*barre*, lamb.
	برهنه	*barahne*, naked, bare.
	بریدن	*boridan*, to cut; to stop (rain, wind, etc.).
	بزرگ	*bozorg*, big, great.
	بزرگزاده	*bozorgzāde*, of noble birth.
	بس	*bas*, enough, sufficient; used as intensive = very; و بس *va bas*, and nothing more.
	بسا	*basā*, many; many a time; often.
	بساط	*basāt*, anything spread out; ' set-up '; layout.
	بستن (بند)	*bastan* (*band*), to fasten, close, shut.
	بسته	*baste*, bundle; parcel.
	بسزا	*be sazā*, fitting.
	بسیار	*besyār*, very, many, much.
	بسیاری	*besyāri*, many, many a one.
A	بشر	*baʃar*, man, humanity.
A	بشریت	*baʃariyat*, mankind, humanity.
	بع‌بع	*ba'ba'*, baa, bleat.
A	بعد	*ba'd*, after, afterwards; از قرن سوم ببعد *az qarne sevvom be ba'd*, from the third century onwards.
AP	بعدها	*ba'dhā*, *ba'dehā*, afterwards.

A	بعضی	*ba'zi*, some.
A	بعید	*ba'id*, distant, remote; improbable.
	بغرنج	*boɣranj*, complicated, intricate.
	بغل	*baɣal*, armpit, side; در بغل *dar baɣal*, (holding) in one's arms; بغل گرفتن *baɣal gereftan*, to embrace.
A	بقا	*baqā*, permanence.
A	بقیه	*baqiye*, remainder, rest.
A	بلا	*balā*, calamity.
A	بلاغت	*balāɣat*, eloquence.
	بلخ	*balx*, Balkh.
AP	بلکه	*balke*, but (after a negative); nay rather; perhaps.
	بلند	*boland*, high, long; بلند شدن *boland ʃodan*, to rise, arise.
	بلند کردن	*boland k.*, to raise; to steal, pick up.
	بلندبالا	*bolandbālā*, tall, long.
	بلندی	*bolandi*, height, high ground.
AP	بله	*bale*, yes.
A	بلی	*bali*, yes (usually emphatic).
	بم	*bam*, bass, grave or deep tone.
A	بنا	*banā*, building, edifice; foundation; بنا بر *banā bar*, because of, in accordance with; بنا براین *banā bar in*, accordingly.
A	بنا	*bannā*, builder.
F	بناپارت	*Bonapart*.
	بند	*band*, tie, bond, bondage; see also بستن *bastan*.
A	بندر	*bandar*, harbour, port.
	بندگی	*bandegi*, slavery.
	بنده	*bande*, slave; I (used for *man*, I).
	بنگ	*bang*, hashish, hemp.
	بنگی	*bangi*, addicted to hemp.
	بنیاد	*bonyād*, foundation.
	بنیان	*bonyān*, foundation, structure, construction.
	بو	*bu*, smell, odour.
	بوته	*bote*, bush, shrub.
	بودا	*budā*, Buddha.
	بودائی	*budāi*, Buddhist.
	بودن (باش)	*budan* (*bāʃ*), to be, exist.
	بوران	*burān*, sleet.
	بوسیدن	*busidan*, to kiss.
	بومی	*bumi*, native.
	به	*be*, to; for; on; by; with; according to.
	به	*beh*, better.
A	به	*beh*, (for *behe*), to it, to him.

	به به	*bah bah*, bravo.
	بهار	*bahār*, spring.
	بهبود	*behbud*, improvement, well being.
	بهره‌ور	*bahrevar*, having a share in or of.
	بهشت	*beheʃt*, paradise.
	بی	*bi*, without (prep.).
	بی بندوباری	*bibandobāri*, clumsiness, irresponsibility.
	بیابان	*biābān*, desert.
	بی‌آبی	*biābi*, lack of water.
PA	بی اختیار	*biextiār*, involuntary.
	بی‌آزار	*biāzār*, harmless.
	بی‌اندازه	*biāndāze*, extremely.
	بی‌آلایش	*biālāyeʃ*, untainted; honest, simple.
A	بیان	*bayān*, explanation, description, statement; آزادی بیان *āzādiye bayān*, freedom of expression.
PA	بی‌اعتنا	*bie'tenā*, indifferent.
	بی‌پرده	*biparde*, frank; rude; بی پرده گوئی *bi pardegui*, frank speaking, frankness.
A	بیت	*beit*, couplet; house.
PA	بی تعارف	*bita'ārof*, unceremoniously.
PA	بیجهت	*bijehat*, for no reason, without cause.
	بیچاره	*bicāre*, helpless, poor, wretched.
	بیچیزی	*bicizi*, poverty, indigence.
	بیخود	*bixod*, to no purpose.
	بیخویشتن	*bixiʃtan*, being beside oneself.
	بید	*bid*, willow; clothes-moth.
	بیداد	*bidād*, oppression, excess.
	بیدار	*bidār*, awake; بیدار شدن *bidār ʃodan*, to wake.
	بیراهه	*birāhe*, wrong path, wrong way.
	بیدرنگ	*bidarang*, without delay, immediately.
	بیرون	*birun*, out, outside.
	بیریا	*biriā*, candid.
	بیزار	*bizār*, weary, disgusted.
PA	بیسابقه	*bisābeqe*, unprecedented, without precedent.
	بیش	*biʃ*, more; کم و بیش *kam o biʃ*, more or less.
	بیشتر	*biʃtar*, more.
PA	بیشك	*biʃakk*, no doubt.
PA	بیصدا	*bisedā*, noiseless.
PA	بیصبری	*bisabri*, impatience.
PA	بیطرف	*bitaraf*, impartial.
PA	بیعدالتی	*biadālati*, injustice.
	بیکاری	*bikāri*, leisure, unemployment.
	بیگانه	*bigāne*, stranger, foreigner, alien; foreign, alien.

بیل *bil*, spade; بیل زدن *bil zadan*, to dig.
بیم *bim*, fear.
بیمایگی *bimāyegi*, worthlessness, lack of substance.
PA بیمیلی *bimeili*, unwillingly.
بیمار *bimār*, sick.
بیمارستان *bimārestān*, hospital.
A بین *bein(e)*, between, among.
بینوا *binavā*, poor, destitute.
PA بینهایت *binehāyat*, infinite; infinity; extremely.
A بیوتات *boyutāt* (pl. of بیوت *boyut* the pl. of بیت), office in charge of royal buildings and premises.

پ

پا *pā*, foot, hind leg (of an animal); پابپای کسی رفتن *pā be pāye kasi raftan*, to keep in step with someone; پا بدو گذاشتن *pā be dou gozāʃtan*, to start running; از پا در افکندن *az pā dar afkandan*, to bring (someone) to his knees; بپای کسی رسیدن *be pāye kasi rasidan*, to rival, emulate someone; بر پا کردن *bar pā k.*, to establish, set up; پای *pā(ye)*, at the foot of.
پاداش *pādāʃ*, reward.
پادشاه *pādeʃāh*, king, sovereign.
پارچه *pārce*, cloth, material; piece.
پارس کردن *pārs k.*, to bark.
پارسال *pārsāl*, last year.
پارسالی *pārsāli*, pertaining to last year.
پارسی *pārsi*, Persian (language).
پاره *pāre*, part, piece; torn, پاره پاره *pāre pāre*, torn to pieces, rent.
پاس *pās*, watch (division of the night).
پاسبان *pāsbān*, watchman, guard, policeman.
پاسداری *pāsdāri*, guarding, watching (subs.).
پاشیدن *pāʃidan*, to scatter.
پاك *pāk*, pure, clean.
پاکدامن *pākdāman*, honest.
پالان *pālān*, pack-saddle.
F پالتو *pāltou*, overcoat.
پامال *pāmāl*, trampled (upon); پامال کردن *pāmāl k.*, to trample upon.
پانزده *pānzdah*, fifteen.
پانصد *pānsad*, five hundred.

پای *pāy*, see پا.
پایان *pāyān*, end; پایان یافتن *pāyān yāftan*, to end (intrans.); بپایان رسیدن *be pāyān rasidan*, to come to an end.
پایدار *pāydār*, permanent, stable.
پائیدن *pāidan*, to stay, last; to keep watch.
پائین *pāin*, down, below.
پایه *pāye*, foundation, base.
پختن (پز) *poxtan* (*paz*), to cook.
پخته *poxte*, cooked; mature; see also پختن.
پدر *pedar*, father.
پدیدار *padidār*, visible, apparent.
پذیرائی *pazirāi*, reception, entertainment; خوش پذیرائی *xoʃ pazirāi*, hospitable.
پذیرفتن *paziroftan*, to accept.
پر *par*, feather, wing; edge, fold, lap; petal.
پر *por*, full; also used as an intensive to mean much, very, etc.; پر کردن *por k.*, to fill.
پراکندن *parākandan*, to scatter, disperse.
پرت *part*, flung, thrown; پرت کردن *part k.*, to throw; to upset.
پرتگاه *partgāh*, precipice.
پرتو *partou͡*, ray, light; در پرتو *dar partou͡(e)*, under the auspices of.
پرخاش *parxāʃ*, quarrel.
پرداختن (پرداز) *pardāxtan* (*pardāz*), to set about, engage in; to compose; to occupy (oneself in), attend to; to pay.
پرداز *pardāz* see پرداختن.
پرده *parde*, curtain, veil.
پرستار *parastār*, nurse.
پرستیدن *parastidan*, to worship, adore.
پرسش *porseʃ*, inquiry, question.
پرسیدن *porsidan*, to ask.
پروردن *parvardan*, to nourish, cherish, train.
پری *pari*, fairy.
پریشان *pariʃān*, distressed, disturbed; dispersed, dishevelled.
پریشان گوئی *pariʃāngui*, meaningless utterances.
پریموس *primus*, primus (stove).
پریوار *parivār*, fairy-like.
پریوش *parivaʃ*, fairy-like.
پس *pas*, then; therefore; پس از *pas az*, after.

پست *past*, mean, low.
F پست *post*, post, mail.
پستی *pasti*, meanness; low ground; پستی و بلندی *pasti o bolandi*, ups and downs.
پسر *pesar*, boy, son.
پسرك *pesərak*, little boy.
پسندیده *pasandide*, agreeable, praiseworthy.
پشت *poʃt*, back, behind (sub.); *poʃt(e)*, behind; پشت سر هم *poʃte sare ham*, one after another, repeatedly.
پشم *paʃm*, wool.
پله *pelle*, step, stair.
پنج *panj*, five.
پنجم *panjom*, fifth.
پنجه *panje*, the five fingers; claw, paw.
پند *pand*, advice.
پنداشتن (پندار) *pendāʃtan* (*pendār*), to consider, think, assume.
پنهان *penhān*, hidden; in secret; پنهان کردن *penhān k.*, to hide.
پوز ، پوزه *puz*, *puze*, snout.
پوست *pust*, peel, skin; پوست کندن *pust kandan*, to flay.
پوشاك *puʃāk*, clothing.
پوشانیدن *puʃānidan*, to cover (trans.).
پوشیدن *puʃidan*, to wear; to cover, hide, (intrans.).
پوك *puk*, hollow.
پول *pul*, money; پول خرد *pule xord*, small change.
پولاد *pulād*, steel.
پولادین *pulādin*, (made of) steel.
پهلو *pahlu*, side, near, next.
پهلوان *palavān*, champion, hero; brave, strong.
پهلوی *pahlavi*, Pahlavi (language); belonging or pertaining to the Pahlavi dynasty.
پهناور *pahnāvar*, extensive, wide, vast.
پی *pe̅i̅*, trace, track; پی در پی *pe̅i̅ dar pe̅i̅*, repeatedly; پی کردن *pe̅i̅ k.*, to follow, run after.
پیاده‌رو *piāderou̅*, pavement.
پیچیدن *picidan*, to turn, twist, wrap; بخود پیچیدن *be xod picidan*, to writhe.
پیچیده *picide*, complicated; see also پیچیدن.
پیدا *pe̅i̅dā*, apparent, evident; پیدا کردن *pe̅i̅dā k.*, to find.
پیدایش *pe̅i̅dāyeʃ*, coming into existence, appearance, emergence.

	پیر	*pir*, old; spiritual guide; پیر مرد *pire mard*, old man.
	پیرانه	*pirāne*, in an elderly fashion.
	پیراستن (پیرا)	*pirāstan* (*pirā*), to prune.
	پیراهن	*pirāhan*, shirt.
	پیرایش	*pirāyeʃ*, ornament, emblishment.
	پیرایه	*pirāye*, ornament.
	پیرو	*pe͡irou͡*, follower.
	پیروز	*piruz*, victorious.
	پیروزمندانه	*piruzmandāne*, victoriously.
	پیروزی	*piruzi*, victory.
	پیروی	*pe͡irovi*, following.
	پیش	*piʃ*, before, ago; *piʃ*(*e*), with, in front of; پیش آمدن *piʃ āmadan*, to occur; پیش آوردن *piʃ āvardan*, to bring forward, offer; پیش بردن *piʃ bordan*; to win, succeed, (intrans.); پیش خود گفتن *piʃe xod goftan*, to say to oneself; پیش راندن *piʃ rāndan*, to push forward; پیش گرفتن *piʃ gereftan*, to follow.
	پیشامد	*piʃāmad*, episode, event, incident.
	پیشانی	*piʃāni*, forehead.
	پیشاهنگ	*piʃāhang*, leader of a flock; scout.
	پیشباز	*piʃbāz*, going to meet someone.
	پیش بینی	*piʃbini*, prophecy, forecast.
	پیشرفت	*piʃraft*, progress, advance.
PA	پیشقدم	*piʃqadam*, pioneer, leader.
PA	پیشقدمی	*piʃqadami*, being a pioneer or forerunner.
PA	پیشکسوت	*piʃkesvat*, innovator, initiator.
	پیشگوئی	*piʃgui* prediction.
	پیشوا	*piʃvā*, leader.
	پیشه	*piʃe*, profession, trade.
	پیشین	*piʃin*, former.
	پیغمبر	*pe͡iɣambar*, prophet.
	پیغمبری	*pe͡iɣambari*, prophetic; prophethood.
	پیکر	*pe͡ikar*, form, figure, statue; body.
	پیکرتراش	*pe͡ikartarāʃ*, sculptor.
	پیکره	*pe͡ikare*, framework.
	پیما	*pe͡imā* see پیمودن.
	پیمودن (پیما)	*pe͡imudan* (*pe͡imā*), to measure, tread, travel; راه پیمودن *rāh pe͡imudan*, to cover the ground travel.
	پیوستن (پیوند)	*pe͡ivastan* (*pe͡ivand*), to join, connect; بوقوع پیوستن *be voquʿ pe͡ivastan*, to take place to happen.

ت

	تا	*tā*, to, up to; until; so that; as long as, as soon as; تا is also used as a classifier with numerals.
	تاب	*tāb*, endurance, strength; twist; تاب خوردن *tāb xordan*, to be twisted; to swing (intrans.).
	تابان	*tābān*, shining (of the sun etc.).
A	تابع	*tābe'*, subject, follower; subject to, governed (by).
	تاتار	*tātār*, Tartar.
A	تأثیر	*ta'sir*, effect, impression.
	تاخت و تاز	*tāxt o tāz*, invasion, charge, attack.
A	تاریخ	*tārix*, date; history.
AP	تاریخی	*tārixi*, historical.
	تاریك	*tārik*, dark.
	تاریك‌روشن	*tārikroušan*, dusk.
	تاریکماه	*tārikmāh*, moon-less.
	تاریکی	*tāriki*, darkness.
	تازه	*tāze*, fresh, new, recent; just then; even, nevertheless, in spite of all.
	تازی	*tāzi*, Arabic; Arabian; greyhound.
	تازیانه	*tāziāne*, whip, scourge.
	تازی نژاد	*tāzinezād*, of Arabian race.
A	تأسف	*ta'assof*, regret.
A	تأسیس	*ta'sis*, foundation; تأسیس کردن *ta'sis k.*, to found.
	تاگور	*tāgor*, Tagore.
A	تألیف	*ta'lif*, composition, literary work.
A	تأمین	*ta'min*, securing, safeguarding (subs.); تأمین کردن *ta'min k.*, to secure, assure.
A	تأنی	*ta'anni*, slowness, deliberation.
A	تأیید	*ta'yid*, emphasis, confirmation.
	تب	*tab*, fever, temperature.
A	تبارك	*tabārak*, He (God) is exalted, blessed.
	تباهی	*tabāhi*, destruction.
A	تبدیل	*tabdil*, change; تبدیل یافتن *tabdil yāftan*, to change, alter (intrans.).
	تبریز	*tabriz*, Tabriz (town in north-western Persia).
A	تبلیغ	*tabliɣ*, propagation, communication.
	تپه	*tappe*, hill.
A	تجارت	*tejārat*, trade.
A	تجاوز	*tajāvoz*, transgression; تجاوز کردن *tajāvoz k.*, to transgress.
A	تجدید	*tajdid*, renewal.
A	تجربه	*tajrebe*, experience.

A	تجزیه	*tajzie*, division, analysis.
AP	تجزیه ناپذیر	*tajzie nāpazir*, indivisible; incapable of being split.
A	تجمل	*tajammol*, luxury.
A	تحت	*taht*, under.
A	تحت الشعاع	*tahtoʃ-ʃoʻāʻ*, over-shadowed.
A	تحریر	*tahrir*, writing, composition; تحریر کردن *tahrir k.* to write.
A	تحسین	*tahsin*, applause, approbation.
A	تحصیل	*tahsil*, study, acquiring, acquisition.
A	تحقیق	*tahqiq*, investigation, research.
AP	تحقیقی	*tahqiqi*, pertaining to investigation or scholarly research.
A	تحکم	*tahakkom*, commanding, lording it over (subs.).
A	تحمل	*tahammol*, endurance, patience.
A	تحمیل	*tahmil*, imposition, imposing (a burden) upon, forcing (upon); تحمیل کردن *tahmil k.*, to impose.
A	تحول	*tahavvol*, transition, change, reform.
A	تحولات	*tahavvolāt* pl. of above.
A	تحویل	*tahvil*, delivering, delivery.
	تخته	*taxte*, plank, board; piece; تخته سنگ *taxtesang*, slab.
A	تخلیص	*taxlis*, delivering, saving.
A	تداول	*tadāvol*, usage, circulation.
A	تدبیر	*tadbir*, policy, plan; setting in order.
A	تدریجاً	*tadrijan*, gradually.
AP	تدریجی	*tadriji*, gradual.
A	تذکر	*tazakkor*, mention; reminding; commemoration.
	تر	*tar*, moist, wet.
	ترازو	*tarāzu*, scale.
F	تراژدی	*terāʒedi*, tragedy.
	تراشیدن	*tarāʃidan*, to cut, sharpen.
A	تربیت	*tarbiat*, education, training; تربیت کردن *tarbiat k.*, to educate, train.
A	ترتیب	*tartib*, manner, arrangement, order.
A	ترجمه	*tarjome*, translation.
	ترد	*tord*, crisp.
A	تردید	*tardid*, doubt, hesitation.
	ترس	*tars*, fear.
	ترسیدن	*tarsidan*, to fear, be frightened.
A	ترقی	*taraqqi*, progress.
A	ترک	*tark*, abandonment; ترک گفتن *tark goftan*, to abandon, leave.
T	ترک	*tork*, Turk.

TP	ترکتازی	*torktāzi*, incursion.
	ترکه	*tarke*, switch, cane.
TP	ترکی	*torki*, Turkish.
A	ترکیبات	*tarkibāt* (pl. of ترکیب *tarkib*), syntax, constructions.
A	ترویج	*tarvij*, encouragement; propagation.
A	تریاق	*tariāq*, antidote.
	ترید	*tarid*, see تلیت.
A	تسخیر	*tasxir*, capture, captivation.
A	تسریع	*tasri‘*, acceleration.
A	تسلط	*tasallot*, dominion, rule.
A	تسلی	*tasalli*, consolation.
A	تشابه	*taʃāboh*, similarity.
A	تشبیه	*taʃbih*, simile; likening, comparing; تشبیه کردن *taʃbih k.*, to liken, compare.
A	تشتت	*taʃattot*, diversity, confusion.
A	تشخیص	*taʃxis*, discerning, distinguished, تشخیص دادن *taʃxis dādan*, to distinguish, discern.
	تشر زدن	*taʃar zadan*, to shout (at someone).
A	تشریفات	*taʃrifāt* (pl. of تشریف *taʃrif*), ceremonies; red tape.
A	تشکیل	*taʃkil*, formation, forming; تشکیل دادن *taʃkil dādan*, to form.
	تشنه	*teʃne*, thirsty.
A	تصدیق	*tasdiq*, confirmation, verification; certificate; تصدیق کردن *tasdiq k.*, to confirm, verify.
A	تصرف	*tasarrof*, possession, control.
A	تصنع	*tassanno‘*, artificiality, affectation.
A	تصنیف	*tasnif*, literary work; popular song.
A	تصور	*tasavvor*, immagination; تصور کردن *tasavvor k.*, to imagine.
A	تصویب	*tasvib*, ratification, approval; تصویب کردن *tasvib k.*, to ratify, approve.
A	تضمین	*tazmin*, guarantee.
A	تظاهر	*tazāhor*, display, outward show.
A	تعالی	*ta‘ālā*, (He is) most high.
A	تعارف	*ta‘ārof*, compliments, greeting, ceremony.
A	تعبیر	*ta‘bir*, interpretation.
A	تعداد	*te‘dād*, number.
A	تعریف	*ta‘rif*, definition, narration; praise.
A	تعزیه	*ta‘zie*, a kind of passion play.
AP	تعزیه گردان	*ta‘ziegardān*, leading performer in a *ta‘zie*.
A	تعصب	*ta‘assob*, fanaticism.
A	تعقیب	*ta‘qib*, pursuance, pursuit.

A	تعقید	*ta'qid*, obscurity of meaning.
A	تعلل	*ta'allol*, making excuses.
A	تعلیق	*ta'liq*, dependance (upon).
A	تعلیم	*ta'lim*, teaching, education.
A	تعلیمات	*ta'limāt* pl. of above.
A	تعویق	*ta'viq*, postponement; بتعویق انداختن *be ta'viq andāxtan*, to postpone.
A	تغییر	*taɣyir*, change, alteration.
A	تفاوت	*tafāvot*, difference.
A	تفتیش	*taftiʃ*, inspection, search.
A	تفسیر	*tafsir*, commentary, interpretation, explanation.
A	تفکیك	*tafkik*, separating, splitting.
A	تفوق	*tafavvoq*, superiority, preference.
A	تقبیح	*taqbih*, condemnation.
A	تقدم	*taqaddom*, priority.
A	تقریر	*taqrir*, statement, assertion, avowal; تقریر کردن *taqrir k.*, to state, assert, avow.
A	تقصیر	*taqsir*, fault, shortcoming, offence.
A	تقلا	*taqallā*, struggle, effort.
A	تقلب	*taqallob*, dishonesty, fraud; تقلب کردن *taqallob k.*, to cheat.
AP	تقلبی	*taqallobi*, fraudulent.
A	تقلید	*taqlid*, imitation.
A	تقویت	*taqviat*, strengthening (subs.).
A	تقویم	*taqvim*, evaluation, assessment; calendar.
	تك	*tak*, alone; تك تك *tak tak*, one by one; تك و توك *tak o tuk*, a few.
	تکان	*takān*, move, shake; تکان دادن *takān dādan*, to move, shake.
A	تکرار	*takrār*, repetition; تکرار کردن *takrār k.*, to repeat.
A	تکفیر	*takfir*, declaring a heretic, excommunication.
A	تکلف	*takallof*, artificiality.
A	تکلیف	*taklif*, duty, task; divine command, imperative injunction.
	تکه	*tekke*, fragment, piece.
	تلخ	*talx*, bitter.
	تلخکامی	*talxkāmi*, disappointment, despair.
A	تلفظ	*talaffoz*, pronunciation.
FT	تلفونچی	*telefonci*, telephone-operator.
F	تلگراف	*telegrāf*, telegraph.
	تلیت	*talit*, breaking up bread into small pieces and putting it in soup, etc.
A	تماس	*tamās*, contact.

A	تماشا	*tamāʃā*, sight, spectacle; تماشا داشتن *tamāʃā dāʃtan*, to be a pleasant sight.
AT	تماشاچی	*tamāʃāci*, spectator.
A	تمام	*tamām*, full, complete; whole; all; تمام کردن *tamām k.*, to finish.
A	تمایل	*tamāyol*, inclination.
A	تمدن	*tamaddon*, civilization.
A	تمسخر	*tamasxor*, ridicule, mockery.
A	تملق	*tamalloq*, flattery.
A	تمنا	*tamannā*, desire, request, demand; تمنا کردن *tamannā k.*, to desire, to request, demand.
A	تمول	*tamavvol*, riches, wealth.
A	تمهید	*tamhid*, disposition, arrangement; skill, stratagem, trick.
AP	تمیز	*tamiz*, discernment, judgement.
	تن	*tan*, body, person; تن تنها *tane tanhā*, single-handed.
A	تناقض	*tanāqoz*, contradiction.
A	تنبیه	*tanbih*, punishment; تنبیه کردن *tanbih k.*, to punish.
	تند	*tond*, swift; sharp, irritable; تند کردن *tond k.*, to quicken (one's step).
PA	تند خلق	*tondxolq*, quick tempered.
	تند رونده	*tondravande*, swift, fleeting.
	تنك	*tonok*, scattered thinly.
	تنگ	*tang*, close, tight; narrow; تنگ غروب *tange γorub*, on the point of sunset.
A	تنوع	*tanavvo'*, variety.
	تنومند	*tanumand*, sturdy, strong, corpulent.
	تنه	*tane*, trunk (of a tree); body; تنه زدن *tane zadan*, to shove, jostle.
	تنها	*tanhā*, alone; only.
	تو	*tu*, in, into; تو *to*, thou.
A	توازن	*tavāzon*, balance; harmony.
A	تواضع	*tavāzo'*, humility, lack of pretension.
A	توالی	*tavāli*, succession.
	توان	*tavān*, strength, endurance; از توان شدن *az tavān ʃodan*, to be exhausted.
	توانستن (توان)	*tavānestan* (*tavān*), to be able.
	توتون	*tutun*, pipe tobacco.
A	توجه	*tavajjoh*, attention; توجه داشتن *tavajjoh dāʃtan*, to pay attention.
A	توجیه	*to͡ujih*, explanation.
A	توحید	*to͡uhid*, unity of God; monotheism.

	توده	*tude*, heap, pile, mass; توده مردم *tudeye mardom*, the masses.
A	توسعه	*touse'e*, spread, expansion; درحال توسعه *dar hāle touse'e*, developing (of a country, etc.).
AP	توصیفی	*tousifi*, descriptive.
A	توفیق	*toufiq*, success, victory.
A	توقیف	*touqif*, arrest, supression.
A	تولا	*tavallā*, blessing; friendship.
A	تولید	*toulid*, production.
	ته	*tah*, bottom, depth; end.
A	تهدید	*tahdid*, threat; تهدید کردن *tahdid k.*, to threaten.
A	تهیه	*tahie*, preparation; تهیه کردن *tahie k.*, to prepare.
	تیر	*tir*, shot, bullet, arrow; تیر کردن *tir k.*, to prick, point (the ear).
	تیره	*tire*, dark, obscure; clan.
	تیز	*tiz*, sharp, pointed.
	تیز بین	*tizbin*, sharp, keen-witted.
	تیشه	*tiʃe*, hatchet, axe; تیشه زدن *tiʃe zadan*, to cut with an axe or hatchet.
	تیغ	*tiɣ*, razor; تیغ انداختن *tiɣ andāxtan*, to slash with a razor.

ث

A	ثابت	*sābet*, stable, firm, fixed.
A	ثانیاً	*sānian*, secondly.
A	ثروت	*sarvat*, wealth, riches.
AP	ثروتمند	*sarvatmand*, wealthy, rich.

ج

	جا	*jā*, place; جا باز کردن *jā bāz k.*, to make room (for someone); جا خالی کردن *jā xāli k.*, to take evasive action, duck; جا خوردن *jā xordan*, to be startled; از جا جستن *az jā jastan*, to spring up; از جا در رفتن *az jā dar raftan*, to get very angry; (حال) سر جا آمدن (*hāl*) *sare jā āmadan*, to recover.
	جاپا	*jāpā*, footprint, footstep, foot-hold.
A	جاده	*jādde*, road.
A	جاذبه	*jāzebe*, (fem of جاذب *jāzeb*), attractive; قوه جاذبه *qovveye jāzebe*, specific gravity.
	جام	*jām*, cup, goblet.
A	جامع	*jāme'*, comprehensive; comprehending, comprising.

A	جامعه	*jāme'e*, society, community.
AP	جامعه شناسی	*jāme'e ʃenāsi*, sociology.
	جامه	*jāme*, garment; clothing; جامه عمل پوشیدن *jāmeye amal puʃidan*, to materialize.
	جان	*jān* soul, spirit.
A	جانب	*jāneb*, side, direction.
	جانشین	*jāneʃin*, replacement, successor.
	جانور	*jānevar*, animal, beast, monster.
A	جانی	*jāni*, criminal.
	جاودانی	*jāvdāni*, permanent, eternal.
	جاه	*jāh*, rank, position.
A	جایز	*jāyez*, permissible.
A	جایزه	*jāyeze*, prize, award.
AP	جبروتی	*jabaruti*, celestial.
A	جد	*jadd*, ancestor, grandfather; *jedd*, seriousness; بجد *be jedd*, seriously, in earnest.
A	جدا	*jodā*, separate; جدا ساختن *jodā sāxtan*, to separate.
AP	جدی	*jeddi*, seriously.
A	جدید	*jadid*, modern, up to date.
A	جذبات	*jazabāt* (pl. of جذبه *jazabe*), raptures.
A	جرأت	*jor'at*, courage, boldness.
A	جراره	*jarrāre*, venomous, poisonous.
A	جراید	*jarāyed* (pl. of جریده *jaride*), newspapers; the press.
A	جرعه	*jor'e*, gulp, draught.
	جرقه	*jaraqqe*, spark.
A	جرم	*jorm*, crime, offence.
A	جریان	*jariān*, flow, circulation, current; course of events.
	جز	*joz*, except, besides, other, apart; بجز *be joz*, other than.
A	جزء، جزو	*joz'*, *jozv*, part, portion, section.
A	جزئی	*joz'i*, particular; pertaining to a part, portion or section.
A	جزئیات	*joz'iyāt* pl. of above.
	جست	*jast*, leap, jump; جست زدن *jast zadan*, to leap, jump.
	جستجو	*jostoju*, to seek; جستجو کردن *jostoju k.*, to seek, search for.
	جستن (جو)	*jostan* (*ju*), to seek; to find.
	جستن (جه)	*jastan* (*jeh*), to leap, jump.
	جسته	*jaste*, projecting (adj.). see also جستن (جه).
A	جسم	*jesm*, body, substance, solid.

	جشن	jaʃn, celebration, feast; جشن گرفتن jaʃn gereftan, to celebrate (a feast day).
A	جعبه	jaʻbe, box.
A	جعفر	jaʻfar, a masculine proper name.
	جعفری	jaʻfari, pertaining to the Jaʻfari sect (see note, p. 26).
A	جعلی	jaʻli, forged, fictitious.
	جفت	joft, pair.
A	جلال	jalāl, splendour.
A	جلد	jeld, volume, book; binding (of a book).
A	جلسات	jalasāt pl. of جلسه.
A	جلسه	jalse, session, meeting.
T	جلو	jelōu, front, forward; جلورو jelōuru, facing, in front of; خودرا جلو انداختن xodrā jelōu andāxtan, to push oneself to the front.
A	جلوس	jolus, accession to the throne.
A	جلوه	jelve, lustre, splendour; جلوه دادن jelve dādan, to represent (as); جلوه داشتن jelve dāʃtan, to be revealed, display; جلوه فروختن jelve foruxtan, to show off, display airs; جلوه نمودن jelve namudan, to reveal, display oneself.
A	جماعت	jamāʻat, crowd, group.
A	جمال	jamāl, beauty, grace.
A	جمع	jamʻ, group, sum total; collected; جمع کردن jamʻ k., to collect, assemble.
A	جمعیت	jamʻiyat, crowd, multitude; population.
A	جملات	jomalāt pl. of جمله.
A	جمله	jomle, sentence.
A	جمهور	jomhur, generality (of people), populace; republic.
A	جميع	jamiʻ, whole, all, totality.
A	جناب	janāb, a title of respect; جنابعالی janābe āli, your excellency; mode of address used in respect in lieu of the second person plural.
A	جناس	jenās, pun, play on words.
	جنبش	jombeʃ, movement.
	جنب و جوش	jomb o juʃ, activity, commotion.
A	جنبه	jambe, side, aspect.
	جنبیدن	jombidan, to move, shake.
A	جنس	jens, kind, sort; goods.
A	جنساً	jensan, by nature, inherently.
	جو	ju, stream, brook.
A	جواب	javāb, answer.
	جوان	javān, young.

A جود *jud*, generosity.

جور *jur*, kind, sort.

جوش *juʃ*, boiling; heat, lust; جوش خوردن *juʃ xordan*, to boil; to be welded, joined together.

AP جولانگاه *jo͡ulāngāh*, field, race-course.

A جوهر *jo͡uhar*, essence, substance.

A جهاد *jehād*, holy war.

جهان *jahān*, world.

A جهت *jehat*, cause, reason; side, direction; از این جهت (باین جهت) *az in jehat* (*be in jehat*), for this reason.

جهش *jeheʃ*, leap, bound.

A جهل *jahl*, ignorance.

چ

چابکی *cāboki*, agility, swiftness.

چاپ *cāp*, print, edition; چاپ کردن *cāp k.*, to print; چاپ سنگی *cāpe sangi*, lithography; بچاپ رسیدن *be cāp rasidan*, to be printed.

چاپیدن *cāpidan*, to plunder, rob.

چادر *cādor*, veil; tent.

چاره *cāre*, remedy, cure.

T چاق *cāq*, fat.

چاك *cāq*, rent, slit, cleft.

چاله *cāle*, pit, hollow.

چپق *copoq*, pipe with long stem.

چرا *cerā*, why; yes.

چراغ *cerāγ*, lamp.

چرب *carb*, greasy.

چرخ *carx*, wheel; wheeling, whirling; چرخ زدن *carx zadan*, to wheel, whirl; بچرخ آوردن *be carx āvardan*, to cause to whirl round.

چرك *cerk*, dirt; dirty.

چرم *carm*, leather.

چریدن *caridan*, to graze.

چسبیدن *casbidan*, to stick, adhere.

چشم *caʃm*, *ceʃm*, eye; (for بچشم *becaʃm*) most willingly; چشم بد دور *caʃme bad dur*, may the evil eye be averted.

چشمخانه *caʃmxāne*, eye-socket.

چشمك *caʃmak*, wink; چشمك زدن *caʃmak zadan*, to wink.

چشمه *caʃme*, *ceʃme*, spring, source.

چشیدن *caʃidan*, to taste.
چموش *camuʃ*, mulish, obstinate, vicious.
چمیدن *camidan*, to strut, flaunt.
چنان *conān*, *cenān*, such, so, in such a way; like that, thus; چنانکه *cenānke*, as, just as; so that; if.
چند *cand*, some, several; few; چندتا چندتا *cand tā cand tā*, a few at a time, i.e. in small groups; یکچند *yek cand*, for a little while.
چندان *candān*, so, so much.
چندی *candi*, a little while.
چندین *candin*, several; so many.
چنین *conin*, *cenin*, like this; so.
چو *co*, (for چون) like, similar.
چوب *cub*, wood, stick.
چوبین *cubin*, made of wood, wooden.
چوپان *cupān*, shepherd.
چون *cun*, for, because; when; like, similar.
چه *ce*, what (interrog.); how; because; آنچه *ānce*, that which.
چهار *cahār*, four.
چهارچشمی *cahār caʃmi*, most attentively.
چهر ، چهره *cehr*, *cehre*, face, cheek, countenance.
چهل *cehel*, forty.
چیدن (چین) *cidan* (*cin*), to collect, gather, pick.
چیره *cire*, bold, prevailing, victorious.
چیز *ciz*, thing, object.
چیست *cist* (contraction چه‌است *ce ast*), what is (it)?
چین *cin*, pleat, fold; بر هم چین شدن *bar ham cin ʃodan*, to collapse, fold up (intrans.).
چین *cin*, China.

ح

A حاجت *hājat*, need; حاجت داشتن *hājat dāʃtan*, to need.
A حاجی *hājji*, pilgrim (to Mecca), appellation given to those who have performed the pilgrimage.
A حادثات *hādesāt* pl. of حادثه.
A حادثه *hādese*, happening, event.
A حاشیه *hāʃie*, margin, edge.
AP حاشیه نشین *hāʃieneʃin*, sitting on the edge, being on the fringe.
A حاصل *hāsel*, produce, result; حاصل کردن *hāsel k.*, to acquire, obtain.

A	حاضر	*hāzer*, present; ready.
A	حافظه	*hāfeze*, memory.
A	حاکم	*hākem*, governor; ruling, governing (adj.).
A	حاکمه	*hākeme* fem. of above.
A	حاکی	*hāki*, indicating (adj.).
A	حال	*hāl*, state, condition, disposition, circumstance; ecstacy; attribute; بهر حال *be har hāl*, in any case; و حال آنکه *va hāl ānke*, whereas; (for حالا) now.
A	حالا	*hālā*, now.
A	حالت	*hālat*, state, condition.
A	حامی	*hāmi*, supporter, protector.
A	حائز	*hā'ez*, possessing, holding (adj.).
A	حتماً	*hatman*, certainly, definitely.
A	حتی	*hattā*, even (prep.).
A	حج	*hajj*, the pilgrimage to Mecca.
A	حجاب	*hejāb*, veil.
A	حجم	*hajm*, volume, bulk.
A	حد	*hadd*, limit, extent; تا حدی *tā haddi*, to a certain extent; حد اقل *hadde aqal*, at least.
A	حدس	*hads*, guess; حدس زدن *hads zadan*, to guess.
A	حذر	*hazar*, avoiding, shunning; بر حذر بودن *bar hazar budan*, to be on one's guard.
A	حرام	*harām*, unlawful.
AP	حرامزاده	*harāmzāde*, bastard.
A	حرب	*harb*, war.
A	حرف	*harf*, letter of the alphabet; word, talk; حرف زدن *harf zadan*, to speak, talk.
A	حرکت	*harakat*, movement, moving; حرکت کردن *harakat k.*, to move, set out.
A	حرمت	*hormat*, respect, reverence.
A	حریر	*harir*, fine silk cloth.
A	حریص	*haris*, greedy.
A	حریف	*harif*, companion; rival, match; حریف میدان بودن *harife meĭdān budan*, to be a match (for someone).
A	حس	*hess*, sense, feeling.
A	حساب	*hesāb*, account, rule, method; از کسی حساب بردن *az kasi hesāb bordan*, to hold someone in awe, to fear someone.
AP	حسابی	*hesābi*, proper, sensible.
A	حسادت	*hesādat*, envy.
A	حسب	*hasb*; بر حسب *bar hasb*(*e*), according to.
A	حسود	*hasud*, envious.

A	حشمت	*he∫mat*, pomp, glory.
A	حشو	*ha∫v*, embroidery, elaboration; redundancy, superfluity.
A	حصول	*hosul*, acquisition, gain.
A	حضار	*hozzār* (pl. of حاضر), those present, audience.
A	حضرت	*hazrat*, title of respect, equivalent to his excellency, his highness.
A	حظ	*hazz*, delight, enjoyment; حظ کردن *hazz k.*, to enjoy, be delighted with.
A	حق	*haqq*, right, truth; حق داشتن *haqq dā∫tan*, to deserve; to have the right, to be justified.
A	حقایق	*haqāyeq*, pl. of حقیقت.
AP	حق‌خواهی	*haqqxāhi*, searching for truth; seeking justice.
AP	حق‌شناسی	*haqq∫enāsi*, gratitude.
A	حقوق	*hoquq*, (pl. of حق), rights; wages, salary; political science.
A	حقه	*hoqqe*, trickery, guile; bowl (of opium smoker's pipe); flower bulbs.
A	حقیقت	*haqiqat*, truth, reality.
A	حقیقتاً	*haqiqatan*, truly, really.
A	حقیقی	*haqiqi*, true, real, genuine.
A	حکام	*hokkām* pl. of حاکم.
A	حکایت	*hekāyat*, story, fable; narrative.
A	حکم	*hokm*, order, decree, judgment; حکم گزاری کردن *hokm gozāri k.*, to rule.
A	حکومت	*hokumat*, government.
AP	حکومتی	*hokumati*, governmental.
A	حکیم	*hakim*, wise man, philosopher; physician.
AP	حکیمانه	*hakimāne*, wisely.
A	حل	*hall*, solution, solving.
A	حلال	*halāl*, lawful.
A	حمایت	*hemāyat*, protection, support.
A	حمله	*hamle*, attack.
	حنجره	*hanjare*, back of throat.
A	حوادث	*havādes* pl. of حادثه.
A	حواس	*havās* pl. of حس ; حواس خمسه *havāse xamse*, the five senses.
A	حوائج	*havā'ej* pl. of حاجت.
A	حیات	*hayāt*, life.
AP	حیاتی	*hayāti*, vital.
A	حیاط	*hayāt*, court-yard; house (properly house and its court-yard).

A	حیث	*hеis*, sense, respect; از این حیث *az in heis*, in this respect; ازحیث *az heis(e)*, in regard (to).
A	حیرت	*heirat*, astonishment.
AP	حیرت آور	*heiratāvar*, astonishing (adj.).
A	حین	*hin*, while, time, occasion; moment; در حین *dar hin(e)*, while.

خ

A	خادم	*xādem*, servant, attendant.
	خار	*xār*, thorn.
AP	خارجی	*xāreji*, foreigner.
	خاستن (خیز)	*xāstan (xiz)*, to rise, stand up; برخاستن *bar xāstan*, to rise, get up, stand up; افتادنها و بر خاستنها *oftādanhā va bar xāstanhā*, ups and downs.
A	خاصه	*xāsse*, special; especially; upper classes.
A	خاصیت	*xāsiyat*, special quality; benefit usefulness.
A	خاطر	*xāter*, mind, heart; memory; بخاطر رسیدن *be xāter rasidan*, to come to mind.
A	خاطر جمع	*xāter jam'*, confident, sure.
	خاطرخواه	*xāterxāh*, lover.
T	خاقان	*xāqān*, The great khan (a title given to the Qājār Shāhs of Persia).
	خاك	*xāk*, earth, dust; land (country).
	خاکستر	*xākestar*, ash.
	خاکستری	*xākestari*, ash colour.
	خاکیان	*xākiān*, mortals.
A	خالص	*xāles*, pure, undiluted.
A	خالی	*xāli*, empty; devoid (of); خالی کردن *xāli k.*, to empty.
	خاموش	*xāmuʃ*, silent; extinguished.
	خاموشی	*xāmuʃi*, silence.
T	خان	*xān*, title of respect for men.
	خاندان	*xāndān*, family; house, dynasty.
T	خانم	*xānom*, lady, gentlewoman.
	خانوادگی	*xānevādegi*, pertaining to a family.
	خانه	*xāne*, house.
	خائیدن	*xāidan*, to chew.
A	خبر	*xabar*, news; happening.
A	خجالت	*xejālat*, shame, shyness; خجالت کشیدن *xejālat kaʃidan*, to be ashamed, shy.
	خدا ، خدای	*xodā, xodāy*, God; خدای نخواسته *xodāy naxāste*, God forbid; بخدا *be xodā*, by God.

	خداداد	xodā dād, God-given.
	خداشناس	xodāʃenās, godly, pious; believer.
	خداشناسی	xodāʃenāsi, knowledge of God.
	خداوند	xodāvand, God; lord, master.
A	خدعه	xodʻe deceit, trick.
AP	خدعه آمیز	xodʻe āmiz, deceitful.
A	خدمت	xedmat, service.
	خر	xar, donkey, ass.
A	خراب	xarāb, destroyed, ruined.
	خراسان	xorāsān, province in north-eastern Persia.
A	خرافات	xorāfāt (pl. of خرافه xorāfe), superstitions.
	خرامان	xarāmān, walking gracefully, strutting.
	خرامیدن	xarāmidan, to walk gracefully, strut.
A	خرج	xarj, expense, expenditure; بخرج دادن be xarj dādan, to show off; to expend, exert (effort, etc.).
	خرد	xerad, wisdom, intellect; xord, small, tiny; خرد کردن xord k., to break into pieces; to change (money).
	خرمی	xorrami, freshness; gaiety.
	خریدن	xaridan, to buy, purchase.
	خزر	xazar: بحر خزر bahre xazar, the Caspian sea.
	خزیدن	xazidan, to creep.
	خس	xas, kind of grass, straw, thorn; mean.
	خسبیدن	xosbidan, to sleep.
A	خست	xessat, meanness, stinginess.
	خسته	xaste, tired.
	خسته کننده	xaste konande, tiresome, boring.
	خشایارشا	xaʃāyārʃā, Xerxes.
	خشك	xoʃk, dry.
	خشکاندن	xoʃkāndan, to desiccate.
	خشم	xaʃm, anger.
	خشن	xaʃen, rough, coarse.
AP	خصوصی	xosusi, private, special.
A	خط	xatt, writing, script; line.
A	خطا	xatā, error, fault.
	خفتن	xoftan, to sleep.
A	خلاء	xalaʻ, vacuum.
A	خلاص	xalās, freed, liberated.
A	خلاصه	xolāse, in short, briefly; summary (subs.).
A	خلاف	xelāf, contrary; xelāf(e) against.
A	خلافت	xelāfat, caliphate.

A خلال *xelāl*, interval; در خلال *dar xelāl*(*e*), during; در این خلال *dar in xelāl*, meanwhile.
A خلط *xalt*, mixing; خلط مبحث *xalte mabhas*, خلط مسائل *xalte masāel*, confusing the issue.
A خلفا *xolafā* (pl. of خلیفه *xalife*), caliphs.
A خلق *xalq*, creation, people; creature; خلق کردن *xalq k.*, to create; *xolq*, temper, humour, disposition.
A خلقت *xelqat*, creation.
A خلوت *xalvat*, solitude; private apartment; not crowded, empty.
خم *xam*, bend, curve; bent, crooked.
خمره *xomre*, large earthenware jar.
A خمسه *xamse* (f. of خمس), five; see حواس *havās*.
خمیده *xamide*, bent, curved.
خمیر *xamir*, dough.
خنده *xande*, laughter.
خندیدن *xandidan*, to laugh.
خنك *xonak*, *xonok*, cool; insipid, flat, dull.
خواب *xāb*, sleep; خواب دیدن *xāb didan*, to dream; خواب زده *xābzade*, confused on waking.
خواباندن *xābāndan*, to put to sleep; to stop, run down.
خوابیدن *xābidan*, to sleep, lie down; to stop, run down.
خواجه *xāje*, master.
خواستن (خواه) *xāstan* (*xāh*), to want, desire, wish.
خوان *xān*, dinner-table; table-cloth.
خواندن *xāndan*, to read; to sing; to call.
خواننده *xānande*, reader; singer.
خواه *xāh* see خواستن.
خواهش *xāheʃ*, request, desire.
خوب *xub*, good, well.
خوبی *xubi*, goodness.
خود *xod*, self; خود او *xode u*, he himself; خود خدا *xode xodā*, God himself, God alone; بخود آمدن *be xod āmadan*, to return to consciousness; بخود آوردن *be xod āvardan*, to bring to consciousness; بخودی خود *be xodie xod*, in itself, involuntarily.
خودخواهی *xodxāhi*, self-concern.
خودرو *xodru*, wild.
خودسری *xodsari*, stubbornness, wilfulness.
خودی *xodi:* خودی و بیگانه *xodi o bigāne*, friend and stranger (cf. او خودیست *u xodist*, he is one of us).
خور *xor:* در خور *dar xor*(*e*), in keeping with, as befits.

	خوردن	*xordan*, to eat; some compound verbs in *zadan* form their passive with *xordan*.
	خورشید	*xorʃid*, sun.
	خوش	*xoʃ*, happy; pleasing, pleasant; خوش خوش *xoʃ xoʃ*, leisurely, pleasantly.
	خوشایند	*xoʃāyand*, pleasing, pleasant.
PA	خوش اخلاق	*xoʃaxlāq*, good-natured, pleasant, well-behaved.
	خوشبخت	*xoʃbaxt*, happy, fortunate.
	خوشبختانه	*xoʃbaxtāne*, fortunately, luckily.
	خوش‌پذیرائی	*xoʃpazirāi*, hospitable, sociable.
PA	خوش جنس	*xoʃjens*, decent, kind-hearted.
PA	خوش خلق	*xoʃxolq*, good-tempered.
PA	خوش قیافه	*xoʃqiāfe*, handsome.
	خوشنویس	*xoʃnevis*, calligrapher.
PA	خوش یمن	*xoʃyomn*, of good omen.
	خون	*xun*, blood.
	خون‌آلود	*xunālud*, stained with blood.
	خونخوار	*xunxār*, bloodthirsty.
	خونین	*xunin*, bloody.
	خویش	*xiʃ*, self; relation, relative.
	خویشاوندی	*xiʃāvandi*, kinship.
	خیابان	*xiābān*, avenue, street.
A	خیاط	*xayyāt*, tailor.
A	خیر	*xe͡ir*, good, goodness; welfare; charity; no (opp. of yes).
	خیره	*xire*, staring.
	خیز	*xiz*, leap; see also خاستن.
A	خیال	*xiāl*, thought, fancy; خیال داشتن *xiāl dāʃtan*, to intend, have in mind; خیال کردن *xiāl k.*, to think, suppose.
	خیلی	*xe͡ili*, very, many, much; خیلی راه *xe͡ili rāh*, a long way.
A	داخل	*dāxel*, interior, internal; داخل شدن *dāxel ʃodan*, to enter.
	داد	*dād*, shout, cry; justice; داد زدن *dād zadan*, to shout, cry.
	دادن (ده)	*dādan* (*deh*), to give.
	دار	*dār* see داشتن.
	دارا	*dārā*, having, possessing (adj.); rich.
	داستان	*dāstān*, story, fable.
	داستانی	*dāstāni*, pertaining to stories, fables.
	داشتن (دار)	*dāʃtan* (*dār*), to have, possess; to hold.
	دالان	*dālān*, corridor, passage, hall.

	دام	*dām*, domesticated or herbivorous animals; snare, trap.
	دامن	*dāman*, skirt, lap.
	دامنه	*dāmane*, slope, skirt (of a mountain).
	دانا	*dānā*, learned, wise.
	دانائی	*dānāi*, learning, knowledge, wisdom.
	دانستن (دان)	*dānestan* (*dān*), to know, consider.
	دانش آموز	*dāneʃāmuz*, student.
	دانشمند	*dāneʃmand*, learned, scholarly.
	دانه	*dāne*, grain, pip.
A	دائر (دایر)	*dāer*, *dāyer*, in operation, in running order; دائر بر *dāer bar*, concerning; دائر کردن *dāer k.*, to put into operation, set up.
	دبستان	*dabestān*, primary school.
	دبیرستان	*dabirestān*, secondary or high school.
A	دجله	*dejle*, Tigris.
A	دخالت	*dexālat*, interference.
	دختر	*doxtar*, daughter, girl.
A	دخیل	*daxil*, effective; having a hand (in an affair).
	در	*dar*, door; in; درباب *dar bāb*(*e*), concerning; درباره *dar bāre*(*ye*), concerning; در رفتن *dar raftan*, to escape, flee; در کردن *dar k.*, بدر کردن *be dar k.*, to drive out, put out.
A	در	*dorr*, pearl.
	دراز	*darāz*, *derāz*, long, tall, lengthy; دراز کردن *darāz k.*, to stretch, extend; دراز کشیدن *darāz kaʃidan*, to lie down.
	درآمد	*darāmad*, income, revenue.
	در آمدن	*dar āmadan*, to enter; to come out.
	در آوردن (در آر، در آور)	*dar āvardan* (*dar ār*, *dar āvar*), to bring out, produce; to take off (clothes).
A	درایت	*derāyat*, wisdom, prudence.
	دربار	*darbār*, court, palace.
	درباری	*darbāri*, pertaining to the court, courtier.
	دربان	*darbān*, doorman.
	دربانی	*darbāni*, office of guard or doorman.
A	درجات	*darajāt* pl. of درجه.
A	درجه	*daraje*, degree, rank.
	درخت	*daraxt*, tree.
	درخشان	*daraxʃān*, brilliant, shining, glorious.
	درخشیدن	*daraxʃidan*, to shine (intrans.).

	درد	***dard***, pain; درد سر ***darde sar***, headache; درد سر دادن ***darde sar dādan***, to bother, give trouble (to someone); بدرد خوردن ***be dard xordan***, to be useful.
A	درس	***dars***, lesson; درس خواندن ***dars xāndan***, to study.
	درست	***dorost***, correct, right; honest; درست در همان لحظه ***dorost dar hamān lahze***, exactly at that moment.
	درستی	***dorosti***, correctness, rightness; honesty, integrity; wholeness.
AP	درسی	***darsi***, relating to lessons.
	درشت	***doroʃt***, rough, hard, thick, large; stern.
	درشتی	***doroʃti***, roughness, thickness, largeness; sternness.
	در غلتیدن	***dar ɣaltidan***, to roll, wallow.
	دروغ	***doruɣ***, lie, falsehood; دروغ گفتن ***doruɣ goftan***, to lie.
	دروغی	***doruɣi***, falsely; in pretence, pretending.
	درون	***dorun***, inside, interior.
	دره	***darre***, valley.
	در هم	***dar ham***, confused, mixed up, entangled; در هم کوبیدن ***dar ham kubidan***, to batter.
	دری	***dari***, ancient Persian dialect said to have been the language of the court.
	دریا	***daryā***, sea.
	دریاچه	***daryāce***, lake.
	در یافتن (در یاب)	***dar yāftan*** (***dar yāb***), to receive; to understand, comprehend.
	دریچه	***darice***, window, shutter.
	دریدن	***daridan***, to tear.
	دریغ	***dariɣ***: دریغ داشتن ***dariɣ dāʃtan***, to withhold, keep back, refuse, begrudge.
	دزد	***dozd***, thief.
	دزدیدن	***dozdidan***, to steal.
	دست	***dast***, hand; paw; foreleg of an animal; دست آخر ***daste āxer***, the final time or turn; دست بدست دادن ***dast be dast dādan***, to join hands, unite; دست برداشتن ***dast bar dāʃtan***, to refrain, desist; دست بیکی بودن ***dast be yaki budan***, to be united; دست کشیدن ***dast kaʃidan***, to withhold, desist; دست کم ***daste kam***, at least; دست کمی نداشتن ***daste kami nadāʃtan***, to be equal (with); دست نخورده ***dast naxorde***, untouched, not tampered with; از دست دادن ***az dast dādan***, to miss, lose; از دست رفتن ***az dast raftan***, to be lost, perish; بدست آمدن ***be dast āmadan***, to be acquired, obtained; یکدست بودن

MODERN PERSIAN READER ۱۰۳

yekdast budan, to be even (in style); یکدست لباس *yek dast lebās*, a suit of clothes.

	دستپاچه	*dastpāce*, confused, excited, hasty.
	دستپاچگی	*dastpācegi*, haste, confusion.
	دستخوش	*dastxoʃ*, sport, victim, subject to, exposed to.
	دستفروش	*dastforuʃ*, peddler, hawker.
	دستگاه	*dastgāh*, organization, administration.
	دستگیری	*dastgiri*, help; arrest.
	دستور	*dastur*, permission, order, instruction; دستور دادن *dastur dādan*, to give permission, orders, instructions.
	دسته	*daste*, bunch, bundle; group.
PA	دسته جمعی	*daste jam'i*, in one group, collectively.
	دشت	*daʃt*, plain, plateau.
T	دشك	*doʃak*, cushion, upholstered seat.
	دشمن	*doʃman*, enemy.
	دشوار	*doʃvār*, difficult.
	دشواری	*doʃvāri*, difficulty.
A	دعا	*do'ā*, prayer; دعا خواندن *do'ā xāndan*, to pray.
A	دعوی	*da'vi*, claim.
A	دفاع	*defā'*, defence.
	دفتر	*daftar*, note-book, register; office.
A	دفعه	*daf'e*, time, turn.
A	دقایق	*daqāyeq*, pl. of دقیقه.
A	دقت	*deqqat*, accuracy, care, accuracy of observation.
A	دقیق	*daqiq*, accurate.
A	دقیقه	*daqiqe*, minute, moment.
F	دکارت	*dekārt*, Decart.
T	دکمه	*dokme*, button.
A	دکه	*dakke*, shop.
	دگر	*degar*, see دیگر.
	دل	*del*, heart; mind; stomach; دل دادن *del dādan*, to pay close attention; to encourage; to give one's heart (to someone).
A	دلالت	*dalālat*, guidance, inclination دلالت کردن *dalālat k.*, to indicate.
	دلاویز	*delāviz*, pleasant, charming.
	دلبستگی	*delbastegi*, attachment, affection.
	دلپذیر	*delpazir*, pleasing, pleasant.
	دلخوش	*delxoʃ*, happy, pleased, contented.
	دلداری	*deldāri*, comfort, consolation; دلداری دادن *deldāri dādan*, to console, comfort.
	دلزدگی	*delzadegi*, weariness, flatness, depression.

	دلسوزی	*delsuzi*, sympathy, care.
	دلکش	*delkaʃ*, attractive.
	دلنشین	*delneʃin*, agreeable.
A	دلیل	*dalil*, proof, reason.
	دم	*dam*, breath, instant; edge; دم زدن *dam zadan*, to breathe; to utter, speak; بدم در کشیدن *be dam dar kaʃdidan*, to snatch or pluck with the mouth (of sheep or goats); *dom*, tail.
F	دموکرات	*demokrāt*, democrat.
F	دموکراسی	*demokrāsi*, democracy.
	دمیدن	*damidan*, to dawn; to blossom.
	دنبال	*dombāl*, trail; *dombāl(e)*, behind, after; بدنبال *be dombāl(e)*, after.
	دندان	*dandān*, tooth.
	دنده	*dande*, rib.
A	دنیا	*donyā*, world, this world.
	دو	*do*, two.
	دو	*dou͡* see دویدن.
A	دوا	*davā*, cure, remedy, medicine.
	دوازده	*davāzdah*, twelve.
A A	دوام	*davām*, durability, continuance; دوام کردن (یافتن) *davām k.* (*yāftan*), to last.
	دوباره	*dobāre*, once more, again.
PA	دوبیتی	*dobei͡ti*, couplet, quatrain.
	دوختن (دوز)	*duxtan* (*duz*), to sow; چشم دوختن *ceʃm duxtan*, to fix the eyes (upon).
	دود	*dud*, smoke.
	دودی	*dudi:* دودی بودن *dudi budan*, to be a smoker; دودی گرفتن *dudi gereftan*, to have a few puffs (of a pipe, etc.).
	دور	*dur*, far.
A	دور	*dou͡r*, cycle, period of years; *dou͡r(e)*, around, round; دور زدن *dou͡r zadan*, to turn round.
	دورادور	*durādur*, from a distance, afar, far distance.
AP	دورادور	*dou͡rādou͡r*, all round.
A	دوران	*dou͡rān*, period, time, age.
	دوردست	*durdast*, remote, out of reach.
A	دوره	*dou͡re*, cycle, period, era; series; revision.
	دوست	*dust*, friend.
	دوستانه	*dustāne*, friendly.
	دوستی	*dusti*, friendship.
	دوسره	*dosare*, mutual, reciprocal.

A	دولت	*do͡ulat*, government, state; felicity; fortune, wealth; power; dominion.
	دوم	*dovvom*, second, secondly.
	دونده	*davande*, running (adj.).
	دویدن (دو)	*davidan* (*do͡u*, *dav*), to run.
	ده	*dah*, ten; *deh*, village.
	دهان	*dahān*, mouth.
	دهان گشوده	*dahāngoʃude*, open-mouthed.
	دهشاهی	*dahʃāhi*, ten *shāhi* (obsolete coin equal to half a *riāl*).
	دهقان	*dehqān*, peasant, farmer; member of landholding classes in Sasanian Persia.
	دهن	*dahan*, mouth.
	دیباچه	*dibāce*, preface.
	دید	*did*, sight, vision; دید و بازدید *did o bāzdid*, paying and repaying a visit.
	دیدن (بین)	*didan* (*bin*), to see.
	دیده	*dide*, eye.
	دیر	*dir*, late; دیر جنبیدن *dir jombidan*, to move slowly; دیر کردن *dir k.*, to be late; دیری نپائید *diri napāid*, it did not last long; از دیر باز *az dir bāz*, long since.
	دیرین	*dirin*, ancient, old, longstanding.
	دیزی	*dizi*, pipkin.
	دیگر	*digar*, other; next; again, further; (with a negative) no longer.
	دیگرگون	*digargun*, changed; دیگرگون کردن *digargun k.*, to alter, change completely.
	دیلمی	*de͡ilami*, Daylamite.
E	دیلی‌نیوز	*de͡ilinyuz*, daily news.
A	دین	*din*, religion; *de͡in*, debt.
AP	دینی	*dini*, religious (book etc.).
	دیو	*div*, ogre, giant.
	دیوار	*divār*, wall.
	دیوان	*divān*, government office (especially financial); collected poems (of a poet).
	دیوانه	*divāne*, mad, insane.
	دیوانی	*divāni*, pertaining to the *divān*.
G	دیوژن	*dioʒen*, Diogenes.

ذ

A	ذاتاً	*zātan*, by nature, inherently.
A	ذخایر	*zaxāyer* pl. of ذخیره.

A	ذخیره	*zaxire*, treasure, store, reserve.
A	ذره	*zarre*, particle, atom.
A	ذکر	*zekr*, mention.
A	ذو	*zu*, possessed of, possessing.
A	ذوق	*zou͡q*, literary taste, talent; delight, joy.
AP	ذوق زده	*zou͡qzade*, excited in a childish manner, overwhelmed with joy.
A	ذهن	*zehn*, mind, intellect, understanding, memory.

ر

A	رابطه	*rābete*, connection, relation, link, liaison.
A	راجع	*rāje'*, returning, referring; راجع به *rāje' be*, with reference to, about.
A	راحت	*rāhat*, comfortable, relieved; راحت گذاشتن *rāhat gozāʃtan*, to leave alone, in peace.
AP	راحتی	*rāhati*, comfort, ease; براحتی *be rāhati*, easily.
F	رادیو	*radio*, radio, wireless.
	راز	*rāz*, mystery, secret.
	راست	*rāst*, right, true, upright, straight; راست کردن *rāst k.*, to straighten.
PA	راستا حسینی	*rāstā hosei͡ni*, straight forward, unambiguous.
	راستگو	*rāstgu*, truthful, correct, honest.
	راستی	*rāsti*, truth, honesty; indeed, in truth; incidentally, by the way.
A	راضی	*rāzi*, content, satisfied, pleased.
	رام	*rām*, tame, gentle; رام کردن *rām k.*, to tame.
	راندن	*rāndan*, to ride, drive, drive away, move.
	راه	*rāh*, road, way, path; راه افتادن *rāh oftādan*, to set out; راه انداختن *rāh andāxtan*, to start, set in motion; راه رفتن *rāh raftan*, to walk.
	راه آهن	*rāhe āhan*, railroad, railway.
	راهنما	*rāhnamā*, guide.
	راهی شدن	*rāhi ʃodan*, to set out.
A	رأی	*ra'i*, opinion, counsel, judgement, vote; رأی دادن *ra'i dādan*, to vote.
A	رایج ، رائج	*rāyej*, *rāej*, current (adj.).
A	ربا	*rebā*, usury.
	ربا	*robā* see ربودن.
A	ربط	*rabt*, connection.
	ربودن (ربا)	*robudan* (*robā*), to snatch, seize.
A	رجال	*rejāl* (pl. of رجل *rajol*), men, statesmen.
A	رحمت	*rahmat*, mercy.

رخ *rox*, face, cheek; castle (at chess).
رختخواب *raxtexāb*, bedclothes.
رخنه *raxne*, breach, crack, chink.
A رد *radd*, foot-print; rejection, refutal.
A ردیف *radif*, category, row.
رسا *rasā*, expressive; رسا کردن *rasā k.*, to reach.
رساندن ، رسانیدن *rasāndan, rasānidan*, to transmit, express, put over.
A رسالت *resālat*, mission.
A رسائل *rasāel* (pl. of رساله *resāle*), treatises.
رستاخیز *rastāxiz*, resurrection.
A رسم *rasm*, habit, custom.
A رسماً *rasman*, officially.
AP رسمانه *rasmāne*, official.
AP رسمی *rasmi*, official, formal.
A رسول *rasul*, prophet (especially one who has brought a divinely revealed book); حضرت رسول *hazrate rasul*, the prophet Mohammad.
A رسوم *rosum* pl. of رسم .
رسیدن *rasidan*, to arrive, reach; بجائی رسیدن *be jāi rasidan*, to get somewhere, to achieve a position; بهم رسیدن *be ham rasidan*, to be available; to meet one another; تا چه رسد به *tā ce rasad be*, let alone, still less.
رستن (ره) *rastan* (*rah*), to escape, be delivered.
رستن (رو) *rostan* (*ru*), to grow.
رشته *reʃte*, thread; range (of mountains, etc.); field, sphere, branch (of study etc.).
A رشد *roʃd*, growth, maturity; رشد کردن *roʃd k.*, to grow.
رشک *raʃk*, envy.
A رشوه *reʃve*, bribe, bribery.
A رضا *rezā*, satisfaction, consent; رضا دادن *rezā dādan*, to give consent.
AP رضایتمندی *rezāyatmandi*, satisfaction, consent.
A رعد *ra'd*, thunder.
A رعیت *ra'iyat*, subject; peasant.
A رغبت *raɣbat*, desire, liking, inclination.
A رغم *raɣm*, spite; برغم *be raɣme*, علیرغم *alā raɣme*, in spite of.
A رفاه *rafāh, refāh*, comfort, ease.
رفتار *raftār*, behaviour, conduct; رفتار کردن *raftār k.*, to behave, act.
رفتن (رو) *raftan* (*rou, rav*), to go; در رفتن *dar raftan*, to go away, escape, disappear.

	رفته رفته	*rafte rafte*, gradually.
A	رفع	*rafʻ*, removal; lifting, raising, abolishing.
A	رفيق	*rafiq*, comrade, friend.
A	رقابت	*raqābat*, rivalry, competition.
A	رقص	*raqs*, dance, dancing.
AP	رقصيدن	*raqsidan*, to dance.
A	رقم	*raqam*, decree, order; item; writing.
	رك	*rok*, frank, straightforward, open.
A	ركود	*rokud*, stagnation.
	رگ	*rag*, vein.
A	رمز	*ramz*, riddle, enigma, secret.
A	رموز	*romuz* pl. of above.
	رنج	*ranj*, suffering, anguish; رنج بردن *ranj bordan*, to suffer; رنج دادن *ranj dādan*, to cause suffering, anguish (to someone); رنج كشيدن *ranj kaʃidan*, to suffer.
	رنجور	*ranjur*, afflicted, sick.
	رنجيدن	*ranjidan*, to take offence.
	رندانه	*rendāne*, amorous, mischievous.
	رنگ	*rang*, colour.
	رنگارنگی	*rangārangi*, colourfulness, variety.
	رنگين	*rangin*, colourful, elaborate.
	رو	*ru*, face; on; رو برو *ru be ru*, face to face, opposite; از اينرو *az inru*, for this reason; از روی *az ruye*, on account of.
	روا	*ravā*, permissible, right.
A	روابط	*ravābet* pl. of رابطه.
A	رواج	*ravāj*, prevalence; in great demand.
	روان	*ravān*, fluent, flowing; soul, mind.
	روانشناسی	*ravānʃenāsi*, psychology.
	روانه كردن	*ravāne k.*, to dispatch, send.
	روانی	*ravāni*, mental, psychological; fluency.
A	روايت	*ravāyat*, narrative, account, tradition.
	روباه	*rubāh*, fox.
A	روح	*ruh*, soul, spirit.
AP	روحانی	*rōuhāni*, spiritual.
A	روحی	*ruhi*, mental, spiritual.
A	روحيات	*ruhiyāt* (pl. of روحيه but used with a singular meaning), morale.
A	روحيه	*ruhiye*, morale.
	رودربايستی	*rudarbāyesti*, being put on the spot, standing on ceremony; bashfulness, embarrassment.
	روز	*ruz*, day.

	روزافزون	***ruzafzun*, increasing daily, increasing.**
	روزانه	***ruzāne*, daily.**
	روزگار	***ruzgār*, *ruzegār*, time, providence.**
	روزنامه	***ruznāme*, newspaper.**
	روزه	***ruze*, fasting; روزه گرفتن *ruze gereftan*, to fast.**
	روزی	***ruzi*, sustenance; fate.**
	روس	***rus*, Russia.**
A	رؤسا	***ro'asā* pl. of رئیس.**
	روستائی	***rustāi*, rustic; villager.**
	روسیاه	***ru siāh*, one whose face is black, i.e. sinner, disgraced.**
	روسیه	***rusie*, Russia.**
	روش	***raveʃ*, conduct, method, custom, way, mode, style.**
	روشن	***ro͡uʃan*, light, bright, clear; evident; روش کردن *ro͡uʃan k.*, to light; to make clear.**
	روشنائی	***ro͡uʃanāi*, light, brightness.**
	روشن بین	***ro͡uʃanbin*, clear-sighted, enlightened.**
PA	روشنفکر	***ro͡uʃanfekr*, enlightened, intellectual.**
A	رونق	***ro͡unaq*, lustre, splendour; popularity, being in great demand.**
	روی	***ru͡i*, face.**
	رویهمرفته	***ruye ham rafte*, altogether, on the whole.**
	روئیدن	***ruidan*, to grow.**
A	رؤیت	***ro'yat*, sight.**
	رها کردن	***rahā k.*, to abandon, drop.**
	رهاندن	***rahāndan*, to save.**
	رهائی	***rahāi*, deliverance,**
	رهانیدن	***rahānidan*, to save.**
	رهبر	***rahbar*, guide, leader.**
	ری	***re͡i*, Rey (town near Tehran).**
A	ریا	***riā*, hypocrisy.**
A	ریاست	***riāsat*, power, leadership, being head (of a department, etc.).**
	ریال	***riāl*, monitary unit of Irān.**
	ریخت	***rixt*, shape, form.**
	ریختن (ریز)	***rixtan* (*riz*), to pour, shed.**
	ریز	***riz*, tiny, very small, fine; see also ریختن.**
	ریشه	***riʃe*, root.**
	ریشه دار	***riʃe dār*, well rooted.**
	ریگزار	***rigzār*, sandy region.**
A	رئیس	***ra'is*, head, chief, director, manager.**

ز

	زاده	zāde, born.
A	زارع	zāre', peasant, cultivator, husbandman.
	زاری	zāri, lamentation, weeping.
A	زاویه	zāvie, corner, angle.
A	زاید، زائد	zāyed, zāed, superfluous.
A	زائر	zāer, pilgrim.
	زبان	zabān, tongue; language.
	زبان بسته	zabānbaste, tongue-tied; dumb (of an animal).
	زبانه	zabāne, tongue of flame; زبانه کشیدن zabāne kaʃidan, to leap (tongue of flame).
	زبر	zebr, coarse, rough.
A	زحمت	zahmat, trouble; زحمت کشیدن zahmat kaʃidan, to take trouble.
	زخمی	zaxmi, wounded.
	زدن (زن)	zadan (zan), to strike, beat; to play (an instrument).
	زر	zar, gold.
	زرتشت	zartoʃt, Zoroaster.
	زرتشتی	zartoʃti, Zoroastrian.
	زرد	zard, yellow, sallow.
	زرین	zarrin, golden.
	زشت	zeʃt, ugly.
A	زعفران	za'farān, saffron.
A	زفاف	zafāf, consummation of marriage.
A	زمان	zamān, time, season.
AP	زمانه	zamāne, time, fortune; age, epoch.
	زمخت	zomoxt, coarse.
	زمردین	zomorrodin, emerald coloured, green.
A	زمره	zomre, circle, category, group.
	زمزمه	zamzame, murmur, humming; rumour.
	زمین	zamin, earth, ground, land.
	زمینه	zamine, background.
	زن	zan, woman; wife; see also زدن.
	زناشوئی	zanāʃui, matrimony.
	زنجیر	zanjir, fetter, chain; زنجیرشده zanjirʃode, trapped, chained.
	زندان	zendān, prison.
	زندگانی	zendegāni, life.
	زندگی	zendegi, life, living, livelihood; زندگی کردن zendegi k., to live.
	زنده	zende, alive; زنده باد zende bād, long live (the king, etc.).

MODERN PERSIAN READER ۱۱۲

	زندیق	*zendiq*, heretic.
	زنگ	*zang*, rust; bell; زنگ زدن *zang zadan*, to rust; to ring (trans. and intrans.).
A	زوایا	*zavāyā* pl. of زاویه.
A	زواید	*zavāyed* (pl. of زاید), superfluities.
	زود	*zud*, soon, early; quick.
	زودی	*zudi*, quickness; بزودی *be zudi*, quickly.
	زور	*zur*, force, pressure, power.
	زوزه	*zuze*, yelp, howl.
	زهره	*zahre*, courage.
A	زهره	*zohre*, Venus.
	زیاد	*ziād*, much, many; too, too much; more.
A	زیارت	*ziārat*, pilgrimage; visit.
	زیان	*ziān*, harm, damage, loss; disadvantage.
	زیبا	*zibā*, beautiful.
	زیبائی	*zibāi*, beauty.
	زیر	*zir*, under, below, beneath; down; high-keyed; زیر همه چیز زدن *zire hame ciz zadan*, to reject or deny everything; بزیر *be zir(e)*, under.
	زیرا، زیراکه	*zirā*, *zirāke*, because.
	زیرك	*zirak*, shrewd, cunning.
	زیرکی	*ziraki*, shrewdness.
	زیستن (زی)	*zistan* (*zi*), to live.

ژ

	ژاله	*ʒāle*, dew.
	ژولیده	*ʒulide*, dishevelled.

س

A	سابق	*sābeq*, former.
A	سابقاً	*sābeqan*, formerly.
A	سابقه	*sābeqe*, past experience, precedent.
A	ساحل	*sāhel*, shore, coast, beach.
AP	ساحلی	*sāheli*, coastal.
	ساختگی	*sāxtegi*, superficial, artificial.
	ساختن (ساز)	*sāxtan* (*sāz*), to make, build; to agree (with); to suit, become (someone).
	ساده	*sāde*, simple, unadorned, plain.
PA	ساده بیانی	*sāde bayāni*, simple or unadorned writing or speaking.
	سادگی	*sadegi*, simplicity.

PA	ساده لوح	***sāde lo͞uh***, naive.
PA	ساده لوحانه	***sāde lo͞uhāne***, naive; naively.
A	سارق	***sāreq***, thief.
	سازنده	***sāzande***, maker, builder.
	ساسانی	***sāsāni***, Sasanian.
A	ساعت	***sā‘at***, hour; clock, watch.
A	ساعد	***sā‘ed***, forearm.
A	ساکت	***sāket***, silent, quiet.
	سال	***sāl***, year.
	سالخوردگی	***sālxordegi***, being stricken in years.
A	سالم	***sālem***, healthy.
	سامانی	***sāmāni***, belonging or pertaining to the Samanid dynasty.
A	سامی	***sāmi***, semitic.
AP	سامی زبان	***sāmi zabān***, speaking a semitic language.
	سایه	***sāye***, shade, shadow.
	سایه روشن	***sāye ro͞uʃan***, light and shade, contrast.
A	سب	***sabb***, reviling, cursing.
A	سبب	***sabab***, cause, reason.
	سبز	***sabz***, green.
	سبزبختی	***sabzbaxti***, good fortune.
	سبزه	***sabze***, greenery, verdure; meadow.
	سبك	***sabk***, style, method; ***sabok***, light.
	سبکسری	***saboksari***, frivolity.
A	سبیل	***sabil***, way, manner; ***bar sabil(e)***, by way of.
	سپاس	***sepās***, thanks, gratitude.
	سپاهی	***sepāhi***, military; soldier.
	سپردن (سپر)	***sepordan (separ)***, to entrust, make over, deposit.
	سپری شدن	***separi ʃodan***, to elapse, expire.
	سپید	***sepid***, white.
	سپیده	***sepide***, dawn.
	سپیدی	***sepidi***, whiteness.
	ستاره	***setāre***, star.
	ستم	***setam***, oppression, tyranny; ستم کردن ***setam k.***, to commit oppression.
	ستمگر	***setamgar***, cruel.
	ستون	***sotun***, pillar, column.
	ستوه	***sotuh***, harrassed; distress, annoyance.
A	سجع	***saj‘***, rhyming prose.
	سخت	***saxt***, hard, firm, strong, violent.
	سخت جان	***saxtjān***, tenacious.
	سختی	***saxti***, hardship, difficulty; بسختی ***be saxti***, with difficulty; hardly, scarcely.

A	سخره	*soxre*, forced labour; derision.
	سخن	*soxan*, word; speech, saying, discourse.
	سخنرانی	*soxanrāni*, speech, oration, lecture; broadcast talk.
A	سد	*sadd*, dam; obstruction.
	سر	*sar*, head, top; *sar(e)*, at, over; سر دادن *sar dādan*, to free, let go, start; سر در گم کردن *sar dar gom k.*, to bewilder; سر رسیدن *sar rasidan*, to fall due; to arrive on time; سر زدن *sar zadan*, to have a hair cut; سر وصدا *sar o sedā*, noise, tumult; سر و کار داشتن *sar o kār dāʃtan*, to be concerned (with).
	سرازیر	*sarāzir*, downhill; سرازیر شدن *sarāzir ʃodan*, to descend rapidly.
	سراسر	*sarāsar*, throughout, from end to end.
	سراسیمه	*sarāsime*, confused, agitated.
T	سراغ	*sorāɣ*, clue, trail, track; سراغ داشتن *sorāɣ dāʃtan*, to know of, have news of.
	سرب	*sorb*, lead (mineral).
	سربالا	*sarbālā*, uphill.
	سربلندی	*sarbolandi*, honour.
	سرجنبان	*sarjombān*, leading personage.
	سرچشمه	*sarceʃme*, source, fountain-head.
	سرد	*sard*, cold.
	سردار	*sardār*, commander of an army.
	سردی	*sardi*, coldness.
	سرزمین	*sarzamin*, land, country.
	سرشار	*sarʃār*, abundant.
A	سرعت	*sor'at*, speed.
	سرفراز	*sarfarāz*, honoured, having one's head high.
	سرکار	*sarkār*, title of respect used in place of *ʃomā*, you.
	سرگردان	*sargardān*, bewildered.
	سرگردانی	*sargardāni*, state of bewilderment.
	سرگرم	*sargarm*, occupied, busy.
	سرگرمی	*sargarmi*, amusement, diversion, hobby.
	سرما	*sarmā*, cold (weather).
	سرمازده	*sarmāzade*, frost-bitten.
	سرمایه	*sarmāye*, capital (money, stock), riches; سرمایه دار *sarmāye-dār*, capitalist.
PA	سرمشق	*sarmaʃq*, model.
	سرنوشت	*sarneveʃt*, fate, destiny.
	سرو	*sarv*, cypress-tree.
	سرود	*sorud*, song, melody; سرود ملی *sorude melli*, national anthem.

	سرودن (سرا)	*sorudan* (*sarā*), to sing; to compose (poetry, etc.).
	سره	*sare*, pure, undiluted.
	سزا	*sazā*, reward, retribution.
	سزاوار	*sazāvār*, worthy, deserving.
	سست	*sost*, feeble, shaky.
A	سطر	*satr*, line.
A	سطور	*sotur* pl. of above.
A	سعادت	*sa'ādat*, happiness, felicity, good fortune.
AP	سعادتمند	*sa'ādatmand*, happy, fortunate.
	سعدی	*sa'di*, Sa'di (13th century Persian poet).
A	سعی	*sa'i*, effort; سعی کردن *sa'i k.*, to try, strive.
A	سفارش	*sefāreʃ*, recommendation; order (for goods etc.); سفارش دادن *sefāreʃ dādan*, to order; سفارش کردن *sefāreʃ k.*, to recommend, to make a recommendation (on someone's behalf).
A	سفر	*safar*, trip, journey.
AP	سفرنامه	*safarnāme*, travelogue.
A	سفره	*sofre*, table-cloth; سفره کردن *sofre k.*, to tear, rend; بر سر سفره نشستن *bar sare sofre neʃastan*, to sit at (someone's) table.
	سفید	*white*.
A	سفیه	*safih*, silly, stupid (person).
G	سقراط	*soqrāt*, Socrates.
A	سقیم	*saqim*, incorrect, untrue; sick.
A	سکته	*sakte*, pause (in a verse, etc.); apoplexy.
	سکسکه	*sekseke*, sobbing, hiccup.
A	سکوت	*sokut*, silence.
A	سکه	*sekke*, die for coining, coin; سکه زدن *sekke zadan*, to strike coins.
	سگ	*sag*, dog; سگ گله *sage galle*, sheep-dog.
	سگال	*segāl*, intention, wish, thought.
	سگالیدن	*segālidan*, to think; to wish.
A	سلام	*salām*, greeting; levée, audience.
TP	سلجوق	*saljuqi*, pertaining to the Seljuqs.
A	سلسله	*selsele*, series; range (of mountains); dynasty.
A	سلطان	*soltān*, sultan, ruler.
A	سلطه	*salte*, rule, sovereignity.
A	سلیس	*salis*, fluent, easy.
A	سلیقه	*saliqe*, taste, good taste.
A	سلیم	*salim*, healthy, sound.
A	سنت	*sonnat*, tradition, custom.
	سنجیدن	*sanjidan*, to weigh, compare.
A	سنخ	*senx*, category, kind, sort, manner.

	سنگ	*sang*, stone, rock.
	سنگی	*sangi*, made of stone, stony.
	سنگین	*sangin*, heavy.
A	سنن	*sonan* pl. of سنت.
A	سنه	*sane*, year, date.
	سو	*su*, side, direction; بسو(ی) *be su(ye)* towards; از سوی دیگر *az suye digar*, on the other hand; flicker, sight, light; سو سو زدن *su su zadan*, to flicker.
A	سوء	*su'*, evil; سوء استفاده *su'e estefāde*, misuse.
A	سوا	*sevā*, separate, different; *sevā(ye)*, except.
A	سوابق	*savābeq* pl. of سابقه.
A	سواد	*savād*, ability to read and write, literacy.
	سوار	*savār*, rider; mounted; سوار شدن *savār ʃodan*, to mount (intrans.); سوار کردن *savār k.*, to mount (trans.), to assemble.
	سوختن (سوز)	*suxtan* (*suz*), to burn (intrans.).
	سود	*sud*, benefit, advantage.
	سودا	*soudā*, trade, traffic, marketing.
A	سودا	*soudā*, notion, desire, sudden impulse.
	سور	*sur*, feast, party; سور دادن *sur dādan*, to give a party.
	سوراخ	*surāx*, hole; سوراخ کردن *surāx k.*, to make a hole.
	سوریه	*surie*, Syria.
	سوز	*suz*, see سوختن; سوز و بریز *suz o beriz*, sobbing.
GP	سوفسطائی	*sufastāi*, sophist.
	سوم	*sevvom*, third.
	سه	*se*, three.
A	سهل	*sahl*, easy; سهل گرفتن *sahl gereftan*, to consider as trivial.
A	سهم	*sahm*, share, part portion; dread, terror; arrow; بسهم خود *be sahme xod*, for its own part.
	سهمگین	*sahmgin*, formidable, awful, dreadful.
A	سهولت	*sohulat*, ease, fluency.
A	سهیم	*sahim*, having a share; partner.
	سی	*si*, thirty.
A	سیاح	*sayyāh*, traveller, tourist.
A	سیاسی	*siāsi*, political, diplomatic.
	سیاه	*siāh*, black, dark.
	سیاهدانه	*siāhdāne*, nigella seed.
	سیاهی	*siāhi*, blackness, darkness.

A	سید	*seiyed*, descendent of the prophet through his daughter Fatimeh.
	سیر	*sir*, measure of weight approximately 75 grammes; garlic.
A	سیر	*seir*, excursion, journey.
	سیراب	*sirāb*, quenched (thirst); saturated with water (land).
A	سیرت	*sirat*, conduct, nature, character.
	سیردلی	*sirdeli*, without showing greed, lack of greed.
A	سیره	*sire*, conduct, disposition.
	سیصد	*sisad*, three hundred.
A	سیل	*seil*, flood, torrent.
	سیلی	*sili*, slap.
	سیما	*simā*, face, mien, portrait; profile, outline.
	سینه	*sine*, breast, chest; سینه کردن *sine k.*, to drive (a flock) in front of one.
	سیه چشم	*siahceʃm*, black-eyed.

ش

	شاپور	*ʃāpur*, a masculine proper name.
	شاخ	*ʃāx*, horn, branch; شاخ زدن *ʃāx zadan*, to butt.
	شاد	*ʃād*, happy, gay.
	شاداب	*ʃādāb*, succulent, fresh.
	شادی	*ʃādi*, joy.
	شادی آور	*ʃādiāvar*, joyful.
A	شاعر	*ʃā'er*, poet.
AP	شاعرانه	*ʃā'erāne*, poetical, romantic.
A	شاق	*ʃāqq*, difficult, hard.
	شاگرد	*ʃāgerd*, pupil, apprentice, disciple.
	شال	*ʃāl*, long piece of cloth wound round the waist by men as a belt; sash, scarf.
	شامگاه	*ʃāmgāh*, eventide.
A	شامل	*ʃāmel*, containing, including (adj.).
A	شأن	*ʃa'n*, dignity; در شأن *dar ʃa'n(e)*, with regard to.
	شانه	*ʃāne*, shoulder; comb.
	شاه	*ʃāh*, king, sovereign.
A	شاهد	*ʃāhed*, witness.
	شاهراه	*ʃāhrāh*, main road.
	شاهزاده	*ʃāhzāde*, prince.
	شاهکار	*ʃāhkār*, masterpiece.
	شاهنامه	*ʃāhnāme*, ' Book of Kings ', i.e. the Persian epic by Ferdousi.

	شاهنشاه	*ʃāhanʃāh*, king of kings.
	شاهنشاهی	*ʃāhanʃāhi*, empire, kingdom; royal.
	شاهی	*ʃāhi*, coin of 5 *dinārs* (now no longer in use).
A	شائبه، شایبه	*ʃāebe, ʃāyebe*, doubt, taint, alloy.
	شاید	*ʃāyad*, perhaps.
	شایسته	*ʃāyeste*, worthy, fitting.
A	شایع	*ʃāye'*, prevalent, current, published, spread abroad.
	شب	*ʃab*, night, evening.
	شبان	*ʃabān*, shepherd.
A	شباهت	*ʃebāhat*, resemblance, likeness.
	شبچر	*ʃabcar*, grazing by night (subs.).
	شبدر	*ʃabdar*, clover.
	شبرنگ	*ʃabrang*, night-coloured, i.e. black.
	شبگردی	*ʃabgardi*, roaming about by night, night patrol.
	شبگیر	*ʃabgir*, nocturnal; by night.
	شبیخون	*ʃabixun*, night-attack; surprise raid.
A	شبیه	*ʃabih*, resembling, like.
	شتاب	*ʃetāb*, see below.
	شتافتن (شتاب)	*ʃetāftan (ʃetāb)*, to make haste, hurry.
	شتابان	*ʃetābān*, hurrying (adj.).
	شتر	*ʃotor*, camel.
A	شجاعت	*ʃojā'at*, courage.
A	شخص	*ʃaxs*, person; شخصی *ʃaxsi*, someone, anyone, anybody.
AP	شخصی	*ʃaxsi*, personal.
	شدن (شو)	*ʃodan (ʃou, ʃav)*, to become; (obs.) to go; شدن is also used to form the passive voice, and in the third person singular to mean it is (was) possible.
A	شدید	*ʃadid*, violent.
A	شر	*ʃarr*, evil, wickedness.
A	شراب	*ʃarāb*, wine.
A	شرارت	*ʃarārat*, wickedness.
A	شرافت	*ʃarāfat*, honour, nobility.
A	شرح	*ʃarh*, description, detail.
AP	شرربار	*ʃararbār*, blazing.
A	شرط	*ʃart*, condition, bet; بشرط آنکه *be ʃarte ānke*, provided that.
AP	شرطبندی	*ʃartbandi*, betting; lottery.
AP	شرفیاب	*ʃarafyāb*, honoured (by being received by someone or meeting someone).
	شرم	*ʃarm*, shame, bashfulness.
	شرم آور	*ʃarmāvar*, shameful.

	شرمساری	*ʃarmsāri*, disgrace, shame
A	شروع	*ʃoru'*, beginning, start; شروع کردن *ʃoru' k.*, to begin.
A	شره	*ʃare*, greed.
A	شریر	*ʃarir*, wicked, malignant.
A	شریف	*ʃarif*, noble.
	ششم	*ʃeʃom*, sixth.
A	شعار	*ʃe'ār*, motto, slogan.
A	شعاع	*ʃo'ā'*, ray, beam, light.
A	شعبان	*ʃa'bān*, eighth month of the lunar year.
A	شعر	*ʃe'r*, poetry, verse.
A	شعرا	*ʃo'arā* pl. of شاعر *ʃā'er*.
A	شعله	*ʃo'le*, flame, blaze.
AP	شعله‌ور	*ʃo'levar*, blazing.
A	شق	*ʃaqq*, erect; *ʃeqq*, category, alternative, possibility.
A	شقاوت	*ʃaqāvat*, villainy, atrocity.
A	شقایق	*ʃaqāyeq*, corn-poppy.
A	شك	*ʃakk*, doubt.
	شکارگاه	*ʃekārgāh*, hunting-field.
	شکافتن	*ʃekāftan*, to split, tear.
A	شکایت	*ʃekāyat*, complaint.
	شکر	*ʃekar*, granulated or castor sugar.
A	شکر	*ʃokr*, thanksgiving, gratitude.
	شکست	*ʃekast*, defeat.
	شکستن (شکن)	*ʃekastan* (*ʃekan*), to break.
	شکسته	*ʃekaste*, broken; broken by age.
	شکسته‌بال	*ʃekastebāl*, broken-winged, broken.
	شکفتن	*ʃekoftan*, to blossom, bloom.
	شکفتگی	*ʃekoftegi*, blossoming, flowering (subs.).
A	شکل	*ʃekl*, shape, form.
	شکم	*ʃekam*, belly.
	شکنجه	*ʃekanje*, torture; بشکنجه کشیدن *be ʃekanje kaʃidan*, to put on the rack.
	شکوفه	*ʃekufe*, blossom.
	شکوه	*ʃokuh*, glory, pomp, majesty.
	شکیبائی	*ʃakibāi*, patience.
	شگفت	*ʃegeft*, wonder, astonishment.
	شگفت‌آمیز، شگفت آور	*ʃegeftāmiz*, *ʃegeftāvar*, wonderful, astonishing.
	شما	*ʃomā*, you.
	شمار	*ʃomār*: بشمار آوردن *be ʃomār āvardan*, to cause to be considered, bring into consideration; see also شمردن.

شماره *ʃomāre*, number, issue.
AP شمالی *ʃomāli*, northern.
شمردن (شمار) *ʃomordan* (*ʃomār*), to count, reckon.
شمشیر *ʃamʃir*, sword.
A شمع *ʃam'*, candle.
A شمه *ʃemme*, small part, fraction, specimen.
شناخت *ʃenāxt*, recognition, perception.
شناختن (شناس) *ʃenāxtan* (*ʃenās*), to recognize, know.
شناس *ʃenas*, see above.
شناور *ʃenāvar*, floating (adj.).
شنونده *ʃenevande*, hearer, listener.
شنیدن (شنو) *ʃenidan* (*ʃenou͡*, *ʃenav*), to hear, listen.
شو *ʃu* cont. of شوهر.
شوخ *ʃux*, witty, jovial.
PA شوخ طبعی *ʃuxtab'i*, having a jocular nature.
شور *ʃur*, rapture, fervour; salty.
شورافکن *ʃurafkan*, rapturous.
شورش *ʃureʃ*, rising, rebellion, unrest, revolt.
شوریده *ʃuride*, frenzied (with love).
A شوق *ʃou͡q*, enthusiasm.
A شوم *ʃum*, sinister, ill-omened, disastrous.
A شؤون *ʃo'un* (pl. of شأن), aspects, affairs.
شوهر *ʃou͡har*, husband.
A شهادت *ʃahādat*, witness, evidence; martyrdom.
شهر *ʃahr*, city, town.
A شهرت *ʃohrat*, fame, renown; rumour, report.
شهری *ʃahri*, city-dweller, townsman.
شهریور *ʃahrivar*, sixth month of the Persian solar year.
شهنشاهنامه *ʃahanʃāhnāme*, book of kings.
A شهید *ʃahid*, martyr; martyred.
A شیاد *ʃai͡yād*, imposter, hypocrite.
شیر *ʃir*, lion; milk; water-tap.
شیراز *ʃirāz*, chief city of Fārs.
شیراسا *ʃirāsā*, lion-like.
شیری *ʃiri*, lion-like (name given to a dog); milk-white.
A شیعی *ʃi'i*, belonging or pertaining to the party of 'Ali, i.e. the Shi'i sect.
F شیمی *ʃimi*, chemistry.
شیوا *ʃivā*, eloquent, fluent.
A شیوع *ʃoyu'*, prevalence; شیوع یافتن *ʃoyu' yāftan*, to be prevalent, to spread (intrans.).
شیوه *ʃive*, method, manner, style.

ص

A	صاحب	***sāheb***, owner; possessed of, endowed with.
A	صاحب‌نظر	***sāhebnazar***, possessed of discernment, high-minded.
A	صاف	***sāf***, clear, clean; smooth; candid.
A	صافی	***sāfi***, clear, pure; candid.
A	صادق	***sādeq***, sincere, truthful.
AP	صادقانه	***sādeqāne***, sincerely, truthfully.
A	صالح	***sāleh***, righteous, honest; competent; pious.
A	صباح	***sabāh***, morning, day; چند صباحی ***cand sabāhi***, a few days, i.e. a short while.
A	صبح	***sobh***, morning.
AP	صبحانه	***sobhāne***, breakfast.
A	صبر	***sabr***, patience; سر صبر ***sare sabr***, at leisure.
A	صبور	***sabur***, very patient.
A	صحبت	***sohbat***, companionship; conversation.
A	صحرا	***sahrā***, desert, plain.
AP	صحرانشین	***sahrāneʃin***, tent-dweller, nomad.
A	صحن	***sahn***, court-yard.
A	صحیح	***sahih***, correct, right, true.
A	صخره	***saxre***, rock.
	صد	***sad***, hundred.
A	صدا	***sedā***, sound, call, noise, voice; صدا زدن ***sedā zadan***, to call; صدا کردن ***sedā k.***, to make a noise, to cry out.
A	صدر	***sadr***, seat of honour, head, upper part; early period.
A	صدقه	***sadaqe***, alms.
A	صراحت	***sarāhat***, explicitness; صراحت لهجه ***sarāhate lahje***, clarity of expression.
A	صرافت	***sarāfat***, notion, thought, idea; بصرافت افتادن ***be sarāfat oftādan***, to think, get an idea; بصرافت انداختن ***be sarāfat andāxtan***, to set thinking.
A	صرف	***sarf***, consumption, expenditure; صرف کردن ***sarf k.***, to spend, use, consume; to conjugate; صرف ***serf***, mere, pure.
A	صرفاً	***serfan***, merely, purely, exclusively.
A	صرفه	***sarfe***, gain, profit, advantage.
AP	صرفه‌جو	***sarfeju***, thrifty, economical.
A	صریح	***sarih***, clear, evident, frank, candid.
A	صریحاً	***sarihan***, openly, frankly.
A	صف	***saff***, line, row.

A	صفا	*safā*, purity; being pleasant or agreeable.
AP	صفاری	*saffāri*, belonging or pertaining to the Saffarid dynasty.
A	صفت	*sefat*, quality, attribute; adjective.
A	صفحه	*safhe*, page (of a book, etc.); region.
AP	صفوی	*safavi*, belonging or pertaining to the Safavid dynasty.
A	صلابت	*salābat*, firmness, dignity.
A	صلاح	*salāh*, rectitude; propriety, fitness.
A	صلح	*solh*, peace.
AP	صمیمی	*samimi*, sincere.
A	صنایع	*sanāye'* pl. of صنعت *san'at*.
	صندلی	*sandali*, seat, chair.
A	صنعت	*san'at*, art, craft, industry.
AP	صنعتی	*san'ati*, industrial.
A	صورت	*surat*, face, shape, form; صورت دادن *surat dādan*, to bring about; صورت گرفتن *surat gereftan*, to take place; بهر صورت *be har surat*, in any case; در آنصورت *dar ān surat*, in that case.
A	صوفی	*sufi*, Sufi, mystic.
A	صیت	*sit*, fame.

ض

A	ضخیم	*zaxim*, thick, coarse.
A	ضد	*zedd*, opposite; contrary; بر ضد *bar zedd(e)*, against.
A	ضربه	*zarbe*, blow.
A	ضرر	*zarar*, injury, damage.
A	ضرورت	*zarurat*, necessity.
A	ضعف	*za'f*, weakness.
A	ضمانت	*zamānat*, guarantee, surety, bond; ضمانت کردن *zamānat k.*, to guarantee.
A	ضمناً	*zemnan*, meanwhile.
A	ضمیر	*zamir*, heart, mind, conscience.

ط

A	طاس	*tās*, bald; dice; copper bowl.
A	طاعن	*tā'en*, faultfinder.
A	طاعون	*tā'un*, plague, pestilence.
A	طاق	*tāq*, arch, roof; measure of water.
A	طاقت	*tāqat*, endurance, strength.

AP	طاقتفرسا	*tāqatfarsā*, exhausting, intolerable, tiresome.
A	طالب	*tāleb*, one who asks or desires; searcher, seeker.
AP	طاهری	*tāheri*, belonging to the Taherid dynasty.
A	طائفه، طایفه	*tāefe*, *tāyefe*, tribe, clan.
A	طب	*tebb*, art of medicine.
	طبرستان	*tabarestān*, ancient Hyrcania, modern Mazandaran.
A	طبع	*tab'*, nature, disposition; publication, print; بطبع رسیدن *be tab' rasidan*, to be printed.
A	طبعاً	*tab'an*, naturally.
A	طبقات	*tabaqāt* pl. of طبقه.
A	طبقه	*tabaqe*, class, category; storey.
A	طبیب	*tabib*, physician.
A	طبیعت	*tabi'at*, nature, disposition.
AP	طبیعی	*tabi'i*, natural, physical.
A	طرز	*tarz*, form, manner, mode, method.
A	طرف	*taraf*, side, direction, quarter; defendant, adversary; از طرف *az taraf(e)*, from the side or direction of, on behalf of; بطرف *be taraf(e)* towards; *tarf*, benefit, profit, advantage; طرف بستن *tarf bastan*, to derive benefit.
A	طرق	*toroq* pl. of طریق.
A	طریق	*tariq*, road; way, method.
A	طریقه	*tariqe*, way, manner; religious order.
A	طعمه	*to'me*, bait, prey, food.
A	طعنه	*ta'ne*, irony, sarcasm, insulting insinuation; طعنه زدن *ta'ne zadan*, to make insulting insinuations.
A	طغیان	*toqiān*, rebellion; breaking its banks (a river, etc.).
A	طفل	*tefl*, child.
AP	طفیلی	*tofeili*, parasite; uninvited guest.
A	طلا	*talā*, gold.
A	طلبه	*talabe*, student of the religious sciences.
AP	طلبگی	*talabegi*, being a student of the religious sciences (subs.).
A	طلوع	*tolu'*, rising (of the sun etc.).
	طمطراق	*tomtorāq*, pomp.
A	طمع	*tama'*, greed.
A	طنطنه	*tantane*, pomp.
A	طنین	*tanin*, resonance, echo.
A	طواف	*tavāf*, circumambulation (of the Ka'ba at Mecca).
A	طوایف	*tavāyef* pl. of طایفه.
A	طور	*tour*, manner, way.
A	طول	*tul*, length; طول کشیدن *tul kaʃidan*, to last, take time.

AP	طی کردن	*teī k.*, to traverse; to settle (upon a price); در طی *dar teī(e)*, in the course of.

ظ

A	ظالم	*zālem*, tyrant, oppressor.
A	ظاهر	*zāher*, external, outer, outward; clear, manifest.
A	ظاهراً	*zāheran*, apparently.
A	ظاهر الصلاح	*zāher os-salāh*, outwardly good, seemingly pious; hypocrite.
A	ظرف	*zarf*, vessel, pot; در ظرف *dar zarf(e)*, during (within the period of).
A	ظریف	*zarif*, fine, delicate, elegant.
A	ظلم	*zolm*, oppression.
A	ظلمت	*zolmat*, darkness.
A	ظواهر	*zavāher* (pl. of ظاهر), external aspects.
A	ظهر	*zohr*, midday.
A	ظهور	*zohur*, appearance, advent, emergence.

ع

A	عابر	*āber*, passer-by.
A	عابرین	*āberin* pl. of above.
A	عادت	*ādat*, custom, habit; عادت شدن *ādat ʃodan*, to become a habit; عادت کردن *ādat k.*, to be accustomed (to).
A	عادل	*ādel*, just.
AP	عادلانه	*ādelāne*, just, fair; justly.
A	عادی	*ādi*, usual, customary, ordinary.
A	عادیات	*ādiyāt* (pl. of above), everyday things.
A	عارف	*āref*, mystic; a mystic.
A	عاری	*āri*, devoid (of), free (from).
A	عاریت	*āriat*, borrowing, lending; بعاریت گرفتن *be āriat gereftan*, to borrow, take a loan.
A	عاشق	*āʃeq*, amorous; lover.
A	عاطفه	*ātefe*, sentiment, affection.
A	عاقبت	*āqebat*, end, result.
A	عاقل	*āqel*, wise.
A	عالم	*ālam*, the world; *ālem*, learned.
A	عالی	*āli*, high, excellent, superior, sublime.
A	عام	*āmm*, common, universal; the common people.
A	عامل	*āmel*, official, agent, factor.
A	عامه	*āmme*, the common people.

AP	عامیانه	*āmiāne*, colloquial, vulgar.
A	عبادت	*ebādat*, adoration, divine worship.
A	عبارت	*ebārat*, wording, phrase; عبارت بودن(از) *ebārat budan(az)* to consist (of, in); بعبارت دیگر *be ebārate digar*, in other words.
AP	عبارت‌پردازی	*ebāratpardāzi*, high flown style of writing.
A	عباسی	*abbāsi*, 'Abbasid.
A	عبث	*abas*, useless, vain; بعبث *be abas*, in vain.
A	عبدالهادی	*abdol-hādi*, a masculine proper name.
A	عبوس	*abus*, grim, stern; frowning (adj.).
A	عجب	*ajab*, surprise; strange, surprising.
AP	عجز و لابه کردن	*ajz o labe k.*, to entreat, implore.
A	عجله	*ajale*, hurry, haste.
A	عجیب	*ajib*, strange, wonderful.
A	عدالت	*adālat*, justice.
A	عدد	*adad*, number; عدد is also used as a classifier with numerals.
A	عده	*edde*, number.
A	عذر	*ozr*, excuse, apology; عذر خواستن *ozr xāstan*, to apologize.
A	عراق	*erāq*, Iraq.
A	عرب	*arab*, Arab.
AP	عربی	*arabi*, Arabic; Arabian.
A	عرصه	*arse*, field, area.
A	عرض	*arz*, representation, petition; عرض کردن *arz k.*, to represent; to say (used mainly in the 1st person sing.); بعرض رساندن *be arz resāndan*, to report (to the shah).
A	عرضه	*arze*, presentation; عرضه کردن *arze k.*, to present.
A	عرفان	*erfān*, mysticism.
A	عروض	*aruz*, prosody.
A	عروضی	*aruzi*, prosodic.
A	عزیز	*aziz*, dear, precious.
A	عسرت	*osrat*, difficulty, hardship.
A	عشایر	*aʃāyer* pl. of عشیره.
A	عشرت	*eʃrat*, pleasure.
AP	عشرت جوئی	*eʃratjui*, seeking pleasure.
A	عشق	*eʃq*, love.
A	عشیره	*aʃire*, tribe, clan.
A	عصا	*asā*, walking-stick, staff.
A	عصاره	*osāre*, essence; juice.
AP	عصبانی	*asabāni*, angry.
A	عصبانیت	*asabāniyat*, anger, annoyance, irritation.

A عصر *asr*, age, epoch; late afternoon.
AP عصرانه *asrāne*, afternoon tea.
A عصمت *esmat*, chastity, purity.
A عضو *ozv*, member, limb.
A عضویت *ozviyat*, membership.
A عطا *atā*, gift, grant; عطا کردن *atā k.*, to bestow, grant.
A عظمت *azamat*, greatness.
A عقب *aqab*, rear, hinder part; *aqab*(*e*), behind.
A عقرب *aqrab*, scorpion.
A عقل *aql*, reason, intellect, wisdom.
A عقیده *aqide*, belief; opinion.
A عکس *aks*, photograph, reflection; برعکس *bar aks*, on the contrary.
A علاج *elāj*, cure, remedy, treatment.
A علاقه *alāqe*, attachment, affection; inclination, interest.
A علت *ellat*, cause, reason; illness, defect.
A علف *alaf*, grass, fodder.
A علل *elal* pl. of علت.
A علم *alam*, standard, flag; *elm*, knowledge, learning, science.
A علما *olamā* pl. of عالم.
AP علم پرور *elmparvar*, one who patronizes learning.
A علمی *elmi*, scientific, learned.
A علوم *olum* pl. of علم.
A علناً *alanan*, openly, frankly.
A علوی *alavi*, a descendant or partisan of 'Ali.
A علی *ali*, 'Ali the first of the Shi'i imāms, the fourth of the Sunni caliphs. See also note, p. 20.
A علیه السلام *alĕihes-salām*, peace be upon him.
A عمال *ommāl* pl. of عامل.
A عمامه *ammāme*, turban; عمامه بسر *ammāme be sar*, wearing a turban; one who wears a turban.
A عمر *omr*, life; lifetime.
A عمل *amal*, act, action, practice, operation.
AP عملی *amali*, practicable; false (of teeth).
A عمو *ammu*, paternal uncle.
A عموم *omum*, the public, the common people.
AP عمومی *omumi*, general, public.
A عمیق *amiq*, deep, profound.
A عنان *enān*, rein, bridle.
A عنایت *enāyat*, attention, care.
A عوض *avaz*, change; عوض کردن *avaz k.*, to change; *avaz*(*e*), in place of; در عوض *dar avaz*, instead.

AP	عوضی گرفتن	*avazi gereftan*, to mistake for another person, or thing.
A	عهد	*ahd*, age, period, epoch; convenant.
A	عهده	*ohde*, obligation, responsibility; از عهده بر آمدن *az ohde bar āmadan*, to fulfil (an obligation).
A	عیب	*ẽib*, fault, defect, blemish; عیب گرفتن *ẽib gereftan*, to find fault.
A	عید	*id*, *ẽid*, feast, holiday.
A	عیسی	*isā*, Jesus.
A	عین	*ẽin*, substance; در عین *dar ẽin(e)*, in the midst of; در عین حال *dar ẽine hāl*, while, at the same time.
A	عیناً	*ẽinan*, exactly like; without change (i.e. in its original form).

غ

A	غار	*γār*, cave.
A	غارت	*γārat*, plunder, pillage; غارت کردن *γārat k.*, to plunder.
A	غافل	*γāfel*, negligent, careless; غافل کردن *γāfel k.*, to take unawares.
A	غالب	*γāleb*, prevailing; triumphant.
A	غالباً	*γāleban*, generally.
A	غایب	*γāyeb*, absent, concealed.
A	غبار	*γobār*, dust, vapour, mist, fog.
A	غذا	*γazā*, food, meal.
A	غرب	*γarb*, west (subs.), the western world.
A	غربت	*γorbat*, being away from one's home; homesickness.
A	غرض	*γaraz*, ulterior motive, grudge.
AP	غرض آلود	*γarazālud*, based on personal interest, having an ulterior motive.
A	غروب	*γorub*, sunset.
A	غرور	*γorur*, pride (in a bad sense).
A	غریب	*γarib*, strange; stranger.
T	غز	*γoz*, Ghuzz (name of a Turkish tribe).
	غزنوی	*γaznavi*, belonging or pertaining to the Ghaznavid dynasty.
A	غصه	*γosse*, grief, sorrow.
A	غضب	*γazab*, anger.
A	غفلت	*γaflat*, negligence; غفلت ورزیدن *γaflat varzidan*, to show negligence.
A	غلام	*γolām*, slave.

A	غلبه	*ɣalabe*, prevalence, predominance, victory.
	غلتیدن	*ɣaltidan*, to roll; to wallow.
A	غلط	*ɣalat*, error, mistake; mistaken.
	غلنبه	*ɣolombe*, bombastic.
A	غلو	*ɣolovv*, exaggeration.
A	غله	*ɣalle*, corn, grain.
A	غم	*ɣam*, sorrow, grief.
AP	غم‌آلود	*ɣamālud*, sad, sorrowful.
A	غنا	*ɣanā*, *ɣenā*, riches; lack of need.
A	غنی	*ɣani*, self-sufficient, rich.
A	غنیمت	*ɣanimat*, booty, spoil; غنیمت دانستن *ɣanimat dānestan*, to consider an opportunity, make the best of an opportunity.
	غوره	*ɣure*, unripe grapes.
A	غوغا	*ɣouɣā*, uproar, tumult.
A	غیب	*ɣeib*, disappearance, being hidden; غیب زدن *ɣeib zadan*, to disappear.
A	غیبت	*ɣeibat*, absence; back-biting.
A	غیر	*ɣeir*, different; other; غیراز *ɣeir az*, other than; غیر ممکن *ɣeire momken*, impossible; in compounds = un-.
AP	غیرتمند	*ɣeiratmand*, zealous.
	غیه	*ɣiye*, shout, call.

ف

A	فاتح	*fāteh*, victorious; conqueror.
A	فاحش	*fāheʃ*, manifest, notorious.
	فارس	*fārs*, province in southern Persia.
	فارسی	*fārsi*, Persian (language).
	فارسی‌دوست	*fārsidust*, lover of the Persian language.
	فارسی‌زبان	*fārsizabān*, Persian-speaking.
A	فارغ	*fāreɣ*, free, ceasing from labour.
A	فاضل	*fāzel*, learned; excellent.
G	فانوس	*fānus*, lantern.
A	فتح	*fath*, victory, conquest.
A	فجیع	*faji'*, tragic, atrocious, disastrous.
A	فحش	*fohʃ*, abuse, insult.
A	فدا	*fedā*, ransom, sacrifice.
AP	فداکاری	*fedākāri*, self-sacrifice.
	فرا	*farā*, to the fore, forward; upon; above.
	فراخ	*farāx*, wide.
	فراخنا	*farāxnā*, vast space, open air, expanse; freedom, scope, latitude.

فراخور *farāxor*, suitable, fit; در فراخور *dar farāxor(e)*, in proportion to, as befits.

فراز *farāz*, up, upon, above; فراز آمدن *farāz āmadan*, to come forward, occur.

A فراش *farrāʃ*, office or house servant.

A فراغت *farāɣat*, leisure, rest, ease; فراغت خاطر *farāɣate xāter*, tranquility, peace of mind.

A فراق *ferāq*, separation.

فرا گرفتن *farā gereftan*, to learn.

فراموش *farāmuʃ*, forgotten; فراموش کردن *farāmuʃ k.*, to forget.

فراموشی *farāmuʃi*, forgetfulness.

فرامین *farāmin* pl. of فرمان.

FP فرانسوی *farānsavi*, French; Frenchman.

F فرانسه *farānse*, France.

فراوان *farāvān*, abundant, plentiful.

فراهم *farāham*, available, provided, prepared; فراهم آوردن *farāham āvardan*, to make available.

AP فرحبخش *farahbaxʃ*, joyous, exhilerating.

فردا *fardā*, tomorrow.

فرزانگی *farzānegi*, wisdom.

فرزانه *farzāne*, wise.

فرزند *farzand*, child, son.

فرستادن (فرست) *ferestādan* (*ferest*), to send.

فرسخ ، فرسنگ *farsax*, *farsang*, measure of length about three and a half miles.

فرسوده *farsude*, tired, worn out.

فرشته *fereʃte*, angel.

A فرصت *forsat*, opportunity.

A فرض *farz*, supposition; obligatory duty.

A فرضاً *farzan*, supposing.

فرفر *ferfer*, sound of a wheel, etc.

A فرق *farq*, difference; فرق گذاشتن *farq gozāʃtan*, to make a difference, distinguish (between).

A فرقه *ferqe*, sect, group.

فرمان *farmān*, command, order; decree; فرمان راندن *farmān rāndan*, to rule.

فرمانپذیر *farmānpazir*, ruled by, obedient (to).

فرماندار *farmāndār*, governor.

فرمانروا *farmānravā*, ruler, sovereign.

فرمانفرمائی *farmānfarmāi*, sovereignty, rulership.

فرمایش *farmāyeʃ*, remark, word, order, command.

	فرمودن (فرما)	farmudan (farmā), to order, command; in polite speech فرمودن is used as a substitute (in the 2nd and 3rd persons) for گفتن goftan, کردن kardan, etc.
	فرنگ	farang, Europe.
	فرو افتادن	foru oftādan, to fall.
	فرو بردن	foru bordan, to swallow, suck in; to immerse, dip (in); to pierce; to put, bury (in).
	فرو بستن	foru bastan, to tie down; to close, shut down.
	فروختن (فروش)	foruxtan (foruʃ), to sell.
	فرو خوردن	foru xordan, to swallow.
	فرود آمدن	forud āmadan, to come down.
	فرو ریختن	foru rixtan, to overthrow; to crumble, disintegrate.
	فروش	foruʃ see فروختن.
	فرو شدن	foru ʃodan, to sink, set (of sun etc.).
	فروغ	foruɣ, lustre, light.
	فروکش کردن	forukaʃ k., to subside.
	فرو ماندن	foru māndan, to be left helpless; to be weary; to be left behind, abandoned.
	فرو نشستن	foru neʃastan, to sit down; to subside.
	فرهنگ	farhang, culture; dictionary.
	فرهنگستان	farhangestān, academy.
	فرهنگی	farhangi, cultural, educational.
	فریاد	faryād, shout, cry; lamentation; فریاد زدن faryād zadan, to shout, cry; to lament.
A	فساد	fesād, corruption.
	فسرده	fasorde, frozen, congealed.
	فشار	feʃār, pressure; فشار دادن feʃār dādan, to press, squeeze.
A	فصاحت	fasāhat, eloquence, clarity.
A	فصیح	fasih, eloquent; classical (of a language).
A	فضا	fazā, air, space.
A	فضایل	fazāyel pl. of فضیلت.
A	فضل	fazl, learning, knowledge, virtue.
A	فضلا	fozalā pl. of فاضل.
AP	فضولی	fozuli, impertinence, officiousness, interference.
A	فضیلت	fazilat, excellence, virtue.
	فغان	foɣān, lamentation.
A	فقدان	feqdān, foqdān, absence, lack.
A	فقرا	foqarā pl. of فقیر.
A	فقط	faqat, only.
A	فقید	faqid, late, deceased.
A	فقیر	faqir, poor; fekir, dervish.

A	فکر	*fekr*, thought, thinking; فکر کردن *fekr k.*, to think.
AP	فکری	*fekri*, thoughtful, pensive.
A	فلان	*folān*, such a one, a certain, such and such.
A	فلز	*felezz*, metal.
A	فلسطین	*felestin*, Palestine.
GA	فلسفه	*falsafe*, philosophy.
GA	فلسفی	*falsafi*, philosophical.
A	فلک	*falak*, firmament, sky; فلک کردن *falak k.*, to put in the stocks, bastinado; سر بفلک برده *sar be falak borde*, lifting the head to the sky.
A	فن	*fann*, technique, science, art.
	فنجان	*fenjān*, cup.
	فنون	*fonun* pl. of فن.
AP	فنی	*fanni*, technical.
A	فوج	*fouj*, troop, regiment.
A	فوراً	*fouran*, immediately.
A	فوق	*fouq*, top, upper part; *fouq(e)*, above.
	فهرست	*fehrest*, index, table of contents.
A	فهم	*fahm*, understanding.
AP	فهمیدن	*fahmidan*, to understand.
A	فی	*fi*, in (in Arabic expressions only).
A	فی‌المثل	*fel-masal*, for example.
G	فیثاغورث	*fisāγures*, Pythagoras.
	فیروزی	*firuzi*, victory.
F	فیزیک	*fizik*, physics.
A	فیضان	*fayazān*, overflowing, abundance; فیضان کردن *fayazān k.*, to overflow.
G	فیلاس	*filās*, Philos.
GA	فیلسوف	*filsuf*, philosopher.

ق

	قاب	*qāb*, knucklebone.
T	قاب	*qāb*, frame; plate, dish.
A	قابل	*qābel*, worthy, able; *qābel(e)*, susceptible (of).
	قاپیدن	*qāpidan*, to snatch.
	قاجاریه	*qājāriye*, the Qājār dynasty.
A	قادر	*qāder*, able, powerful.
	قارچ	*qārc*, mushroom.
TP	قاش کردن	*qāʃ k.*, to fold (flocks); to slice, cut into slices.
T	قاطر	*qāter*, mule.
T	قاطی	*qāti*, mixed; قاطی کردن *qāti k.*, to mix.
A	قاعده	*qā'ede*, rule, method, formula, principle.

A	قافله	*qāfele*, caravan.
A	قافیه	*qāfiye*, rhyme.
A	قالب	*qāleb*, mould; form.
T	قالی	*qāli*, carpet.
A	قامت	*qāmat*, stature,
A	قانع	*qāne'*, contented; convinced.
A	قانون	*qānun*, law; rule.
A	قائل ، قایل	*qāel, qāyel*, maintaining (an opinion), accepting; acknowledging.
A	قائم ، قایم	*qāem, qāyem*, firm; firmly, tightly; hidden, concealed.
A	قبا	*qabā*, long garment worn by men.
A	قبال	*qebāl*: در قبال *dar qebāl(e)*, in lieu of; in comparison with.
A	قباله	*qabāle*, deed of sale, title deed, contract.
A	قبل	*qabl*, before, prior, previous.
A	قبول	*qabul*, consent, agreement; acceptance.
A	قبیل	*qabil*, sort, kind.
A	قحطی	*qahti*, famine, dearth.
A	قد	*qadd*, stature; قد راست کردن *qad rāst k.*, to pull oneself up, raise oneself.
A	قدر	*qadr*, value, worth; size, measure; extent.
A	قدرت	*qodrat*, power, strength.
AP	قدری	*qadri*, some, a little.
A	قدم	*qadam*, step, pace.
A	قدما	*qodamā* pl. of قدیم.
A	قدیم	*qadim*, old, ancient.
A	قرار	*qarār*, arrangement, stability; قرار دادن *qarār dādan*, to place, put, arrange; قرار گذاشتن *qarār gozāʃtan*, to make an arrangement; قرار گرفتن *qarār gereftan*, to be fixed, firm, established; تحت الشعاع قرار گرفتن *tahtoʃ-ʃo'ā' qarār gereftan*, to be overshadowed by.
A	قرآن	*qor'ān*, the Qor'ān.
A	قربان	*qorbān*, sacrifice; عید قربان *id-e qorbān*, the feast of sacrifice observed on 10th Zol-Hejjeh; short for قربان شما بروم *qorbāne ʃomā beravam*, I may be your sacrifice (a method of address, especially to royalty).
AP	قربانی	*qorbāni*, sacrifice; victim, sacrificed.
A	قرن	*qarn*, century.
A	قریحه	*qarihe*, talent, innate disposition.
A	قرین	*qarin*, near, connected, adjoining; allied.

A	قساوت	*qasāvat*, hard-heartedness.
A	قسمت	*qesmat*, part, portion; fate, destiny.
T	قشون	*qoʃun*, army.
A	قصائد	*qasā'ed* pl. of قصیده.
A	قصبه	*qasabe*, large village, small town.
A	قصد	*qasd*, intention, design.
A	قصیده	*qaside*, elegiac poem, ode.
A	قضاوت	*qazāvat*, judgment.
A	قطره	*qatre*, drop.
A	قطعاً	*qat'an*, definitely.
A	قعر	*qa'r*, depth, bottom.
A	قعود	*qo'ud*, sitting down (subs.).
	قفقاز	*qafqāz*, the Caucasus.
A	قلاع	*qelā'* pl. of قلعه.
A	قلب	*qalb*, counterfeit, adulteration; heart.
A	قلعه	*qal'e*, fortress.
A	قلم	*qalam*, pen.
AP	قلمداد کردن	*qalamdād k.*, to present, declare.
AP	قلمرو	*qalamrou*, realm, domain.
AP	قلمفرسائی کردن	*qalamfarsā'i k.*, to indulge in high-flown writing.
	قلوه	*qolve*, kidney.
A	قلیل	*qalil*, few; small.
AP	قمری	*qamari*, lunar.
A	قناعت	*qanā'at*, contentment.
T	قو	*qu*, swan.
A	قوام	*qevām*, strength, firmness, maturity.
A	قوت	*qut*, nourishment, food, provision.
A	قوت	*qovvat*, strength, power, force.
TA	قورت دادن	*qurt dādan*, to swallow.
	قوری	*quri*, tea-pot.
	قوز	*quz*, hump.
A	قوم	*qoum*, people, nation; tribe, kindred.
A	قومیت	*qoumiyat*, nationhood.
A	قوه	*qovve*, strength, power; faculty; قوه اجرائیه *qovveye ejrāiye*, executive power.
A	قوی	*qavi*, strong.
A	قهر	*qahr*, wrath, anger.
A	قهقهه	*qahqahe*, boisterous laughter.
A	قهوه	*qahve*, coffee.
A	قیاس	*qiās*, comparison, analogy; conjecture.
A	قیافه	*qiāfe*, facial appearance.
A	قیام	*qiām*, standing up, rising up (noun); insurrection.
A	قیامت	*qiāmat*, resurrection; tumult.

A	قید	qeīd, restriction; bondage.
A	قیطان	qeītān, braid, cord.
A	قیود	qoyud pl. of قید.
AP	قیل و قال	qil o qāl, noise, fuss.

ک

F	کابینه	kābine, cabinet (council of ministers).
	کاخ	kāx, palace.
	کار	kār, work, action, thing, affair, business, occupation; این کاری ندارد in kāri nadārad, this is not difficult; بکار بردن be kār bordan, to use; بکار رفتن be kār raftan, to be used; بر سر کار آمدن bar sare kār āmadan, to come to power.
	کارد	kārd, knife.
	کارنامه	kārnāme, report, card, record; school report.
A	کاسب	kāseb, tradesman, shopkeeper.
	کاستن (کاه)	kāstan (kāh), to diminish.
A	کاسد	kāsed, dull (of a market, the opposite of booming).
	کاسه	kāse, bowl.
	کاغذ	kāγaz, paper; letter.
A	کافی	kāfi, sufficient.
	کالا	kālā, goods.
	کام	kām, mouth; desire, wish.
	کامروائی	kāmravāi, felicity, gratification, success.
A	کامل	kāmel, perfect, complete.
A	کاملاً	kāmelan, perfectly, completely.
	کاوش	kāveʃ, search.
	کاه	kāh, straw; see also کاستن.
	کبود	kabud, blue, dark blue; bruised.
E	کت	kot, jacket.
A	کتاب	ketāb, book.
A	کتب	kotob pl. of above.
A	کتف	katf, shoulder, shoulder-blade.
	کتک	kotak, beating; کتک زدن kotak zadan, to beat.
A	کثرت	kasrat, being numerous; superfluity, excess.
	کج	kaj, crooked, curved, bent.
	کجا	kojā, where.
	کدام	kodām, which (of two or more).
	کر	kar, deaf.
A	کرامت	kerāmat, miracle, generosity; کرامت فرمودن kerāmat farmudan, to bestow, grant.
	کرباس	karbās, kind of coarse cotton weave, tent-cloth.

	کربلائی	*karbalāi*, one who has been on a pilgrimage to Karbalā; کربلائی قربان *karbalāi qorbān*, masculine proper name.
	کردن (کن)	*kardan* (*kon*), to do.
	کردار	*kerdār*, deed, act.
	کرسی	*korsi*, throne, seat, chair, stool.
	کرمان	*kermān*, province in south-eastern Persia.
	کره	*kare*, butter.
A	کره	*kore*, sphere, globe.
	کس	*kas*, person; کسی *kasi*, anyone; (with negative verb) no one; کسان *kasān*, persons; relatives.
A	کسالت	*kesālat*, boredom, laziness; indisposition.
A	کسر	*kasr*, deficit; کسر آوردن *kasr āvardan*, to show a deficit, run short.
	کشاندن	*keʃāndan*, to drag, pull.
	کشتن	*koʃtan*, to kill.
A	کشف	*kaʃf*, discovery.
	کشمکش	*keʃmakeʃ*, struggle.
	کشور	*keʃvar*, country.
	کشورگشائی	*keʃvargoʃāi*, conquest.
	کشورمدار	*keʃvarmadār*, administrator (of a country).
	کشیدن	*kaʃidan*, to draw, pull.
	کشیده	*kaʃide*, slap, blow; see also کشیدن.
A	کعبه	*ka'be*, the sanctuary at Mecca; central point (fig.).
	کف	*kaf*, foam.
A	کف	*kaff*, palm (of the hand); floor, surface.
PA	کفاش	*kaffāʃ*, shoe-maker.
A	کفایت	*kefāyat*, capacity, ability; با کفایت *bā kefāyat*, capable, able.
A	کفر	*kofr*, unbelief.
	کفش	*kafʃ*, shoe.
A	کفه	*kaffe*, pan of a scale.
A	کل	*koll*, all, universal, the whole.
F	کلاس	*kelās*, class, grade, classroom.
	کلافه	*kalāfe*, harassed, heat-struck; reel; کلافه کردن *kalāfe k.*, to harass, to tie in knots (fig.).
A	کلام	*kalām*, speech, word; scholastic theology.
AP	کلامی	*kalāmi*, theological.
	کلاه	*kolāh*, hat, cap.
	کلبه	*kolbe*, hut.
	کلفت	*koloft*, thick.
A	کلمات	*kalemāt*, pl. of کلمه.

A کلمه *kaleme*, word.

کله‌شق *kalleʃaqq*, upright, rigid, obstinate.

کله گنده *kallegonde*, having a big head, self-important.

A کلی *kolli*, all; total, universal; on the whole; بکلی *be kolli*, completely; بطور کلی *be to͡ure kolli*, in general.

AP کلیم‌آسا *kalimāsā*, Moses-like.

کم *kam*, few, little; کم کم *kam kam*, little by little; کم نظیر *kam nazir*, rare; کم و بیش *kam o biʃ*, more or less.

T کماج *komāj*, a kind of bread baked by shepherds; sponge cake.

A کمال *kamāl*, perfection, excellence; با کمال تأسف *bā kamāle ta'assof*, with great regret; درکمال سعادت *dar kamāle sa'ādat*, with the utmost happiness.

کمر *kamar*, back, waist, girdle; small mountain.

T کمک *komak*, help.

کمی *kami*, a little.

کن *kon*, see کردن.

کنار *kenār*, side, edge; shore, coast; کنار آمدن (با) *kenār āmadan* (*bā*) to come to terms (with), compromise (with); بر کنار ماندن *bar kenār māndan*, to stand aside.

کنجکاو *konjkāv*, inquisitive, curious.

کندن *kandan*, to dig; to root out.

کند *kond*, dull, slow-witted; blunt.

کنده *konde*, stump of a tree.

کنونی *konuni*, contemporary, modern.

کوبیدن *kubidan*, to pound, stamp; to stamp out, destroy.

کوتاه *kutāh*, short.

کوچك *kucek*, small, little.

TP کوچنده *kucande*, migrant, one who migrates.

کوچه *kuce*, lane, street; کوچه دادن *kuce dādan*, to give or make way.

کودك *kudak*, child, infant.

کور *kur*, blind.

کوشش *kuʃeʃ*, effort, striving.

کوشیدن *kuʃidan*, to try, strive.

کوفته *kufte*, exhausted, stiff.

کوك *kuk*, winding up; کوك کردن *kuk k.*, to wind.

کولاك *kulāk*, rough wind, storm, tempest.

کوله‌بار *kulebār*, knapsack.

کوه *kuh*, mountain.

کوهپایه *kuhpāye*, base or foot of a mountain.
کوی *kuy*, district; narrow lane.
که *ke*, who, which, that; in order that; because; when.
A کهف *kahf*, cave.
کهن *kohan*, old, ancient.
کهنسال *kohansāl*, aged, ancient.
کهنه *kohne*, old, stale, worn out.
کهنگی *kohnegi*, oldness.
کی *ki*, who (interrog.); *kei*, when (interrog.).
A کید *keid*, treachery.
کیسه *kise*, purse, bag, sack; کیسه توتون *kise tutun*, tobacco pouch.
کیش *kiʃ*, religion, faith.
A کیف *keif*, pleasure, delight; کیف بردن *keif bordan*, to get great pleasure (from something).
A کیفر *keifar*, punishment, retribution.
A کیفیت *keifiyat*, state of affairs, circumstances; quality.

گ

گاری *gāri*, cart.
گاز *gāz*, biting, bite; گاز گرفتن *gāz gereftan*, to bite.
گالیله *gālile*, Galileo.
گام *gām*, step, pace.
گاو *gāv*, cow; ox.
گاه *gāh*, time; place; گاه بگاه *gāh be gāh*, from time to time; گاه و بیگاه *gāh o bigāh*, now and then.
گاهگاه، گاهگاهی *gāhgāh*, *gāhgāhi*, sometimes, from time to time.
گاهی *gāhi*, sometimes.
گدا *gadā*, beggar.
گداختن (گداز) *godāxtan* (*godāz*), to smelt; to melt (trans.).
گذاشتن (گذار) *gozāʃtan* (*gozār*), to put, place; to allow.
گذرنده *gozarande*, passing, transitory.
گذشت *gozaʃt*, forgiveness, pardon; passage (of time).
گذشتن (گذر) *gozaʃtan* (*gozar*), to pass; to forgive; to run out, expire.
گذشته *gozaʃte*, past; گذشته از *gozaʃte az*, apart from; ازاین گذشته *az in gozaʃte*, apart from this, besides.
گر *gar* (*for* اگر), if.
گران *gerān*, dear, expensive; heavy.
گرائیدن *gerāidan*, to believe (in); to turn (towards).
گربه *gorbe*, cat.

گرد	*gard*, dust, powder; *gerd*, round; گرد آمدن *gerd āmadan*, to gather round; to be concentrated (in); گرد چیزی گشتن *gerde cizi gaʃtan*, to become engaged in or occupy oneself with something.
گرداگرد	*gerdāgerd*, all around.
گردانیدن	*gardānidan*, to cause to go round.
گردش	*gardeʃ*, rotation, circulation; stroll; excursion.
گردن	*gardan*, neck.
گردنفرازی	*gardanfarāzi*, pride, honour; haughtiness.
گردیدن	*gardidan*, to become; to revolve, go round; گردیدن is also used to form the passive voice.
گرسنه	*gorosne*, hungry.
گرسنگی	*gorosnegi*, hunger.
گرفتار	*gereftār*, captured; occupied; caught (in a tight corner, etc.).
گرفتن (گیر)	*gereftan* (*gir*), to take, seize; از سر گرفتن *az sar gereftan*, to begin again.
گرفته	*gerefte*, grave, grim, gloomy; see also گرفتن.
گرگ	*gorg*, wolf; هوای گرگ و میش *havāye gorg o miʃ*, twilight.
گرگ‌افکن	*gorgafkan*, wolf-killer, i.e. stronger than a wolf.
گروه	*goruh*, group, crowd.
گرویدن	*gerevidan*, to turn (towards), to believe (in).
گریختن (گریز)	*gorixtan* (*goriz*), to flee, run away, escape.
گریه	*gerie*, weeping; گریه کردن *gerie k.*, to weep; گریه گرفتن *gerie gereftan*, to begin to weep, be overtaken by tears.
گزارش	*gozāreʃ*, report; گزارش دادن *gozāreʃ dādan*, to report.
گزیدن (گزین)	*gozidan* (*gozin*), to choose.
گستاخ	*gostāx*, bold, impudent.
گستردن	*gostardan*, to spread.
گسیختن (گسل)	*gosixtan* (*gosal*), to break off.
گسیل داشتن	*gosil dāʃtan*, to dispatch, send.
گشا	*goʃā*, see گشودن.
گشاد	*goʃād*, wide, broad, open. برای سر . . . گشاد بودن *barāye sar*(*e*) . . . *goʃād budan*, to be beyond the capacity of someone or something.
گشادن	*goʃādan*, to open.
گشاده	*goʃāde*, wide, vast; see also گشادن.
گشتن (گرد)	*gaʃtan* (*gard*), to search, walk about; to become; گشتن is also used to form the passive voice.
گشودن (گشا)	*goʃudan* (*goʃā*), to open.

گفتگو *goftogu*, conversation.

گفتن (گو) *goftan (gu)*, to tell, say; to compose (poetry, etc.).

گل *gol*, flower; گل آتش *gole ātaʃ*, piece of glowing charcoal.

گل *gel*, mud.

گل آلود *gelālud*, muddy.

گلدار *goldār*, flowered.

گلدسته *goldaste*, top of a minaret; bouquet.

گلزار *golzār*, rose-garden, flower-bed.

گلو *galu*, throat.

گلوله *golule*, bullet.

گله *galle*, flock; *gele*, complaint.

گم *gom*, lost; گم کردن *gom k.*, to lose.

گمار *gomār*, see گماشتن.

گماشتن (گمار) *gomāʃtan (gomār)*, to appoint, set over.

گمان *gamān, gomān*, thought, surmise, supposition; گمان بردن (کردن) *gamān bordan (k.)*, to surmise, suppose.

گمراه *gomrāh*, misled, astray.

گمگشته *gomgaʃte*, one who is lost or has gone astray.

گمنام *gomnām*, nameless, obscure.

گناه *gonāh*, sin.

گنج *ganj*, treasure.

گنجاندن *gonjāndan*, to include, insert.

گنجه *ganje*, cupboard.

گنده *gonde*, big, large; corpulent.

گو *gu*, see گفتن *goftan*; گو اینکه *gu inke*, even though.

گوارا *govārā*, agreeable, wholesome.

گواهی *govāhi, gavāhi*, intuition; evidence, testimony.

گود *goūd*, deep, pit.

گوسفند *gusfand*, sheep and goats.

گوش *guʃ*, ear.

گوشه *guʃe*, corner; گوشه زدن *guʃe zadan*, to hint (at something); to make a sarcastic remark.

گون *gavan*, goat's thorn.

گوناگون *gunāgun*, of various kinds.

گونه *gune*, kind, sort; cheek; آنگونه *āngune*, بدانگونه *bedāngune*, in that manner; بدینگونه *bedingune*, in this manner.

گوهر *goūhar*, pearl, gem.

گویا *guyā*, eloquent; as it were; it seems, perhaps, apparently.

	گوینده	guyande, speaker; poet; گوینده رادیو guyandeye radio, broadcaster.
	گوئی	gui, one would say, [it is] as if.
	گیج	gij, bewildered, dazed.
	گیر	gir, hold; seizing, taking; see also گرفتن gereftan; گیر دادن gir dādan, to fix; گیر کردن gir k., to be in a fix.
	گیرندگی	girandegi, charm, attraction.
	گیرنده	girande, charming, attractive.

ل

	لا	lā, fold; in, inside.
A	لا	lā, no, not.
A	لااقل	lā aqal, at least.
A	لابد	lā bodd, necessarily, unavoidably.
	لابلا	lābelā, inner folds (of something); ازلابلا az lābelā(ye) through the chinks (of).
	لاتینی	lātini, Latin.
A	لازم	lāzem, necessary; essential (in philosophy).
	لالائی	lālāi, lullaby.
A	لآمت	leāmat, meanness.
	لای لای	lāylāy, lullaby.
A	لا یعد و لا یحصی	lā yo'addo va lā yohsā, countless, beyond measure.
A	لا ینفك	lā yanfak, integral; inseparable.
	لب	lab, lip; edge.
A	لباس	lebās, clothing, clothes, garment.
	لبخند	labxand, smile.
A	لبنان	lobnān, Lebanon.
A	لثه	lasse, gum.
A	لحاظ	lehāz: ازلحاظ az lehāz(e), in respect of.
A	لحظه	lahze, moment, instant; twinkling of an eye.
A	لحن	lahn, tune, tone.
	لخت	loxt, naked.
	لخته لخته	laxte laxte, mutilated.
A	لذت	lazzat, lezzat, delight, pleasure, enjoyment; لذت بردن lezzat bordan, to delight in, enjoy.
	لرزان	larzān, trembling, tottering.
	لرزه	larze, trembling, shaking (subs.).
	لرزیدن	larzidan, to shake, shiver, tremble.
A	لزوم	lozum, necessity, need.
A	لطف	lotf, elegance; favour, kindness.
A	لطمه	latme, injury, loss, blow.

A لطیف *latif*, delicate, graceful, elegant; witty.
A لطیفه *latife*, witticism; لطیفه گو *latife gu*, witty (person).
A لعل *la'l*, ruby.
A لعنت *la'nat*, curse.
AP لعنی *la'nati*, cursed.
A لغات *loɣāt* pl. of لغت.
A لغت *loɣat*, word, vocabulary.
A لفظ *lafz*, word.
A لفظی *lafzi*, verbal.
لك لك کردن *lek lek k.*, to struggle along, manage somehow or other.
A لکن *lāken*, but, still, nevertheless.
لکه *lakke*, spot, stain.
لگد *lagad*, kick; لگد زدن *lagad zadan*, to kick.
A لمس *lams*, supple, lax, flexible.
A لو *lōu*, even if.
له *leh*, squeezed, squashed; له کردن *leh k.*, to squash.
A لیاقت *liāqat*, ability, worthiness, merit.
A لیالی *laīāli*, pl. of لیل.
لیسیدن *lisidan*, to lick.
A لیکن *likan*, but, still, nevertheless.
A لیل *leīl*, night.

م

ما *mā*, we.
A ما *mā*, what.
A ما بق *mā baqi*, what is left, the rest, remainder.
A مات *māt*, astonished, amazed; ماتش برد *mātaʃ bord*, he was astonished, amazed.
A ماتم *mātam*, mourning.
A مآثر *ma'āser* (pl. of مأثره *ma'sare*), signs, memorials; illustrious acts.
A مآخذ *ma'āxez*, (pl. of مأخذ *ma'xaz*), sources, origins.
مادر *mādar*, mother.
A مادون *mādun*, what (is) beneath; inferior, subordinate.
A ماده *mādde*, matter, essence; material; article (of a law, etc.).
مار *mār*, snake, serpent.
ماست *māst*, curds, yoghurt.
A ما شاء الله *mā ʃā allāh*, *māʃāllāh*, what God wills; used as an interjection to express surprise or approbation.
F ماشین *māʃin*, motor, car.

FP	ماشینی	*māʃini*, mechanical.
A	مافوق	*māfouq*, superior (in rank), above.
A	مأکول	*ma'kul*, edible; food.
A	مال	*māl*, wealth, goods, possessions; *māl(e)*, belonging to.
A	مالك	*mālek*, owner, landed proprietor, landlord.
A	مالکیت	*mālekiyat*, ownership, possession.
	مالیدن	*mālidan*, to rub.
A	مأمور	*ma'mur*, ordered, commanded; charged with command; an official.
A	مأمورین	*ma'murin*, officials.
	ماندن	*māndan*, to remain, stay.
	مانستن	*mānestan*, to resemble.
A	مانع	*māne'*, hindrance, obstacle; مانع شدن *māne' ʃodan*, to prevent, hinder.
	مانند	*mānand(e)*, like, resembling.
A	ماوراء	*mā varā'*, that which is behind or beyond; ماوراء النهر *mā varā on-nahr*, Transoxiana.
	ماه	*māh*, moon; month.
	ماهتاب	*māhtāb*, moonlight.
A	ماهر	*māher*, skilful.
	ماهور	*māhur*, rising ground, ridge.
	مایه	*māye*, essence, substance; capital, stock; cause, reason.
	مبادا	*mabādā*, lest; let it not be; روز مبادا *ruze mabādā*, a rainy day (fig.).
A	مبارزات	*mobārezāt* pl. of مبارزه.
A	مبارزه	*mabāreze*, combat, struggle.
A	مبارك	*mobārak*, blessed, fortunate.
A	مبالغه	*mobāleɣe*, exaggeration.
A	مباهات	*mobāhat*, pride, honour.
A	مبتذل	*mobtazal*, commonplace, vulgar.
A	مبتکر	*mobtaker*, initiator, originator.
A	مبتلا	*mobtalā*, afflicted.
A	مبحث	*mabhas*, discussion.
A	مبنا	*mabnā*, basis.
A	مبهم	*mobham*, vague, obscure, indistinct.
A	مبهوت	*mabhut*, stupified, confounded, atonished.
A	متأثر	*mota'asser*, influenced, impressed.
A	متاع	*matā'*, goods.
A	متجانس	*motajānes*, homogeneous.
A	متجدد	*motajadded*, modernist.
A	متحرك	*motaharrek*, mobile, moving, movable.

A متحقق *motahaqqaq*, proved, proven, verified.
A متخصص *motaxasses*, expert, specialist.
A مترجم *motarjem*, translator, interpreter.
A مترق *motaraqqi*, progressive.
A متصدی *motasaddi*, person in charge (of); charged (with).
A متصرف *motasarraf*, possessed; *motasarref*, possessor, occupier; possessing.
A متصرفات *motasarrafāt* (pl. of *motasarraf*), possessions.
A متصل *mottasel*, continual, continuous; adjoining, adjacent.
A متضمن *motazammen*, comprehending, containing, including (adj.); متضمن بودن *motazammen budan*, to contain, comprise; to entail, necessitate.
A متعاقب *mota'āqeb*, following, subsequent.
A متعالی *mota'āli*, exalted.
A متعلق *mota'alleq*, belonging (to), connected (with).
A متقدم *motaqaddem*, ancient, anterior, preceding.
A متقدمین *motaqaddemin*, the ancients.
A متکلف *motakallef*, ornate, artificial.
A متمادی *motamādi*, prolonged; ساعتهای متمادی *sā'athāye motamādi*, hours on end, many long hours.
A متمدن *motamadden*, civilized.
A متن *matn*, text.
A متناقض *motanāqez*, contradictory.
A متوجه *motavajjeh*, turned, inclined (towards); attentive; متوجه شدن *motavajjeh ʃodan*, to notice.
A متوسل *motavassel*: متوسل شدن *motavassel ʃodan*, to have recourse to.
A متوهم *motavahhem*, fearful, apprehensive.
A متهم *mottaham*, suspected, accused.
A مثل *masal*, proverb; instance, case in point; *mesl*, similitude; *mesl(e)*, like, resembling; مثل اینکه *mesle inke*, as if.
A مثلاً *masalan*, for example.
A مجاز *majāz*, metaphor, allegory; relative (in philosophy); *mojāz*, permitted, allowed, lawful.
A مجازات *mojāzāt*, punishment, penalty.
A مجال *majāl*, leisure, freedom or opportunity (to do something).
A مجاور *mojāver*, adjacent.
A مجرد *mojarrad*, single, unmarried; abstract; بمجرد اینکه *be mojarrade inke*, as soon as.
A مجسمه *mojassame*, statue.

A	مجلات	*majallāt* pl. of مجله.
A	مجلد	*mojallad*, bound volume.
A	مجلس	*majles*, assembly, parliament.
A	مجله	*majalle*, periodical, magazine.
A	مجمع	*majma'*, assembly, concourse.
A	مجموع	*majmu'*, sum, totality.
A	مجموعه	*majmu'e*, collection.
	مجوس	*majus*, Magi.
A	مجهز	*mojahhaz*, equipped, prepared, armed.
	مچ	*moc*, wrist.
	مچاله	*mocāle*, crumpled.
A	محافظت	*mohāfazat*, *mohāfezat*, protection.
A	محال	*mohāl*, impossible; impossibility.
A	محاورات	*mohāvarāt* pl. of محاوره.
A	محاوره	*mohāvare*, conversation.
A	محبت	*mohabbat*, affection, love.
A	محبوب	*mahbub*, beloved, popular.
A	محبوبه	*mahbube*, fem. of above.
A	محتاج	*mohtāj*, needy; in need of, requiring, demanding.
A	محترم	*mohtaram*, respected, venerable.
A	محتشم	*mohtaʃam*, powerful, great, attended by many followers.
A	محروس	*mahrus*, guarded, fortified.
A	محسوب	*mahsub*, reckoned, taken into account.
A	محصل	*mohassel*, student; tax-collector.
A	محصور	*mahsur*, walled, surrounded, enclosed.
A	محصول	*mahsul*, product, harvest, crop.
A	محض	*mahz*, mere, simple; *mahz(e)*, for, for the sake of, بمحض اینکه *be mahze inke*, as soon as.
A	محفوظ	*mahfuz*, preserved, protected, secure.
A	محقق	*mohaqaqq*, confirmed, authenticated; *mohaqqeq*, researcher, inquirer.
A	محك	*mahak*, touchstone, test.
A	محکم	*mohkam*, firm, sound, strong.
A	محل	*mahal*, place, situation; provision (budgetary).
A	محله	*mahalle*, district, locality.
AP	محلی	*mahalli*, local.
A	محول	*mohavval*, transformed, changed, transferred.
A	مخارج	*maxārej*, expenses.
A	مخافت	*maxāfat*, fear, anger.
A	مخالف	*moxālef*, opposed, hostile; enemy; contrary, opposite.
A	مخبر	*moxber*, correspondent (of a newspaper, etc.).

A	مخترع	*moxtare'*, inventor.
A	مختصر	*moxtasar*, brief account; abbreviated, abridged.
A	مختل	*moxtall*, confused, disturbed, out of order.
A	مختلط	*moxtalet*, mixed, confused.
A	مختلف	*moxtalef*, different, diverse.
A	مخذول	*maxzul*, despised.
A	مخرب	*moxarreb*, destructive.
A	مخصوص	*maxsus*, special, particular, peculiar.
A	مخلوق	*maxluq*, created; creature.
A	مخمل	*maxmal*, velvet.
AP	مخملین	*maxmalin*, made of velvet, velvety.
A	مداخله	*modāxele*, interference, meddling.
A	مداد	*medād*, pencil.
A	مدارك	*madārek* pl. of مدرك.
A	مدافعه	*modāfe'e*, defence.
A	مدام	*modām*, continual; continually.
A	مداوا	*modāvā*, medical treatment, cure.
A	مداوم	*modāvem*, constant, continuous.
A	مدت	*moddat*, period, space of time.
A	مدد	*madad*, help, assistance; مدد گرفتن *madad gereftan*, to obtain help.
A	مدرس	*modarres*, head of a *madrase*.
A	مدرسه	*madrase*, school in which the religious sciences are taught; school.
A	مدعی	*modda'i*, claimant, pretender.
A	مدرك	*madrak*, documentary evidence.
A	مدیر	*modir*, headmaster.
A	مدیریت	*modiriyat*, headmastership; organizational ability.
A	مدیون	*madyun*, indebted.
A	مذاكره	*mozākere*, discussion, conversation, debate.
A	مذكور	*mazkur*, mentioned, aforementioned.
A	مذهب	*mazhab*, religion, rite.
A	مراتب	*marāteb* (pl. of مرتبه), steps, grades, degrees; بمراتب *be marāteb*, to a considerable extent.
A	مراجعه	*morāje'e*, reference, resort, recourse.
A	مراحل	*marāhel*, pl. of مرحله.
A	مراد	*morād*, desire, hope; intended.
A	مراسلات	*morāselāt*, pl. of مراسله.
A	مراسله	*morāsele*, letter.
AP	مراسله نویس	*morāselenevis*, letter writer.
A	مراعات	*morā'āt*, showing regard or respect to (something), taking care of; observation, consideration.
A	مراقب	*morāqeb*, guarding, watching, watchful, attentive.

A	مراکز	*marākez*, pl. of مرکز.
A	مراکش	*marākeʃ*, Morocco.
A	مربا	*morabbā*, jam, conserve.
A	مربوط	*marbut*, connected, related.
A	مربی	*morabbi*, educator, teacher.
A	مرتب	*morattab*, arranged; in order; orderly.
A	مرتبه	*martabe*, time, turn, degree; یکمرتبه *yek martabe*, once; all of a sudden.
A	مرتکب	*mortakeb*, committing, perpetrating (adj.); مرتکب شدن *mortakeb ʃodan*, to commit (a crime).
A	مرحله	*marhale*, stage (of a journey, etc.); phase.
A	مرحمت	*marhamat*, mercy, favour.
A	مرحوم	*marhum*, deceased, i.e. one upon whom God has had mercy.
A	مرخص	*moraxxas*, permitted to leave.
	مرد	*mard*, man.
	مردانگی	*mardānegi*, courage, manliness.
	مردانه	*mardāne*, manly, brave; for men.
	مردم	*mardom*, people.
	مردن (میر)	*mordan* (*mir*), to die.
	مردوار	*mardvār*, in a manly fashion.
A	مردود	*mardud*, rejected.
	مرز	*marz*, frontier.
	مرزبان	*marzbān*, frontier-guard, warden of the marches.
A	مرسوم	*marsum*, customary.
A	مرشد	*morʃed*, spiritual guide, head of a religious order.
A	مرصع	*morassa'*, studded with jewels, ornamented.
A	مرض	*maraz*, disease, sickness.
	مرغ	*morγ*, bird, hen.
	مرغابی	*morγābi*, water-fowl, duck.
A	مرغوب	*marγub*, in demand, desired, coveted.
A	مرقوم	*marqum*, written.
A	مرکب	*markab*, mount, horse.
A	مرکب	*morakkab*, compounded, composed; ink.
A	مرکز	*markaz*, centre, capital; headquarters.
	مرگ	*marg*, death.
G	مرمر	*marmar*, marble.
	مرواری	*morvāri*, colloquial for مروارید.
	مروارید	*morvārid*, pearls.
A	مریض	*mariz*, sick, ill.
	مزدائی	*mazdāi*: مذهب مزدائی *mazhabe mazdāi*, the religion of Mazda.
A	مزرعه	*mazra'e*, hamlet, farm.

	مزه	*maze*, taste, flavour.
A	مزين	*mozayyan*, adorned.
A	مسابقه	*mosābeqe*, spectacle, contest, competition, race, match.
A	مساعدت	*mosā'edat*, help, assistance.
A	مساعى	*masā'i* (pl. of مسعاة *mas'āt*), efforts.
A	مسافرت	*mosāferat*, travelling, journey.
A	مسامحه	*mosāmahe*, *mosāmehe*, negligence, tolerance.
A	مسائل	*masā'el* pl. of مسئله.
	مست	*mast*, drunk, intoxicated.
A	مستأجر	*mosta'jer*, tenant.
A	مستبد	*mostabedd*, despotic, despot.
A	مستحق	*mostahaqq*, worthy, deserving.
A	مستخدم	*mostaxdem*, employee.
A	مستقل	*mostaqell*, independent.
A	مستقيم	*mostaqim*, direct, straight.
A	مستلزم	*mostalzem*, necessitating (adj.).
A	مستمر	*mostamar*, continuous.
A	مسجد	*masjed*, mosque.
A	مسجع	*mosajja'*, assonant, rhyming (of prose).
A	مسخ	*masx*, distorted, metamorphosed.
A	مسخر	*mossaxar*, conquered.
A	مسخره	*masxare*, ridiculing, deriding (subs.); buffoon.
A	مسرت	*masarrat*, joy, happiness.
A	مسرور	*masrur*, happy, glad.
A	مسطوره	*masture*, sample.
A	مسعود	*mas'ud*, happy, lucky, fortunate.
A	مسكين	*meskin*, poor, helpless.
A	مسلط	*mosallat*, dominant, predominant; overlooking.
A	مسلك	*maslak*, way, path; doctrine.
A	مسلمان	*mosalmān*, a Moslem.
AP	مسلمانى	*mosalmāni*, Moslem (adj.).
A	مسن	*mosenn*, aged, old (of persons).
A	مسئله	*mas'ale*, problem, question.
A	مسئول	*mas'ul*, responsible.
A	مسئوليت	*mas'uliyat*, responsibility.
A	مشابهت	*moʃābahat*, *moʃābehat*, resemblance, likeness.
	مشت	*moʃt*, fist; handful.
A	مشترك	*moʃtarak*, shared, common; *moʃtarek*, associate, common, joint.
A	مشترى	*moʃtari*, customer; Jupiter.
A	مشخص	*moʃaxxas*, distinct, defined, specified, distinguished.

A	مشروطه ، مشروطیت	*maʃrute, maʃrutiyat*, constitution, constitutional government.
A	مشعل	*maʃ'al*, torch.
AP	مشعلدار	*maʃ'aldār*, torch-bearer.
A	مشغول	*maʃɣul*, occupied, busy.
A	مشق	*maʃq*, drill, practice, model, copy.
A	مشقت	*maʃaqqat*, hardship.
	مشکچه	*maʃkce*, small water-skin.
A	مشکل	*moʃkel*, difficult; difficulty, problem.
AP	مشکل گشا	*moʃkelgoʃā*, resolver of difficulties.
A	مشوب	*maʃub*, disturbed.
A	مشوق	*moʃavveq*, patron, encourager.
A	مشهود	*maʃhud*, witnessed, seen; clear.
A	مشهودات	*maʃhudāt* (pl. of above), things seen or observed.
A	مشهور	*maʃhur*, famous, well-known.
A	مصاحبت	*mosāhabat, mosāhebat*, companionship.
A	مصادره	*mosādare, mosādere*, confiscation, fine, mulct.
A	مصالح	*masāleh* (pl. of مصلحت) interests; affairs.
A	مصر	*mesr*, Egypt; city.
A	مصرع	*mesra'*, hemistich, half verse.
A	مصلحت	*maslahat*, welfare, interest, what is advisable or prudent.
A	مصمم	*mosammam*, determined (to), resolved (upon).
A	مصنف	*mosannaf*, composed, written; *mosannef*, author.
AP	مصنوعی	*masnu'i*, artificial; forced (of a laugh, etc.).
A	مصون	*masun*, protected, immune.
A	مصیبت	*mosibat*, calamity.
A	مضحك	*mozhek*, ridiculous, comic.
A	مضیقه	*maziqe*, difficulty.
A	مطابق	*motābeq*, similar, conformable; *motābeq(e)*, equal (to), according (to).
A	مطابقت ، مطابقه	*motābaqat, motābeqat, motābaqe, motābeqe*, conformity; مطابقه کردن *motābeqe k.*, to correspond (to), be analogous (with); to compare.
A	مطالب	*matāleb* pl. of مطلب.
A	مطالعه	*motāle'e*, study.
A	مطبوعات	*matbu'āt* (pl. of مطبوعه *matbu'e*), publications; the press.
A	مطلب	*matlab*, matter, subject.
A	مطلوب	*matlub*, desired, demanded.
A	مطلق	*motlaq*, absolute.
A	مطمح	*matmah*, object of desire; مطمح نظر *matmahe nazar*, aim, object.

A	مطیع	*moti'*, obedient, docile.
A	معابر	*ma'āber* pl. of معبر.
A	معارف	*ma'āref* pl. of معرفت.
A	معاش	*ma'āʃ*, livelihood.
A	معاشرت	*mo'āʃarat, mo'āʃerat*, social intercourse.
A	معاصر	*mo'āser*, contemporary.
A	معاملات	*mo'āmalāt, mo'āmelāt*, pl. of معامله.
A	معامله	*mo'āmale, mo'amele*, transaction.
A	معانی	*ma'āni* pl. of معنی.
A	معبد	*me'bad*, temple.
A	معبر	*ma'bar*, ford, crossing, passage, lane.
A	معتدل	*mo'tadel*, moderate.
A	معترف	*mo'taref*, avowing, declaring, acknowledging (adj.).
A	معتقد	*mo'taqed*, believing (in); believer.
A	معتمد	*mo'tamad*, reliable.
A	معجز	*mo'jez*, miracle.
AP	معجزآسا	*mo'jezāsā*, miraculous.
A	معجزه	*mo'jeze*, miracle.
A	معدود	*ma'dud*, numbered, limited.
A	معذرت	*ma'zarat*, pardon, excuse; معذرت خواستن *ma'zarat xāstan*, to ask pardon.
A	معرفت	*ma'refat*, learning, knowledge; spiritual knowledge.
A	معرفی	*mo'arrefi*, introducing, presenting (subs.).
A	معرکه	*ma'reke*, arena; battle; turmoil, uproar; معرکه کردن *ma'reke k.*, to excell, distinguish oneself.
A	معروف	*ma'ruf*, known, famous.
A	معزول	*ma'zul*, dismissed, removed, deposed.
A	معشوق	*ma'ʃuq*, beloved.
A	معشوقه	*ma'ʃuqe* fem. of above.
A	معطوف	*ma'tuf*, inclined, turned (towards).
A	معقول	*ma'qul*, reasonable, rational, sensible; polite.
A	معلم	*mo'allem*, teacher.
A	معلوم	*ma'lum*, known, evident, perceived; معلوم داشتن *ma'lum dāʃtan*, to make evident.
A	معمول	*ma'mul*, customary; practiced; معمول به *ma'mulon beh*, that which is practiced.
A	معمولاً	*ma'mulan*, generally, usually.
AP	معمولی	*ma'muli*, ordinary, common.
A	معنوی	*ma'navi*, spiritual.
A	معنا ، معنی	*ma'nā, ma'ni*, meaning.
A	معین	*mo'ayyan*, distinct, definite; fixed, settled.
A	مغرب	*maɣreb*, west (subs.).
AP	مغرب زمین	*maɣrebzamin*, the western world.

A	مغرور	*maɣrur*, proud, haughty.
	مغز	*maɣz*, brain, marrow, kernel.
A	مغفور	*maɣfur*, pardoned (used only of the dead).
A	مغلطه	*maɣlate*, false or deliberately misleading statement.
A	مغلق	*moɣlaq*, abstruse.
A	مغلوب	*maɣlub*, conquered, defeated.
A	مغلوط	*maɣlut*, full of mistakes.
	مغول ، مغولی	*moɣol*, *moɣoli*, Mongol.
A	مفاد	*mofād*, sense, purport, contents.
A	مفاهیم	*mafāhim* pl. of مفهوم.
	مفت	*moft*, free, gratis.
A	مفتون	*maftun*, fascinated, infatuated.
A	مفقود	*mafqud*, lost, missing.
A	مفهوم	*mafhum*, understood, intelligible; concept.
A	مفید	*mofid*, beneficial, useful.
A	مقابل	*moqābel*, facing, over against, opposite.
A	مقارن	*moqāren*, connected; *moqaren*(*e*), near, about.
A	مقال	*maqāl*, discourse.
A	مقاله	*maqāle*, article, essay.
A	مقام	*maqām*, place; position, post, status.
A	مقبول	*maqbul*, acceptable, accepted; pretty (of a child etc.).
A	مقتدر	*moqtader*, powerful.
A	مقتضا ، مقتضی	*moqtazā*, *moqtazi*, exigent; exigency.
A	مقتضیات	*moqtaziāt* pl. of above.
A	مقدار	*meqdār*, quantity, amount.
A	مقدس	*moqaddas*, sacred, sanctified, holy.
A	مقدم	*moqaddam*, antecedent; placed before, having precedence.
A	مقدمات	*moqaddamāt* pl. of above.
AP	مقدماتی	*moqaddamāti*, preliminary, primary (of a school).
A	مقدمه	*moqaddame*, preliminary, precedent; introduction.
A	مقررات	*moqarrarāt*, regulations, provisions, stipulations.
AP	مقرراتی	*moqarrarāti*, meticulous, one who sticks to the regulations.
A	مقصود	*maqsud*, intention, purpose, aim, object.
A	مقید	*moqaiyad*, bound, tied, restricted.
A	مقیم	*moqim*, resident, residing (adj.).
A	مکاتبات	*mokātabāt*, *mokātebāt* pl. of مکاتبه.
A	مکاتبه	*mokātabe*, *mokatebe*, correspondence, exchange of letters.
A	مکافات	*mokāfāt*, recompense, retribution.
A	مکانت	*makānat*, position, power.

A	مکتب	*maktab*, old-fashioned type of school; school (of thought, etc.).
A	مکرر	*mokarrar*, repeated; repeatedly.
A	مکنت	*moknat*, wealth, riches.
A	مکه	*makke*, Mecca.
	مکیدن	*makidan*, to suck.
	مگر	*magar*, but, unless, except; perhaps, by chance; مگر اینکه *magar inke*, except, that, unless; مگرنه *magar na*, if not; مگر is also used to introduce a negative question expecting the answer in the affirmative and an affirmative question expecting the answer in the negative.
A	ملا	*mollā*, member of the religious classes; used also to mean literate.
A	ملاقات	*molāqāt*, meeting, encounter.
A	ملاك	*melāk*, basis, criterion.
A	ملال ، ملالت	*malāl*, *malālat*, weariness, boredom.
A	ملایم	*molāyem*, gentle, mild, temperate.
A	ملبوس	*malbus*, clothing.
A	ملت	*mellat*, people, nation.
A	ملتفت	*moltafet*, paying attention to (adj.).
	ملتفت‌شدن(بودن)	*moltafet ʃodan*(*budan*), to understand.
A	ملخ	*malax*, locust.
A	ملعون	*mal'un*, cursed, accursed.
A	ملك	*malak*, angel; *malek*, king; *melk*, landed property; *molk*, kingship, kingdom.
A	ملك‌الشعرا	*malekoʃ-ʃo'arā*, king of the poets, poet laureate.
AP	ملکشاه	*malekʃāh*, a king of the Seljuq dynasty who ruled from A.D. 1072 to 1092.
A	ملکه	*malaka*, habitude, second nature; *maleke*, queen.
AP	ملکی	*molki*, pertaining to the kingdom or kingship.
A	ملوك‌الطوایفی	*molukot-tavāyefi*, feudalism.
AP	ملوکانه	*molukāne*, kingly, royal.
A	ملی	*melli*, national; popular; ملی کردن *melli k.*, to nationalize.
A	ملیت	*melliyat*, nationhood.
A	ملیح	*malih*, attractive, elegant, charming.
A	ممالك	*mamālek* pl. of مملکت.
A	ممتد	*momtadd*, prolonged, extended.
A	ممتنع	*momtane'*, impossible; inaccessible.
A	ممکن	*momken*, possible.
A	مملکت	*mamlakat*, country.

A	مملو	*mamlovv, mamloū*, full, filled.
A	ممنوع	*mamnu'*, forbidden.
	من	*man*, I; measure of 3 kilogrammes.
A	من	*men*, from, out of ; منجمله *men jomle*, among, including.
A	مناسب	*monāseb*, suitable, fitting; proportionate.
A	مناسبت	*monāsebat*, connection, relation; بمناسبت *be monāsebat(e)*, on the occasion (of).
A	منافات	*monāfāt*, incompatibility; منافات داشتن *monāfāt dāʃtan*, to be incompatible.
A	مناقب	*manāqeb* pl. of منقبت *manqabat*.
A	منت	*mennat*, obligation, favour.
A	منتشر	*montaʃer*, published, spread abroad.
A	منتها	*montahā*, extremity, extent; utmost (extent); but, still.
A	منثور	*mansur*, written in prose.
A	مندرج	*mondarej*, included, inserted, contained.
A	مندرجات	*mondarejāt* (pl. of above), contents.
A	منزل	*manzel*, house; home; stage (in a journey); منزل کردن *manzel k.*, to stay, reside; *monzal*, sent down from heaven.
A	منزلت ، منزله	*manzelat, manzele*, station, rank; بمنزله *be manzel(ye)*, as, by way of; having the position of, being in the place of.
A	منشاء	*manʃa'*, source, origin.
A	منشآت	*monʃa'āt* (pl. of منشأ *monʃa'*), compositions, epistolary writings.
A	منشی	*monʃi*, secretary, clerk.
A	منطق	*manteq*, logic.
A	منطقه	*mantaqe*, zone, area, region.
A	منطقی	*manteqi*, logical.
A	منظره	*manzare*, view, landscape, scene; appearance.
A	منظم	*monazzam*, arranged; in order; orderly.
A	منظور	*manzur*, object, aim; considered, taken into consideration.
A	منظوم	*manzum*, arranged in a series; written in verse.
A	منظومه	*manzume*, versified composition; system; منظومه شمسی *manzumeye ʃamsi*, solar system.
A	منع	*man'*, preventing, prevention; hindering, hindrance.
A	منعقد	*mon'aqed*, concluded (of an agreement, contract, etc.).
A	منعکس	*mon'akes*, reflected.

A	منفعت	*manfa'at*, benefit, gain.
A	منقبت	*manqabat*, virtue, merit.
A	منقح	*monaqqah*, cleaned, pure, polished.
A	منقرض	*monqarez*, overthrown, extinct.
A	منقضی	*monqazi*, expired, elapsed.
A	منقول	*manqul*, narrated, quoted; traditional (of sciences, etc.); movable (of property).
A	منکوب	*mankub*, defeated, vanquished.
A	منوال	*menvāl*, manner, way.
	مو ، موی	*mu, mu͡i* hair; *mo͡u*, vine.
A	مواد	*mavād* pl. of ماده.
A	موازات	*movāzāt*, parallelism; بموازات *be movāzāt(e)*, parallel with.
A	موازنه	*movāzene*, balance.
A	مواظب	*movāzeb*, watchful, observant, attentive.
A	موافق	*movāfeq*, conformable, agreeable; consenting, agreeing.
	موبد	*mo͡ubad*, Zoroastrian priest.
A	مؤثر	*mo'asser*, effective.
A	موج	*mo͡uj*, wave; موج زدن *mo͡uj zadan*, to swell, surge.
A	موجب	*mujeb*, cause, reason.
A	موجز	*mujez*, brief, concise.
AP	موجزگو	*mujezgu*: موجزگو بودن *mujezgu budan*, to be concise.
AP	موجزگوئی	*mujezgui*, concision.
A	موجود	*mo͡ujud*, existing, existent; present, available.
A	موجه	*movajjah*, acceptable (of an excuse).
A	مورخ	*movarrax*, dated; *movarrex*, historian.
A	مورد	*mo͡ured*, case, occasion, instance; مورد مطالعه قرار گرفتن *mo͡urede motāle'e qarār gereftan*, to become the object of study; مورد نظر *mo͡urede nazar*, under consideration.
AP	موروثی	*mo͡urusi*, hereditary.
A	موزون	*mo͡uzun*, balanced, elegant.
F	موزه	*muze*, museum.
	موستان	*mo͡uestān*, vineyard.
A	مؤسس	*mo'asses*, founder.
A	مؤسسه	*mo'assese*, institution, foundation, establishment.
A	موسم	*mo͡usem*, time, season.
A	موسوم	*mo͡usum*, named.
A	موسی	*musā*, Moses.

A	موشح	*movaʃʃah*, adorned; موشح کردن *movaʃʃah k.*, to adorn; to sign; to give the royal assent (to a document, etc.).
A	موضوع	*mo͞uzu‘*, subject, topic, matter.
A	موفق	*movaffaq*, successful.
A	موقع	*mo͞uqe‘* time, occasion; place, situation; موقعیکه *mo͞uqe‘ike*, when; از موقعیکه *az mo͞uqe‘ike*, since (from the time that); بموقع *be mo͞uqe‘*, at the due time.
A	مولانا	*mo͞ulānā*, our master (a title given to Jalāl od-Din Rumi).
A	مؤلف	*mo‘allaf*, composed, compiled; *mo‘allef*, compiler, editor, author.
A	مولود	*mo͞ulud*, born; birthday; generated.
A	مولوی	*mo͞ulavi*, title given to Jalāl od-Din Rumi.
A	موهبت	*mo͞uhebat*, gift, blessing.
A	موهوم	*mo͞uhum*, fictitious, imagined.
	مویز	*maviz*, dried grapes, raisons, currants.
A	مهاجر	*mohājer*, emigrant, refugee.
A	مهاجرت	*mohājarat*, emigration; مهاجرت کردن *mohājarat k.*, to emigrate.
A	مهارت	*mehārat*, skill.
	مهتاب	*mahtāb*, moonlight.
A	مهجور	*mahjur*, obsolete (of a word); forlorn.
	مهربان	*mehrabān*, kind, benevolent.
	مهربانی	*mehrabāni*, kindness.
	مهره	*mohre*, dice, bead.
A	مهلك	*mohlek*, deadly.
A	مهم	*mohemm*, important.
	مهمان	*mehmān*, guest.
A	مهمه	*mohemme*, fem. of مهم.
A	مهیا	*moha͞iyā*, prepared, ready.
A	مهیب	*mohib*, formidable, fearful, dreadful.
	می	*me͞i*, wine.
	میان	*miān*, middle, midst; از آن میان *az ān miān*, from among; ازمیان رفتن *az miān raftan*, to disappear, be lost; در آن میان *dar ān miān*, among those (them); meanwhile; در میان *dar miān(e)*, among, between.
A	میدان	*me͞idān*, open field, arena, square.
	میر	*mīr*, see مردن.
A	میراث	*mirās*, inheritance, legacy.
	میرزا	*mirzā*, clerk; title formerly given to the higher ranks of the bureaucracy.

A	میزان	*mizān*, pair of scales, balance; measure.
A	میسر	*moyassar*, feasible, practical; procurable.
	میش	*miʃ*, ewe.
A	میقات	*miqāt*, a stated time or place. See also note p. 30.
A	میل	*meīl*, inclination, tendency, desire.
AP	میلادی	*milādi*, pertaining to the Christian era.
F	میلیون	*milion*, million.
	میوه	*mive*, fruit.
	میهمان	*mihmān*, see مهمان.
	میهن	*mihan*, motherland, country.

ن

	نا آباد	*nā ābād*, uninhabited, lacking in civilization or prosperity.
	نا آرام	*nā ārām*, restless.
	نا آشنا	*nā āʃnā*, unfamiliar, strange.
PA	نا اهل	*nāahl*, unfit, unworthy.
	ناب	*nāb*, pure, undiluted.
	نابجا	*nābejā*, out of place.
A	نابغه	*nabeɣe*, genius.
	ناپدید	*nāpadid*, invisible; نا پدید شدن *nāpadid ʃodan*, to disappear.
F	ناپلئون	*nāpeleon*, Napoleon.
PA	ناتمام	*nātamām*, incomplete, unfinished.
	ناتوان	*nātavān*, weak.
	ناجور	*nājur*, ill-sorted, ill-matched.
	ناچار	*nācār*, having no alternative, compelled, forced by necessity, inevitably.
	ناچیز	*nāciz*, insignificant, trivial.
	ناخوش	*nāxoʃ*, ill, indisposed; unpleasant.
	نادان	*nādān*, ignorant.
A	نادر	*nāder*, rare.
	نادرست	*nādorost*, incorrect; dishonest.
	نادیده	*nādide*, unseen.
	نارس	*nāras*, unripe.
	نارسا	*nārasā*, inexpressive.
PA	نارضایتی	*nārezāyati*, dissatisfaction, discontentment.
	نارنجی	*nārenji*, orange-coloured.
	نارنگی	*nārangi*, tangerine.
	ناروا	*nāravā*, unjust, unlawful, inadmissible.
	نازش	*nazeʃ*, boast, boasting.
	نازك	*nāzok*, thin, delicate, fragile.

MODERN PERSIAN READER ۱۵۶

	نازیدن	*nāzidan*, to boast.
	ناسره	*nāsare*, impure, diluted, base.
	ناشاد	*nāʃād*, unhappy, sad.
A	ناشر	*nāʃer*, publisher.
	ناشناس	*nāʃenās*, unknown.
	ناشی	*nāʃi*, arising, resulting; inexpert.
	ناشیانه	*nāʃiāne*, unskillfully, inexpertly.
A	ناظر	*nāzer*, overseer.
A	ناظم	*nāzem*, member of a school's staff in charge of discipline; usher.
A	نافع	*nāfe'*, profitable, useful.
A	ناقص	*nāqes*, deficient, defective.
	ناگزیر	*nāgozir*, having no choice, inevitably.
	ناگهان	*nāgahān*, suddenly.
	ناله	*nāle*, lamentation, complaint.
	نالیدن	*nālidan*, to lament, moan, groan.
	نام	*nām*, name; reputation, renown; نام بردن *nām bordan*, to mention; نام و نشان *nām o neʃān*, name and particulars.
	نامآور	*nāmāvar*, famous, illustrious.
	نامدار	*nāmdār*, famous, celebrated.
PA	نامرادی	*nāmorādi*, lack of success, failure to achieve one's desire.
AG	ناموس	*nāmus*, reputation, good name; chastity; canon, law.
	نامه	*nāme*, letter.
	نان	*nān*, bread.
A	نائل ، نایل	*nāel*, *nāyel*, attaining, arriving at (adj.); نایل گشتن *nāyel gaʃtan*, to attain.
A	نبوت	*nobovvat*, prophethood.
A	نبی	*nabi*, prophet.
A	نتیجه	*natije*, result; در نتیجه *dar natije*, as a result.
A	نثر	*nasr*, prose.
A	نجات	*nejāt*, salvation, deliverance, liberation, rescue; نجات دادن *nejāt dādan*, to rescue, deliver.
A	نجار	*najjār*, carpenter.
A	نحو	*nahv*, way, manner; syntax.
	نخست	*noxost*, *naxost*, first, firstly.
	نخستین	*noxostin*, *naxostin*, first.
A	نخوت	*naxvat*, conceit, haughtiness.
A	ندا	*nedā*, call, proclamation.
A	ندرت	*nodrat*, rareness, rarity; بندرت *be nodrat*, seldom.
A	نذر	*nazr*, vow made to God.

	نر	*nar*, male, masculine.
	نرد	*nard*, backgammon.
	نرم	*narm*, soft, smooth, mild, gentle.
	نرمی	*narmi*, softness, gentleness.
	نزد	*nazd(e)*, near, beside; with.
	نزدیك	*nazdik*, near; نزدیکان *nazdikān*, those who are near, relations.
	نژاد	*nezād*, race, stock.
A	نسب	*nasab*, lineage, parentage.
A	نسبت	*nesbat*, relation, proportion, connection; *nesbat be*, with respect to, with reference to.
A	نسبتاً	*nesbatan*, relatively.
A	نسبی	*nesbi*, relative; proportional.
A	نسخه	*nosxe*, prescription (for a drug); copy (of a book, etc.).
A	نشاط	*neʃāt*, cheerfulness, gladness, joy.
	نشان	*neʃān*, sign, signal, mark; medal; target; نشان دادن *neʃān dādan*, to show; خودی نشان دادن *xodi neʃān dādan*, to show oneself, put in an appearance.
	نشاندن	*neʃāndan*, to seat.
	نشانه	*neʃāne*, aim; sign; نشانه گرفتن *neʃāne gereftan*, to aim.
	نشستن (نشین)	*neʃastan* (*neʃin*), to sit, sit down.
	نشین	*neʃin* see نشستن.
A	نصرانی	*nasrāni*, Christian.
A	نصف	*nesf*, half.
A	نصیب	*nasib*, part, portion; destiny, fate.
A	نصیحت	*nasihat*, advice, exhortation.
A	نطق	*notq*, speech, oration.
A	نظام	*nezām*, order, arrangement; discipline; army.
AP	نظامی	*nezāmi*, military.
A	نظایر	*nazāyer* (pl. of نظیره *nazire*), equal or similar person or things.
A	نظر	*nazar*, sight, view, glance; opinion; بنظر آمدن *be nazar āmadan*, to seem, appear; در نظر داشتن *dar nazar dāʃtan*, to have in mind.
A	نظم	*nazm*, order; verse.
A	نظیر	*nazir*, like, alike, similar; equal.
A	نعمت	*ne'mat*, bounty, affluence.
A	نغمه	*naɣme*, melody, tone.
A	نفر	*nafar*, person, individual.
A	نفرت	*nefrat*, aversion, hatred.

	نفرین	*nefrin*, curse, imprecation.
A	نفس	*nafas*, breath, respiration; نفس تازه کردن *nafas tāze k.*, to be refreshed, get one's second wind; نفس کشیدن *nafas kaʃidan*, to breath; از نفس افتادن *az nafas oftādan*, to get out of breath; *nafs*, soul, self, ego.
A	نفوذ	*nofuz*, influence, impact.
A	نفی	*nafy*, negation.
A	نقاب	*neqāb*, mask, veil.
A	نقاط	*noqāt* (pl. of نقطه *noqte*), points; regions, places.
A	نقد	*naqd*, cash.
A	نقره	*noqre*, silver.
A	نقش	*naqʃ*, impression, imprint, design, picture; part, role; نقش بستن *naqʃ bastan*, to draw, design, sketch; to imprint.
A	نقشه	*naqʃe*, map, plan; نقشه کشیدن *naqʃe kaʃidan*, to make a plan.
A	نقطه	*noqte*, point, dot, spot.
A	نقل	*naql*, quoting (subs.); transporting (subs.); نقل کردن *naql k.*, to quote, relate; to transport.
AP	نقلی	*naqli*, traditional (of sciences); *noqli*, small, tiny; sweet, cute.
A	نکات	*nekāt*, pl. of نکته.
A	نکبت	*nakbat*, adversity.
A	نکته	*nokte*, point, subtlety.
	نکوبیده	*nakubide*, untrodden.
	نگار	*negār* see نگاشتن.
	نگارنده	*negārande*, writer; painter, designer.
	نگاشتن (نگار)	*negāʃtan* (*negār*), to write, to draw, paint.
	نگاه	*negāh*, look, glance; نگاه داشتن *negāh dāʃtan*, to keep, hold; نگاه کردن *negāh k.*, to look.
	نگریستن (نگر)	*negaristan* (*negar*), to look.
	نگین	*negin*, signet; stone of a ring.
	نما	*namā* see نمودن.
	نماز	*namāz*, prayer.
F	نمره	*nomre*, number.
	نمود	*namud*, appearance; نمود کردن *namud k.*, to appear.
	نمودن (نما)	*namudan* (*namā*), to grow, appear; نمودن is also used synonymously with کردن *kardan*.
	نمونه	*nemune*, sample, example.
	نو	*nou͡*, new; از نو *az nou͡*, anew, over again.

	نوروز	*nouruz*, the Persian new year which falls on 21 (or 22) March.
	نواختن (نواز)	*navāxtan* (*navāz*), to soothe, caress; to play (an instrument).
	نواز	*navāz*, see above.
	نوازش	*navāzeʃ*, caress.
	نوازنده	*navāzande*, player (of instruments).
	نواميس	*navāmis* pl. of ناموس.
A	نوبت	*noubat*, turn, time; بنوبت *be noubat*, in turn.
	نوخيز	*nouxiz*, newly sprung up.
	نوشتن (نويس)	*neveʃtan* (*nevis*), to write.
	نوشته	*neveʃte*, writing; see also نوشتن.
	نوشيدن	*nuʃidan*, to drink.
	نويس	*nevis* see نوشتن.
PA	نوظهور	*nouzohur*, novel, new.
A	نوع	*nou'*, kind, sort, species.
AP	نوع‌پرستانه	*nou'parastāne*, philanthropical.
	نوك	*nok*, point, end.
T	نوكر	*noukar*, man, servant.
	نويسنده	*nevisande*, writer.
	نويسندگی	*nevisandegi*, writing (subs.).
	نوين	*novin*, new, modern.
	نه	*na*, no; not; نه ... نه *na* ... *na*, neither, ... nor; *noh*, nine; see also نهادن.
	نهادن (نه)	*nehādan* (*neh*), to put, place.
A	نهايت	*nehāyat*, extremity.
	نهيب	*nahib*, dread, terror, fear.
A	نهضت	*nehzat*, movement (fig.).
	نی	*nei*, reed, flute.
	نيا	*niā*, ancestor, forefather.
	نياز	*niāz*, need, indigence; نياز داشتن *niāz dāʃtan*, to need.
	نيازمند	*niāzmand*, in need of.
	نيازمندی	*niāzmandi*, need, indigence.
	نياگان	*niāgān* (pl. of نيا), ancestors, forefathers.
A	نيات	*niyāt* pl. of نيت.
A	نيت	*niyat*, intention.
	نيرو	*niru*, strength, force; نيرو گرفتن *niru gereftan*, to obtain strength.
	نيز	*niz*, also.
	نيش	*niʃ*, sting; canine tooth; نيش وا كردن *niʃ vā k.*, to grin.
	نيك	*nik*, good.

نیکی *niki*, goodness.
نیل *nil*, indigo; the River Nile.
نیلی *nili*, blue.
نیم *nim*, half; نیمشب *nimſab*, midnight.
نیمه *nime*, half; نیمه جان *nime jān*, half alive; نیمه جانی *nime jāni*, being half alive; نیمه شب *nime ſab*, midnight.
نی‌نواز *neīnavāz*, flutist, player of a reed pipe.
نیوتون *nioton*, Newton.

و

و *va*, *o*, and.
A و *va*, and; و لو *va lou*, even if.
وا *vā*: وا کردن *vā k.*, to open.
وابسته *vābaste*, attaché; attached to.
A واجب *vājeb*, necessary, obligatory.
وادار *vādār*, persuaded, obliged; وادار کردن *vādār k.*, to persuade, compel, oblige.
وا داشتن *vā dāſtan*, to persuade, oblige.
A وادی *vādi*, valley, desert.
A وارد *vāred*, arriving (adj.); وارد بودن *vāred budan*, to be well informed; وارد شدن *vāred ſodan*, to enter; وارد کردن *vāred k.*, to import; to bring in, introduce.
وارونه *vārune*, inverted, upside down.
وا رهانیدن *vā rahānidan*, to free.
A واسطه *vāsete*, mediator; بواسطه *be vāsete(ye)*, by means of.
A واضح *vāzeh*, clear, evident.
A واعظ *vā'ez*, preacher.
A وافر *vāfer*, abundant.
A واقع *vāqe'*, fact, happening; واقع شدن *vaqe' ſodan*, to happen; در واقع *dar vāqe'*, in truth, in fact.
A واقعاً *vāqe'an*, really.
A واقعه *vāqe'e*, incident, happening, accident.
AP واقعی *vāqe'i*, real, true.
A واقف *vāqef*, informed, aware.
وا گذاشتن *vā gozāſtan*, to transfer.
A والد *vāled*, father.
A والده *vālede*, mother.
A والی *vāli*, governor, governor-general.
وام *vām*, debt, loan.
وا ماندن *vā māndan*, to lag behind.
وانگهی *vāngahi*, besides, furthermore.

	وا نمود	*vā namud*, pretended, feigned; وا نمود کردن *vā namud k.*, to pretend.
A	واهمه	*vāheme*, fear.
	وای	*vâi*, woe (interjection); وای بحال تو *vâi be hāle to*, woe unto thee.
A	وبا	*vabā*, plague.
A	وجدان	*vejdān*, conscience.
A	وجود	*vojud*, existence, presence; وجود داشتن *vojud dāʃtan*, to exist; با وجود *bā vojud(e)*, in spite of.
A	وجه	*vajh*, mode, aspect, manner, way; sum.
A	وحدت	*vahdat*, unity.
A	وحشت	*vahʃat*, fear, dread, panic.
AP	وحشت انگیز	*vahʃatangiz*, frightening, terrifying.
A	وحشی	*vahʃi*, wild, savage.
A	وحی	*vahy*, revelation.
A	وخیم	*vaxim*, critical, serious, perilous.
	ور انداز کردن	*varandāz k.*, to survey, look something or someone up and down.
	ورجه ورجه کردن	*varje varje k.*, to bounce.
A	ورد	*verd*, incantation.
	ور داشتن	*var dāʃtan*, to carry away, take up or away.
	ورزیدن	*varzidan*, to exercise, to cultivate.
	ور شکست	*varʃekast*, bankrupt.
A	ورق	*varaq*, page, leaf.
A	وزارت	*vezārat*, office of vizier, ministry.
AP	وزارتخانه	*vezāratxāne*, ministry.
A	وزن	*vazn*, weight; metre (poetical).
	وزیدن	*vazidan*, to blow (wind, etc.).
A	وزیر	*vazir*, vizier, minister.
A	وسایل ، وسائل	*vasāyel*, *vasāel* pl. of وسیله *vasile*.
A	وسط	*vasat*, middle; average.
A	وسعت	*vos'at*, expansion, extent.
A	وسیع	*vasi'*, wide, spacious, extensive.
A	وسوسه	*vasvase*, temptation.
A	وسیله	*vasile*, means; بوسیله *be vasile(ye)*, by means of.
	وش	*vaʃ*, (in compounds =) like e.g. پریوش *parivaʃ*, fairy-like.
A	وصف	*vasf*, description; attribute.
A	وضع	*vaz'*, enactment; position, situation; وضع کردن *vaz' k.*, to enact, pass.
A	وضو	*vozu*, ablution; وضو گرفتن *vozu gereftan*, to perform ablution before prayer.
A	وطن	*vatan*, native country, home.

A	وظیفه	*vazife*, duty.
AP	وظیفه شناسی	*vazifeſenāsi*, sense of duty, conscientiousness.
A	وعده	*va'de*, promise; وعده دادن *va'de dādan*, to promise.
A	وفا	*vafā*, loyalty, faithfulness; با وفا *bā vafā*, faithful.
AP	وفادار	*vafādār*, loyal, faithful.
A	وقار	*vaqār*, dignity.
A	وقایع	*vaqāye'* pl. of واقعه.
A	وقت	*vaqt*, time; وقتی *vaqti*, once, at one time; اول وقت *avvale vaqt*, on time, early; سر وقت *sare vaqt*, punctually.
A	وقف	*vaqf*, endowment; dedication; وقف کردن *vaqf k.*, to constitute as a *vaqf*, to devote.
A	وقوع	*voqu'*, happening, occurence; بو قوع پیوستن *be voqu' peĭvastan*, to occur.
A	وقیح	*vaqih*, shameless.
A	ولایت	*valāyat*, guardianship; *velāyat*, province.
A	ولد	*valad*, child, descendant.
A	ولع	*vala'*, greed, desire.
A	ولوله	*velvele*, tumult, clamour.
A	ولی	*vali*, but; yet, however; *valiy*, friend, helper, guardian; saint.
A	ولیعهد	*vali'ahd*, heir-apparent.
A	وهم	*vahm*, fancy, groundless fear.
	وی	*veĭ*, he, she.
	ویران	*virān*, ruined, desolate.

ه

	هاجر	*hājar*, Hagar.
A	هجری	*hejri*, pertaining to the Moslem era, so called because it dates from the flight (هجره *hejra*) of Mohammad from Mecca to Medina.
A	هجو	*hajv*, lampoon, satire.
	هجوم	*hojum*, attacking, attack.
A	هدایت	*hedāyat*, guidance; هدایت کردن *hedāyat k.*, to guide, lead.
	هر	*har*, any, every; هرآنچه *harānce*, whatever; هر آینه *har āyene*, in any case; verily, indeed; هر چند *har cand*, although; هر چه *har ce*, هر قدر *har qadr*, however much; هر کدام *har kodām*, each one; هر گاه *har gāh*, whenever; هر یك *har yek*, each one, every one.
	هراسان	*harāsān*, alarmed, frightened.

	هراسیدن	harāsidan, to fear.
	هرج و مرج	harj o marj, anarchy, chaos.
	هرگز	hargez, ever; (with a negative verb) never.
	هرگونه	hargune, every kind.
	هزار	hezār, one thousand.
	هستی	hasti, existence, being.
	هشت	haʃt, eight.
	هشتی	haʃti, vestibule.
	هفت	haft, seven.
	هفتاد	haftād, seventy.
	هفت برادران	haft bārādarān, the seven brothers, i.e. the Plough (constellation).
	هفته	hafte, week.
	هل دادن	hol dādan, to push, jostle.
	هم	ham, also, likewise, too; آنهم ān ham, what is more, at that; بهم خوردن be ham xordan, to break up; همدیگر hamdigar, each other.
	همان	hamān, that same, that very.
	هماهنگی	hamāhangi, harmony.
	همپشت	hampoʃt, united, back to back.
A	همت	hemmat, aspiration, ambition, zeal, effort.
	همچشمی	hamceʃmi, rivalry.
	همچنان	hamcenān, in like manner, as before, similarly.
	همچون	hamcun, like.
	همچه(که)	hamce(ke) (contraction of همچونکه hamcunke), as, when.
	همخوابگی	hamxābegi, cohabitation.
	همدان	hamadān, town in western Persia.
	همدردی	hamdardi, sympathy.
	همراه	hamrāh, companion.
	همراهی	hamrāhi help, co-operation.
	همره	hamrah contraction of همراه.
	همسال	hamsāl, of the same age.
	همسایگی	hamsāyegi, neighbourliness; neighbourhood.
	همسایه	hamsāye, neighbour.
PA	همصدا	hamsedā, of the same voice or opinion.
PA	همعقیده	hamʿaqide, of the same opinion.
PA	همقلم	hamqalam, fellow-writer.
	همکار	hamkār, colleague.
	همگی	hamegi, all, totality.
	همواره	hamvāre, always.
PA	هموطن	hamvatan, compatriot.

	همه	*hame*, all; the whole; همه جا *hame jā*, everywhere; آنهمه *ānhame*, all those.
	همهمه	*hamhame*, uproar, tumult.
	همیشه	*hamiʃe*, always.
	همین	*hamin*, this very, the same.
PA	همینقدر	*haminqadr*, so much, nevertheless.
	همینکه	*haminke*, as soon as.
	هندوستان	*hendustān*, India.
	هنر	*honar*, skill, art.
	هنرمند	*honarmand*, skilful, artist.
	هنگ	*hang*, regiment.
	هنگام	*hangām*, time, season.
	هنوز	*hanuz*, yet, still.
A	هوا	*havā*, air, weather.
AP	هواخواه	*havāxāh*, adherent, follower.
A	هوس	*havas*, desire, fancy; هوس کردن *havas k.*, to take a fancy to.
AP	هول زدن	*hou͡l zadan*, to show impatience, to act with greed.
	هیاهو	*hayāhu*, tumult, clamour.
A	هیبت	*hei͡bat*, awe.
	هیچ	*hic*, any; ever; (with a negative verb), no, none, never; هیچکس *hic kas*, anyone; (with a negative verb) no one; هیچگاه *hic gāh*, never.
A	هیئت	*hei͡ʻat*, mission, committee, body of men.

ی

	یا	*yā*, or; O!; یا . . . و یا *yā . . . va yā*, either . . . or.
	یاب	*yāb* see یافتن.
	یاد	*yād*, memory, mind, remembrance, recollection; یاد آمدن (افتادن) *yād āmadan (oftādan)*, to come to mind; یاد دادن *yād dādan*, to teach; یاد گرفتن *yād gereftan*, to learn; یادم است *yādam ast*, I remember; از یاد بردن *az yād bordan*, to forget.
	یادگار	*yādgār*, *yādegār*, memorial, relic, remembrance, keepsake.
	یار	*yār*, disciple, follower; friend, helper.
	یارا	*yārā*, strength.
	یاری	*yāri*, help, friendship; یاری کردن *yāri k.*, to help.
	یازده	*yāzdah*, eleven.
A	یأس	*yaʻs*, despair.
	یافتن (یاب)	*yāftan* (*yāb*), to find, receive, acquire, obtain.

	یال	*yāl*, mane.
	یاوه‌سرائی	*yāvesarāi*, babbling nonsense.
A	یتیم	*yatim*, orphan.
A	یحیی	*yahyā*, John.
T	یخه	*yaxe*, collar.
	یزدان	*yazdān*, God.
A	یعنی	*ya'ni*, that is to say, namely.
	یغما	*yaɣmā*, plunder, booty; name of a periodical published in Tehran; بیغما رفتن *be yaɣmā raftan*, to be plundered.
T	یقه	*yaqe*, see یخه.
A	یقین	*yaqin*, certainty, assurance; یقین داشتن *yaqin dāʃtan*, to be sure, certain.
	یك	*yek*, *yak*, one; یکبار *yek bār*, once; یکباره *yek bāre*, all of a sudden, in one go; یکدیگر *yek digar*, each other, one another; یکهو *yek hou͡*, all of a sudden.
	یکسر	*yeksar*, totally; throughout.
	یکسره	*yeksare*, totally; throughout; one-sided; single (of a ticket).
	یکنواخت	*yeknavāxt*, monotonous.
	یکه خوردن	*yekke xordan*, to be startled, shocked.
	یکی	*yeki*, one, someone.
	یگانگی	*yegānegi*, unity; familiarity, intimacy.
	یل	*yal*, heroic; hero, strong, robust.
	یله شدن	*yale ʃodan*, to reel, stagger.
A	یمن	*yomn*, blessing, favour; omen.
A	یمنی	*yamani*, Yemeni.
T	یواش	*yavāʃ*, gently, slowly.
A	یوم	*you͡m*, day.
	یونان	*yunān*, Greece.
	یونسکو	*yunesko*, UNESCO.
A	یهودی	*yahudi*, Jew, Jewish.
T	ییلاق	*yei͡lāq*, summer quarters, summer resort.

مآخذ

۱	سخنرانیهای راشد	تهران ۱۳۲۲ جلد سوم ص ۱۹۲ – ۲۰۳
۲	خیمه شب بازی	تهران ۱۳۲۳ ص ۱۳۵ – ۱۳۷
۳	دوقرن سکوت	تهران ۱۳۳۶ ص ۱۹۲ – ۲۰۲
۴	روز اول قبر	تهران ۱۳۳۳ ص ۱۳۵ – ۱۳۷
۵	آئینه	تهران ۱۳۳۷ ص ۸ – ۱۱
۶	قراضه طبیعیات	تهران ۱۳۲۲ مقدمه
۷	مجلّه سخن	تهران ۱۳۲۴ سال درم شماره ۱۱ – ۱۲
۸	مدیر مدرسه	تهران ۱۳۳۵ ص ۳۶ – ۳۹
۹	مجلّه یادگار	تهران ۱۳۲۵ سال سوم شماره ۶ – ۷
۱۰	سر و ته یك كرباس	تهران ۱۳۳۴ ص ۲۰۷ – ۲۰۹
۱۱	ایران‌را ازیاد نبریم	تهران ۱۳۵۱ ص ۱۹ – ۲۳
۱۲	تربیت حقیق	خطابه ورودیه که بمناسبت عضویت در انجمن فلسفه و علوم انسانی اول مهرماه ۱۳۳۳ ایراد شده است
۱۳	سنگهای انتقام	تهران ۱۳۳۰ ص ۱۳۰ – ۱۳۷
۱۴	از منشآت قائمقام تا خسی در میقات	متن خطابهٔ که در نخستین کنگره ایرانشناسی (۱۱ – ۱۶ شهریور ۱۳۴۹) در دانشگاه تهران قرائت گردید